本书系教育部人文社科青年项目《近代以来英国政治制度变迁中的"外交权"问题研究》（项目号：20YJC7700）成果，获得"中央高校基本科研业务费专项资金资助""北京师范大学历史学院青年教师发展资助"。

京师史学文库

例外变革

斯图亚特时期
英国君主外交特权研究

胡莉 著

中国社会科学出版社

图书在版编目(CIP)数据

例外变革:斯图亚特时期英国君主外交特权研究/胡莉著. —北京:
中国社会科学出版社,2024.2
(京师史学文库)
ISBN 978 - 7 - 5227 - 3074 - 5

Ⅰ.①例… Ⅱ.①胡… Ⅲ.①斯图亚特王朝—外交特权—研究
Ⅳ.①D856.19

中国国家版本馆 CIP 数据核字(2024)第 037056 号

出 版 人	赵剑英
责任编辑	张　浩
责任校对	姜志菊
责任印制	李寡寡

出　　版	中国社会科学出版社
社　　址	北京鼓楼西大街甲 158 号
邮　　编	100720
网　　址	http://www.csspw.cn
发 行 部	010 - 84083685
门 市 部	010 - 84029450
经　　销	新华书店及其他书店

印　　刷	北京明恒达印务有限公司
装　　订	廊坊市广阳区广增装订厂
版　　次	2024 年 2 月第 1 版
印　　次	2024 年 2 月第 1 次印刷

开　　本	710×1000　1/16
印　　张	14.25
插　　页	2
字　　数	223 千字
定　　价	78.00 元

总　序

北京师范大学历史学科是北京师范大学最早形成的系科之一，由 1902 年创立的京师大学堂"第二类"分科演变而来。1912 年称北京高师史地部；1928 年单独设系；1952 年院系调整，辅仁大学历史系并入；1980 年成立史学研究所；2006 年历史系与史学研究所合并，组建北京师范大学历史学院；2018 年古籍与传统文化研究院等部分师资并入历史学院。

北京师范大学历史学院是国内历史学人才培养和科学研究的重镇，学科门类齐全，体系完备，积淀厚重，特色显著，名家辈出，师资雄厚。现有考古学、中国史和世界史三个一级学科，是国内同类学科中最早获得一级学科博士学位授予权及博士后流动站资格的单位之一。其中，中国史为"双一流"建设学科，在全国第四轮、第五轮学科评估中位居 A⁺ 学科前列；拥有中国古代史、史学理论与史学史两个国家重点学科，教育部人文社科重点研究基地"史学理论与史学史研究中心"、教育部与国家文物局"国家革命文物协同研究中心"、教育部等四部委"铸牢中华民族共同体意识研究培育基地"等研究平台；中国古代史、史学理论与史学史、中国近代文化史、中西历史及文明比较等研究享誉学界。

在北京师范大学百廿年的历程中，经过以陈垣、白寿彝和刘家和等为代表的多代学人辛勤耕耘，历史学科在学术研究方面取得了突出成就。《中国通史》《何兹全文集》《古代中国与世界》《南明史》《清代理学史》《1927—1950 年中英两国关于西藏问题的较量与争论》等一大批优秀成果获得国家级或省部级等奖励，产生了极大的学术和社会反响。

为推动文化繁荣，推进文化自信自强，推动中华优秀传统文化创造性转化、创新性发展，繁荣历史学研究，提升学科建设和研究水平，历史学院特组织"京师史学文库"学术文丛，集中展示北京师范大学历史学科的最新学术研究成果，以飨学林。"京师史学文库"分为考古学、中国史和世界史三个子系列。

本文丛取名"京师史学文库"。按：《尔雅》中注："京：大也"；"师，众也"。在先秦典籍中，"京师"又用来指周天子居住的都城。《春秋·桓公九年》："纪季姜归于京师。"《春秋公羊传》的解释是："京师者何？天子之居也……天子之居，必以众大之辞言之。"北京师范大学源于京师大学堂，位于中华人民共和国的首都，肩负着国家教育事业和学术研究之重任。取名京师，既是简称，也希望学科同人齐心协力，弘学术之大道，惠社会之大众，成京师之大者。

北京师范大学历史学院"京师史学文库"编委会

2023 年 8 月 8 日

序

钱乘旦

  本书讨论的是英国历史上一件事，被称为"光荣革命"。书的作者是胡莉博士，是一位年轻学者，几年前她获得北京大学授予的历史学博士学位，后来又做了一期博士后。胡莉博士在校时就表现出强劲的研究能力，曾在《历史研究》等重要学术刊物上发表过多篇论文，这在同龄、同学科的青年群体中是不多见的。胡莉主攻英国史，英国史是我国世界史学科中起步早、学术成果丰硕的一个领域，从19世纪开始经几代学者辛勤耕耘，已基本形成体系，很多问题都曾被深入地研究过、被中国学者做出过解释。但英国史上有一件大事却未能受到足够的重视，那就是"光荣革命"，在中国学术研究中，有关"光荣革命"的著述几乎为零。胡莉这本书，是国内出版的第一部与光荣革命相关问题的专题著作，因此书的出版值得注意。

  为说明这本书的学术价值，首先简单介绍"光荣革命"。1688年6月30日，七位有影响的英国贵族——三位是托利派、三位是辉格派、再加上当时的伦敦主教，背着国王向荷兰派出秘密使节，邀请荷兰的摄政、奥兰治的威廉亲王率军前往英格兰，保卫英国人"自古就有的自由"。四个月后，荷兰军队在英国登陆，英王詹姆士的军队临阵倒戈，迫使詹姆士逃亡法国，英国议会推举威廉和妻子玛丽登上王位，这件事，在英国历史上被称为"光荣革命"。光荣革命富有戏剧性，虽也被称为"革命"，却不像四十多年前那场革命，即克伦威尔为代表的那场革命那样，惊天动地、叱咤风云；相反，它看起来像是一场剧，有些人说它是宫廷政变。

但光荣革命的历史意义却不可小觑，因为它是现代英国的起点，它塑造了英国以后几百年的历史。一语概之：光荣革命创造了一种新的制度，这种制度一直延续到现在，并且影响了全世界——这个制度被称为"君主立宪制"。

比较光荣革命之前和光荣革命之后的变化，最大的区别在国王和议会的相互位置上——光荣革命之前国王高于议会，光荣革命之后议会高于国王；换句话说，光荣革命改变了国家主权的归属，议会成为主权所在。这在世界历史上是开天辟地的，这以后，"议会主权"的意识开始发酵并流传，终究传遍全世界。尽管克伦威尔时期"议会主权"甚至"人民主权"的观念已被提出，但只是在光荣革命以后，一种制度的框架才形成，使议会控制国家成为事实。这就是光荣革命的历史地位。

关于这个问题，英国历史学界已经说过很多了，专门研究 17 世纪英国革命的马克思主义历史学家克里斯托弗·希尔在他著名的《革命世纪》一书中说：光荣革命以后议会通过控制财政而控制国王，国家的每一项政策都需要专款专用，乃至按一位朝臣的说法，国王"只够吃饭的钱"。[1]专门研究复辟时期历史的蒂姆·哈里森则在《光荣革命》这本书中说：这场革命使英国国王变成了"权力受限制的、如官员那样的、议会的君主，而不再像查理二世或詹姆士二世时期那样，是个人的君主"；因此，尽管光荣革命充斥着保守的气息，"它却给英国带来了真正的革命转型"，使主权转变成"国王在议会"。[2]

被誉为 20 世纪"标准单卷本英国通史"的《牛津英国史》（肯尼斯·摩根主编）把问题说得更清楚，该书说：

> 尽管有种种保留，但 1688 年造成的重大变化却是革命性的，《权利法案》废弃了作为 1660 年复辟政体之基础的世袭权利，而代之以民族的意志，其由议会作代表。起初有威廉、玛丽，然后是玛丽的妹妹安妮，最后是汉诺威的选侯们，他们的王位都是由有产者们决定

[1] Christopher Hill, *The Century of Revolution*, New York/London: W. W. Norton, 1980, p. 237.

[2] Tim Harris, *Revolution, the Great Crisis of the British Monarchy, 1685 - 1720*, London: Allen Lane, 2006, p. 494.

的。在那个专制主义理论和实践盛行于西方世界的时代，英国转型的重要性绝不可低估。虽说辉格党人在 18、19 世纪夸大了 1689 年大获全胜的契约理论的一致性和完整性，并低估了其中存在的张力、矛盾和冲突；但他们把这一事件看作是历史的转折点，认为其中包含着对整个政府观念的断然否定，这个说法却没有错。①

"辉格历史学派"对"光荣革命"的这个评价，后来成为英国历史学的主流看法，为多数人所接受。② 然而 20 世纪下半叶在"后现代主义"的影响下，一股"解构"的潮流冲击传统历史学，"辉格史观"成为被猛攻的对象；先前历史研究中所有的结论都被说成是"辉格主义"，都应该被抛弃。"创新"成为否定的借口，否定导致为反对而反对——以前那么说，现在偏要这么说；以前如果这么说，那么现在就要倒过来说。先前的研究都应该被推翻，都属于"辉格主义"流毒。"解构"的结果是历史碎片化，历史变成一个接一个的偶然事件，没有方向，也没有相互联系；写历史变成写故事，过去和现在的关联被切断了。"后现代主义"对西方历史学的破坏是巨大的；毋庸置疑，与其他各种历史学派一样，"辉格历史学派"有它的缺点，但以反对"辉格史学先定论"为借口反对历史的延续性和整体性，结果就抽掉了历史学的灵魂。

不过，许多历史学家还是对"光荣革命"的性质和意义做出判断，这体现着英国历史学本身的延续性。上文引用的三位历史学家，尽管属于不同世代，有不同的时代和价值体系背景，但对"光荣革命"的历史地位还是给出类似的看法，这说明服从事实是历史学的基本原则之一。历史事件及其影响和意义都是客观事实，认认真真的历史学家当然要服从事实。

交代这些背景之后，回到胡莉博士的这本书，它显然接受对"光荣革命"的基本判断，即在斯图亚特王朝统治的一百多年间，"英国经历了

---

①　Kenneth Morgan ed. , *Oxford History of Britain*, Oxford: Oxford University Press, 1988, pp. 403 - 404.

②　Cf. Thomas Babington Macaulay, *The History of England from the Accession of James the Second*, published 1849 - 1862; G. M. Trevelyan, *The English Revolution*, *1688 - 1689*, first published 1938, &c.

内战、共和、复辟与1688年'光荣革命',实现了从专制君主制到立宪君主制的政治制度转型"。① 但胡莉的研究不止于这个层面,它继而提出下一个问题:光荣革命开启的"立宪"制度,对君权究竟限制到哪里?换句话说,议会是不是控制了以前国王所拥有的全部权力、成为全权的主权?这个问题过去很少有人提出来,因为在许多人的理解中,议会既然成为最高主权,当然就接管了所有权力。但胡莉的研究发现情况不是这样:光荣革命以后很长时间中,外交权没有被议会接收,仍然留在国王手里;她进而指出,即使到20世纪,内政权和外交权仍然有一定差别,外交权在很大程度上仍作为一种"特权",半游离于议会之外。②

由此又引出另一个问题:在法国启蒙学者孟德斯鸠提出"立法权、行政权、司法权"三权分立理论之前,英国的洛克曾提出另一个三权分立理论即"立法权、行政权和联盟权(即外交权)"的分立。人们一般的解释认为:作为更早的三权分立,洛克的三权分立是原始的、不成熟的、不完整的,孟德斯鸠的则更成熟、更全面。可是如果把洛克的理论放到"光荣革命"以后那段时间的英国去观察,是不是恰恰反映着当时的现实?如果是这样,那么洛克的理论就是有道理的,他意识到外交权是一种特殊的权力,被那个时代的英国人单独处理了。

由此可见,胡莉这本书颇有创意,真正做到了"有创造性"。它注意到一个似乎不成问题的问题,引导读者在没有问题的问题中找问题并且思考。胡莉是一位有潜力的青年学者,我们希望年岁大的师长和学长们要关心和爱护年岁小的青年学者,帮助他们成长。

---

① 本书"绪论"。
② 本书"结语"。

目　　录

绪　论

一　研究意义

斯图亚特王朝是英国历史上一个非常特殊的时期。1603年，来自苏格兰的斯图亚特王室开始统治英格兰，到1714年安妮女王去世，斯图亚特王朝总共统治了111年。在这一百余年里，英国经历了内战、共和、复辟与1688年"光荣革命"，实现了从专制君主制到立宪君主制的政治制度转型，此间产生的议会主权、人民主权、代议制、政党政治等观念与制度为现代西方政治制度奠定了基础。政治史无疑是斯图亚特王朝历史研究中最突出的部分，相关主题研究及其成果不胜枚举，然而，既有国内外研究仍然忽视了一个重要问题，这就是关于英国外交权的研究，其在斯图亚特时期主要表现为君主外交特权。

"外交权"即一国之处理对外事务的权力，尤其指决定宣战、媾和、订立盟约等重大外交事务的权力。在英国，这项权力起源于盎格鲁—撒克逊时期王所拥有的战争职能，随着中世纪王权的形成与等级君主制的发展，成为国王专有的一项权威。由于中世纪欧洲还没有现代意义上的"外交"，国王所从事的包括战争在内的"对外"活动，还不是主权国家的行为，因此，这项权力被表述为"宣战、媾和及订立盟约之权"。随着近代英国民族国家的发展以及专制君主制的演进，这项权力在都铎王朝时期成为君主的一项特权（Royal Prerogative on Foreign Affairs）。现代政府理念出现后，"宣战、媾和及订立盟约之权"在分权理论框架下得以统称为"外交权"，其由17世纪英国哲学家约翰·洛克首次提出。洛克在《政府论》下篇中指出："每个国家还有一种权力……这里包括战争与和平、联合与联盟以及同国外的一切人士和社会进行一切事务的权力，如果愿意的话，可以称之为外交权（Federative Power）。"① 洛克之后，18 世纪，法国启蒙思想家、法学家孟德斯鸠在《论法的精神》中进一步发展了外交权的内涵，并称其为"行政权"，提出了立法权、行政权和司法权三权分立学说。

长期以来，学术界对"外交权"或"君主外交特权"缺乏系统、深入的研究。一方面，由于洛克提出的"外交权"被认为是分权理论不成熟的表现，② 而孟德斯鸠提出的"立法权、行政权与司法权"更具影响，因此，学术界一直缺乏关于"外交权"的理论维度的深入探讨，也缺乏历史维度的详致解析。另一方面，由于君主外交特权的起源、发展、演变似乎与英国君主制的兴起、发展、演变同步且同轨——在1688 年"光荣革命"之后，伴随立宪君主制的确立与发展，外交权或说行政权均由向议会负责的首相与内阁行使，君主成为统而不治的虚君，因此，君主外交特权在"光荣革命"及之后的政治制度史研究中鲜有被专门研究。

然而，君主外交特权是一项十分特殊的权力，对其进行专门研究，我们会发现，君主外交特权的演变是英国近代政治制度转型中的一次例外变革。不过，在正式阐述与得出"例外变革"这一结论之前，我们不妨先提出关于外交权的以下几个问题。

其一，外交权究竟有何特殊之处？考察外交权的起源与发展，可以发现，至斯图亚特时期，外交权表现为君主外交特权。它的基本含义是：只

① 我国一些著作则将此翻译为"联盟权""对外权"或"处理外交事务的行政权"，国外一些研究有时使用"Executive Power on Foreign Affairs"指称洛克提出的这项权力。考虑到洛克对这项权力的定义，也为方便读者理解，本书认为，将其翻译为"外交权"比较妥当。此外，《政府论》有很多版本，但在叙述这一点时并无差异。彼得·拉斯莱特所编的《政府论》仍是最权威的一版。本书引用的洛克《政府论》文本全部出自该版内容。John Locke, *Two Treaties of Government*, *Edited with an Introduction and Notes by Peter Laslett*, Cambridge: Cambridge University Press, 1988, p. 365.

② 例如：何华辉、许崇德《分权学说》，人民出版社 1986 年版，第 11 页；程乃胜《近代西方宪政理念》，安徽人民出版社 2006 年版，第 258 页；张杰《西方分权理论与实践研究——以英美法三国为例》，中央民族大学出版社 2009 年版，第 36 页。

有君主拥有处理国家对外事务的权力，君主的研判、决策、执行不受任何人或机构的监督，君主的外交特权既不体现"王在法下"原则，也不体现"王在议会"原则，彰显的是君主作为国家主权者的地位。简言之，外交权是一项主权之权。进入斯图亚特时期，由于君主与议会之间的矛盾全面爆发，17 世纪的政治思潮朝着限制专制君主权力的方向发展，时人最终找到的解决之途是将君主的集合式权力分为若干项，其中最重要的是将行政权与立法权分开，并规定行政权服从立法权。

然而，正是在探索与论述分权理论的过程中，约翰·洛克较早意识到了外交权的特殊性，外交权也成为洛克分权理论的一个显著特点。洛克明确指出了将外交权单独列为一项权力的原因："指导臣民彼此关系的法律是可以预先制定的，而对外国人应该怎么做，在很大程度上取决于外国人的行为及其目的和利益的变化，其只能由那些负责这些事务的人（国王），根据他的经验与技能审慎地处理。"① 换言之，立法机构的立法权主要就国内事务立法，执行机构的执行权主要执行立法机构通过的国内之法，而在对外事务领域，立法机构无法就对外事务立法，外交权的行使由掌握这项权力的主体自主行使，即在外交事务中，立法权并非最高权力。这正是外交权的特殊性所在——难以受到立法权约束。这一特殊性就连孟德斯鸠也不得不承认。在论述行政权时，孟德斯鸠指出："媾和或宣战，派出或接受使节，维持治安，防止入侵……人们把第二种权力简单地称作国家的行政权。"② 可见，孟德斯鸠所说的行政权就是洛克所说的外交权。但是，在继续写作时，"孟德斯鸠以一种非常现代的方式使用了这些术语……行政权包含了内部以及对外事务"，③ 但他并未解释将对内治权与外交权合并为行政权的依据，这就留下了一个理论上的空白点。

其二，英国近代政治制度转型的主要动因是否涉及外交权？在 1688

---

① John Locke, *Two Treaties of Government*, *Edited with an Introduction and Notes by Peter Laslett*, p. 366.

② ［法］孟德斯鸠：《论法的精神》（上卷），许明龙译，商务印书馆 2009 年版，第 186 页。

③ ［英］M. J. C. 维尔：《宪政与分权》，苏力译，生活·读书·新知三联书店 1997 年版，第 80 页。

年革命之前的斯图亚特时期，君主与议会在国家内政与外交事务中持续发生冲突，双方在内政事务中的冲突最为激烈，其最终导致 1688 年革命的发生。相应地，17 世纪的分权思潮也主要是为了限制专制君主的对内统治权力，主要是"确立立法部门在政府的国内事务政策上拥有至高无上性"，① 并没有涉及君主外交特权。因此，1688 年"光荣革命"的动因不涉及外交权，革命结果也不涉及外交权，革命法律文件《权利法案》主要确立了议会立法权的至高无上性。换言之，1688 年革命的动因与直接结果不涉及君主外交特权，这意味着革命之于对内统治权力变革与对外权力变革的影响上存在差异。

其三，既然革命确立了议会立法权的至高无上性，而外交权又是一项难以受到立法权约束的权力，那么转型后的英国政治制度与外交权的关系如何？1688 年之后，英国政治制度朝着立宪君主制的方向稳步发展，逐渐出现的变化是内阁行使曾经由君主亲自行使的统治权力，内阁由首相领导，首相与内阁成员同属一党，该党必须是下议院多数党，而此多数党是经选举产生的，君主则逐渐统而不治。这就是英国立宪君主制、议会制政府与代议制政府的基本要点。需要注意的是，议会制政府的显著特点恰恰不是分权，而是行政与立法合二为一，同一政党控制内阁与议会，即同一政党拥有行政权与立法权。这意味着君主外交特权在某种程度上成为内阁的特权，其被纳入行政权的范畴，而行政权的行使并无内政与外交区分，均由上台执政的政党行使。在这个意义上，外交权的特殊性与转型后的政治制度看似是兼容的。

然而，由于立法机构与行政机构的分离，下议院多数党并不总能维持多数，下议院反对党经常就政府的内政与外交政策提出异议，这又使得行政与立法不完全合一。在这个意义上，行政权在国内事务与国外事务中的差异表现就显现出来。不难发现，下议院对内政事务及政策的关注、辩论与提出建议的频率、质量远远高于其在对外事务中的作为，代议制民主制在内政领域体现得更加明显，在外交事务中则体现得并不明显。外交权的行使方式与代议制民主制存在明显的不吻合之处。正如托克维尔所说：

①　[英] M. J. C. 维尔：《宪政与分权》，苏力译，第 56 页。

"对外政策几乎不需要民主所固有的任何素质，恰恰相反，它所需要的倒是发挥民主几乎完全不具备的那些素质。"① 尽管托克维尔的评论针对的是美国，但其同样适用于英国。

自 1688 年至 20 世纪末，要求议会参与外交事务的呼声间歇性出现，认为议会广泛与深入参与外交事务有助于体现代议制民主制。② 然而，外交权能否以民主的方式行使？一旦以民主的方式行使会带来何种结果？而如果不能体现民主的因素，政府该如何应对议会与公共舆论中的此类诉求，毕竟其直指体制之根本。对于非西方世界来说，又该如何重新看待西方的代议制民主？

在提出上述三个问题后，我们已经意识到外交权在英国近代从专制君主制向立宪君主制的转型中具有某种特殊性。在政治制度转型中，外交权的行使方式显然发生了某些变化，但这些变化在许多方面体现出例外性。本书旨在揭示这些例外性，认识这些例外性，有助于全面了解英国近代政治制度转型、外交权的特殊性、近代以来西方政治制度中的外交权问题、近代西方分权理论的局限性、"光荣革命"的变革性及之后英国君权的演变等重要历史与理论问题，也有助于分析近代以来英国外交决策方式与外交政策。此外，还有助于理解今日英国议会在外交事务中的作用与地位。

二　学术综述

国内外学术界有关斯图亚特时期英国君主外交特权的研究散见于各类主题研究中，主要有"外交决策""议会与外交事务"以及"外交权与民主制"三大主题。这些主题的研究时段不限于斯图亚特时期，但探讨的问题与阐述的观点在不同程度上与本书研究论题相关，以下按不同主题进行介绍。

（一）外交决策研究

既有关于中世纪至都铎时期英国外交决策的研究指出，君主自主研判

---

① ［法］托克维尔：《论美国的民主》（上卷），董果良译，商务印书馆 1989 年版，第 286 页。

② 参见后文"学术综述"之"三、外交权与民主制研究"中的介绍。

外交事务，制定外交政策，并且亲自管理与执行外交政策。例如，研究中世纪外交史的约翰·弗格森指出："历史上随处可见的是，在君主政体中，无论在理论上还是实践上，外交政策都是由国王制定的。"① 研究都铎外交政策的 P. S. 克劳森指出："显然，外交政策主要是政府的事务，是枢密院内核成员的事务，说到底是君主的事务。"② 研究伊丽莎白一世时期英国外交政策的沃纳姆也指出："在一个国王既统治又治理的国家，外交政策由女王决定是再正常不过的事了。"控制外交政策是一个国王最不愿意放弃的权力。③

　　既有关于斯图亚特时期英国外交决策的研究则显示出更为复杂的情况。绝大多数研究指出，除君主制覆灭的内战时期，至 1688 年革命发生前，尽管斯图亚特国王们的外交权受到来自议会的挑战，但国王们总体保持着君主外交特权，外交政策体现的也是国王的意志。例如，基思·费林在研究了查理二世时期英国外交政策后指出，除了议会偶有的冒犯，国王才是外交事务领域的最高权威，外交权是查理二世"竭尽全力"去捍卫的权力。④ 对 1688 年革命后英国外交决策的研究显示，第一位立宪君主威廉三世依旧像一位专制君主一样控制着英国外交政策，只是经过"瓜分条约事件"，国王自主决策外交政策的方式才发生某些变化。⑤ 至斯图亚特王朝最后一位君主安妮女王统治时期，外交决策机制已经发生了较为明显的变化，女王在外交事务中依赖其大臣，大臣越来越自主决策英国外交政策。正如研究 18 世纪英国外交史的大卫·拜因·霍恩指出，尽管君主控制外交决策的理论没有发生变化，但在"实践上，对外交政策的控制权从女王手中转移到女王的大臣戈多尔芬、马尔伯勒以及党派领导者手中"。⑥

---

① John Ferguson, *English Diplomacy*, *1422 - 1461*, Oxford: Clarendon Press, 1972, p. xii.

② P. S. Crowson, *Tudor Foreign Policy*, London: Adam & Charles Black, 1973, p. 43.

③ R. B. Wernham, *The Making of Elizabethan Foreign Policy*, *1558 - 1603*, Oxford: University of California Press, 1980, p. 4.

④ Keith Feiling, *British Foreign Policy*, *1660 - 1672*, London: Macmillan and Co. , Limited, 1930, p. 18.

⑤ 见下文（二）"议会与外交事务"中的详细介绍。

⑥ David Bayne Horn, *Great Britain & Europe in the Eighteenth Century*, Oxford: Clarendon Press, 1967, p. 6.

亨利·斯奈德也指出，安妮女王时期的内阁包含一个由少数几位核心大臣组成的小团体，实际外交决策"出自这一小团体"。[①]

总体来看，对英国外交决策的研究指明：其一，自中世纪至斯图亚特时期，外交事务均由国王决策；其二，斯图亚特时期，国王与议会在外交事务中持续发生冲突，冲突在革命之前已经上升到关于外交权的争执，但国王仍然保持着这项特权；其三，1688 年革命之后，国王继续行使外交特权，直到威廉三世统治末期才开始发生变化。不过，对于外交决策的研究没有指明外交权的特点、1688 年革命与外交权的关系以及革命之后这项权力的具体演变。

（二）议会与外交事务研究

"议会与外交事务"主题研究直接涉及斯图亚特时期英国君主外交特权的研究，成果较为丰富。英国学术界对"议会与外交事务"的研究始于 20 世纪初，在随后的发展中，对这一主题的研究与对 1688 年"光荣革命"及之后英国政治制度史的研究交织在一起。为了全面、准确呈现相关研究与本书探讨问题之间的学术关联与学术脉络，此处按照时间顺序予以概述。

对"议会与外交事务"的最早研究出现在第一次世界大战之后。出于对即将召开的巴黎和会的关心以及对议会在英国走向第一次世界大战的外交决策中的作用的反思，E. R. 特纳在 1919 年发表了一篇题为《议会与外交事务，1603—1760》的文章。这篇文章主要叙述了从斯图亚特时期至汉诺威时期英国议会在国家外交事务中的权力与地位的演变。特纳的观点主要有：（1）英国君主处理对外事务的权力是从斯图亚特时期开始发生变化的，这一变化指的是议会开始参与外交事务；（2）这种变化是持续性的，其源于国王与议会在外交事务中的持续冲突，具体来说，这一变化早在詹姆士一世时期就已出现，在威廉三世统治末期的"瓜分条约事件"后有了显著发展，在安妮女王统治末期的《乌得勒支和平条约》谈判中非常显著，在汉诺威王朝则没有更进一步的发展；（3）经过这一时

① Henry L. Snyder, "The Formulation of Foreign and Domestic Policy in the Reign of Queen Anne：Memoranda by Lord Chancellor Cowper of Conversations with Lord Treasurer Godolphin", *The Historical Journal*, Vol. 11, No. 1 (1968), pp. 144 – 160.

期的发展，议会主要获得了辩论外交事务、获悉外交条约以及监督乃至批准外交政策的权力；（4）议会在外交事务中的作用的发挥并不稳定，并且"议会不指导外交事务"，议会也没有被告知全部外交事务。① 作为 20世纪首位研究议会与外交事务的学者，可以看出，E. R. 特纳在这篇文章中提出的问题比解决的问题多，让人们对议会为何在外交事务中发挥作用以及究竟发挥何种作用产生困惑。

E. R. 特纳的文章发表后并未引起太多注意，直到 20 世纪 50 年代，这一主题在史学界全面反思辉格学派关于 1688 年革命的解释时重新被关注。辉格学派认为，1688 年革命是英国的"最后一场革命"，此后"行政将遵从本民族代表们的意愿进行"，② 以及"革命结果虽然将行政权留给了国王，但将国王处于议会立法之下……此后，议会下议院通过威廉、安妮以及前两个乔治国王时期发展起来的内阁逐渐控制了国王的行政权"。③ 由于这种看法并未区分处理内政的权力与处理外交事务的权力之间的差异，笼统地将二者称为"行政权"，因而造成一种印象，即革命之后英国君主的外交权与其处理内政的权力经历了同样的变化，都受到议会立法权的约束，最终都由内阁行使。从 20 世纪中叶开始，针对辉格历史解释的各种各样的修正观点涌现出来，一些研究指出，1688 年革命不过是一场"宫廷革命"，"革命对王权的限制仅在于剥夺了国王独自立法和废除法律的权力"，④ 以及 1715 年后立宪君主制"并没有快速稳定地发展"，⑤ 更值得关注的是，革命之后君主的外交权与革

① E. R. Turner, "Parliament and Foreign Affairs, 1603 – 1760", *The English Historical Review*, Vol. 34, No. 134 (Apr., 1919), pp. 172 – 197.

② Thomas Babington Macaulay, *The History of England: from the Accession of James the Second*, Vol. 3, London: Macmillan and Co., Limited, 1913, p. 1306.

③ G. M. Trevelyan, *The English Revolution, 1688 – 1689*, London: Thornton Butterworth Ltd., 1938, pp. 13 – 14.

④ Lucile Pinkham, *William III and the Respectable Revolution*, *The Part Played by William of Orange in the Revolution of 1688*, Cambridge: Harvard University Press, 1954, pp. 236 – 238. J. C. D. 克拉克也认为，光荣革命只是换了一个国王，对于王权本身的限制微乎其微。J. C. D. Clark, *English Society, 1660 – 1832*, Cambridge: Cambridge University Press, 2000, p. 82.

⑤ Eveline Cruickshanks, *The Glorious Revolution*, Basingstoke: Palgrave Macmillan, 2000, pp. 97 – 98.

命之前专制君主们的外交特权一样。在此背景下，"议会与外交事务"得到进一步研究。

具体来说，1958 年，《新编剑桥近代史》（第七卷）国际关系篇的作者 M. A. 汤姆森发表了一篇题为《议会与外交政策 1689—1714》的文章，M. A. 汤姆森称这篇文章是参考了特纳的文章后撰写的。在这篇文章中，M. A. 汤姆森虽然肯定了辉格派观点，认为"光荣革命"使得此后"所有（国王与议会）的争议都要在议会内解决"，但又修正了辉格派观点，认为"那并不意味着下议院就已经成为至高无上的……行政权被全部赋予威廉三世……他在外交事务中的权力最突出……对国王签订条约的特权深信不疑"。汤姆森还研究了威廉三世统治末期的"瓜分条约事件"的前因与后果，认为此后国王与议会在外交事务中的互动"将会十分不同"，议会获得了讨论和被告知外交事务的权力，以及某些场合下批准条约的权力，国王及其政府有必要在外交政策上寻求议会多数的支持，这些变化在汉诺威王朝时期得以延续，但是，汤姆森也指出，"议会被告知得很少"。① M. A. 汤姆森的文章论及的问题比较多，重要性不言而喻，但由于这篇文章只有 10 页，许多问题只是点到即止。

1958 年，晚期斯图亚特史研究专家戈弗雷·戴维斯的暮年之作结集出版，其中有一篇是《威廉三世控制英国外交政策》。这篇文章一方面进一步确认革命之后威廉三世的外交权如同专制君主的外交特权一般，指出议会在外交事务中经常处于"无知"状态，"就连英国大臣也不甚明了"英国外交事务；另一方面指出了这种状况难以为继的两个原因，认为"在威廉三世统治时期，有两个贯穿始终的不利因素"，一个是威廉三世立宪君主的地位与其实际上专制君主的行径之间的矛盾，另一个是威廉三世欧洲视域的外交政策与其大部分英国臣民所持有的岛国视域的外交政策之间的矛盾，这两组矛盾最终导致了"瓜分条约事件"并且造成威廉在外交权方面的妥协。②

继戴维斯之后，G. C. 吉布斯通过三篇论文揭示了 18 世纪初国王与议

---

① Mark A. Thomson, "Parliament and Foreign Policy 1689 – 1714", *History*, Volume 38, Issue 134（Jun. 1958）, pp. 234 – 243.

② "The Control of British Foreign Policy by William III", in Godfrey Davies, *Essays on the Later Stuarts*, San Marino：The Huntington Library, 1958, pp. 91 – 123.

会在外交事务领域中的权限关系及特点。G. C. 吉布斯写作这三篇论文的动机是反驳彼时风靡一时的纳米尔学派的观点的局限性,① 但 G. C. 吉布斯的研究也推进了"议会与外交事务"这一主题的研究。G. C. 吉布斯在 1962 年发表的《斯坦霍普与沃波尔时期的议会与外交政策》一文中指出,"1715 年之前是议会要求在外交事务中享有权利的阶段",在此之后,来自汉诺威的国王们不能再随心所欲地制定外交政策,大臣们必须确保外交政策能够在议会中通过,而议会在涉及重大国家利益的外交政策中并没有沃尔科特所说得那么腐败。值得注意的是,G. C. 吉布斯强调:"政府在不得不告知议会更多外交事务信息的同时不可避免地要说谎。"② 在 1968 年发表的《议会与四国同盟条约》一文中,G. C. 吉布斯进一步证明议会在涉及重大国家利益的外交政策时不存在"腐败的议会管理",议会支持政府的某项外交政策的根本原因在于,"条约的内容整体上有利于英国"。③ 这两篇文章在证明纳米尔学派观点的局限性的同时,也使 G. C. 吉布斯开始更加关注 18 世纪英国议会与外交事务这一主题,研究重点从个案研究转向理论研究。在 1970 年发表的《论 18 世纪向议会呈递条约》一文中,G. C. 吉布斯从理论层面比较全面地揭示了 18 世纪国王与议会在外交事务中的权限关系。G. C. 吉布斯关注的重点是安妮女王与乔治一世时期的情况,同时辅以其他时期的佐证。他认为,议会在外交事务中发挥着重要作用,议会有"建议和被咨询"的古老权利,"国王被希望就国家所有重要事务向议会咨询并寻求建议",这一方式弥补了议会靠批准征税权约束国王外交权的不足,"毕竟一些条约是不需要通过议会批准征税权来得到支持的"。

---

① 纳米尔学派由刘易斯·纳米尔开创,其认为乔治三世时期继位时不存在正规的政党组织,议会多数主要靠贿赂、家族关系、分配政府职位等方式运作。见 Lewis Namier, *The Structure of Politics at the Accession of George III*, London: Palgrave Macmillan, 1929, p. 10. 20 世纪 50 年代,美国历史学家沃尔科特受纳米尔学派的影响,指出 18 世纪初的议会政治也是如此,但其观点引发较多的反驳。R. Wolcott, *English Politics in the Early Eighteenth Century*, Oxford: Clarendon Press, 1956.

② G. C. Gibbs, "Parliament and Foreign Policy in the Age of Stanhope and Walpole", *The English Historical Review*, Vol. 77, No. 302 (Jan., 1962), pp. 18 – 37.

③ G. C. Gibbs, "Parliament and the Treaty of Quadruple Alliance", in Ragnhild Hatton and J. S. Bromley, eds., *William III and Louis XIV: Essays 1680 – 1720 by and for Mark A. Thomson*, Liverpool: Liverpool University Press, 1968, pp. 287 – 305.

然而，议会的作用容易被表面假象掩盖。按照 G. C. 吉布斯的说法，在探讨国王与议会在外交事中的权限关系时，有必要区分理论与实践上的差异，因为，理论上向议会交流外交政策是君主的"屈尊"和议会的"蒙恩"，"屈尊"与"蒙恩"这样的表述让许多法学家们误以为国王独自享有外交特权，而实践上国王的外交特权是有限的。① 可以看出，G. C. 吉布斯的研究对于理解 18 世纪英国外交权的真实行使特点有十分重要的意义。

在 G. C. 吉布斯的启发下，拉克斯在 1975 年发表了题为《建议与同意：晚期斯图亚特时期的议会与外交政策》一文。拉克斯指出：这一时期，议会经常援引"爱德华三世、亨利四世，尤其是詹姆士一世"时期的事例以证明议会可以提供外交建议，但查理二世不断捍卫"外交是君主的特权"，不经君主询问，议会不得主动提供外交建议，更不能要求国王接受其建议；尽管议会通过批准征税权逼迫国王退出了第三次英荷战争，但议会不能就此迫使国王发动另一场议会想要的战争；在国王与议会关于外交事务及外交权的冲突中，"尽管议会没有取得多大的成功，君主仍然控制着外交特权"，但这一时期的实践为威廉时期议会在此领域的权限的发展奠定了基础。②

经过 20 世纪六七十年代的研究，"议会与外交事务"这一主题的重要性得以凸显，吸引到一些青年研究者的兴趣，出现了一些该主题的博士论文。比较重要的有《英国人的选择：英国的态度与威廉三世的战争 1689—1697》。此文论述了九年战争期间英国国内各方对由威廉三世带领英国加入的这场战争的看法，以大量的史料详细解读了英国各方对外交和战争的不同态度，此文还指出，在《赖斯韦克和平条约》签订始末，威廉决策外交事务的方式"没有招来批评"。③ 继此文之后，还有一篇博士论文《议会与外交事务，1697—1714》。这篇论文更加强调议会在外交事

① G. C. Gibbs, "Laying Treaties before Parliament in the Eighteenth Century", in Ragnhild Horn and M. S. Anderson, eds., *Studies in Diplomatic History*: *Essays in memory of David Bayne Horn*, London: Archon Books, 1970, pp. 116 – 137.

② Phyllis S. Lachs, "Advise and Consent: Parliament and Foreign Policy under the Later Stuarts", *Albion*: *A Quarterly Journal with British Studies*, Vol. 7, No. 1 (Spring, 1975), pp. 41 – 54.

③ Robert Duncan McJimsey, *The Englishman's Choice*: *English Opinion and the War of King William III*, *1689 – 1697*, Ph. D. dissertation, University of Wisconsin, 1968, p. 326.

务中的权限问题。该文作者沃尔曼指出，"到 1697 年时，君主在外交事务中的特权和 1660 年以来的情况基本一样"，其论文要解决"1697—1714年议会在外交事务中作用的变化及其原因"，认为"议会在这些年的确获得了被告知外交信息、原则上批准外交决议"以及就外交事务警告大臣的权力，但要给"议会的'批准权'作一定性是很难的，因为 1697—1714 年的实践是模棱两可的……"① 此外，还有探究英国在西班牙王位继承战争中的战略与机制的研究②，其对于理解安妮女王时期英国外交政策的决策与管理方式具有参考价值。

到了 20 世纪 80 年代末，在纪念 1688 年革命三百周年之际，学术界不仅重新审视了这场革命及其意义，而且对"议会与外交事务"进行了更多的研究。这一时期以来，比较全面与集中论述这一主题的是 18 世纪政治、军事与外交史学家杰里米·布兰克。布兰克在 1991 年发表了一篇题为《议会的外交政策？光荣革命与英国外交政策决策方式》的文章，该文指出，光荣革命开启了议会外交时代，但议会外交主要是在安妮女王时期形成的。③ 随后，布兰克在对 1660—1793 年英国外交政策研究中再次重复这一观点，"安妮执政末期的事件说明光荣革命给英国带来了一个议会的外交政策，威廉三世只是设法延迟而非阻止了它的到来"，不过，布兰克也强调议会在外交事务中的权限与地位难以界定，认为"议会没有被告知全部真相"。④ 布兰克还系统论述了 18 世纪议会与外交政策的各个方面，⑤并就 18 世纪英国外交政策辩论进行了专题研究。⑥

总结而言，"议会与外交事务"主题研究成果指出了外交权在斯图亚

① D. H. Wollman, *Parliament and Foreign Affairs*, *1697 – 1714*, Ph. D. dissertation, University of Wisconsin, 1970, pp. 12, 23, 473, 475.

② John B. Hattendorf, *England in the War of the Spanish Succession*, *A Study in the English View and Conduct of Grand Strategy*, *1701 – 1713*, Ph. D. dissertation, Oxford University, 1979.

③ Jeremy Black, "A Parliamentary Foreign Policy? The Glorious Revolution and the Conduct of British Foreign Policy", *Parliaments*, *Estates and Representation*, Vol. 11, No. 1, June 1991, pp. 69 – 80.

④ Jeremy Black, *A System of Ambition? British Foreign Policy 1660 – 1793*, 2nd ed., Stroud: Sutton Publishing, 2000, pp. 46 – 64, 52.

⑤ Jeremy Black, *Parliament and Foreign Policy in the Eighteenth Century*, Cambridge: Cambridge University Press, 2004.

⑥ Jeremy Black, *Debating Foreign Policy in Eighteenth-Century Britain*, Burlington: Ashgate, 2011.

特时期发生变革的事实，但对于变革始末缺乏深入探讨，对于变革原因的认识仍然比较粗浅，尤其是对于变革结果缺乏明确结论，尽管其强调议会在外交事务中作用的上升，但对议会究竟起何种作用、如何认识这种作用不甚明晰。

（三）外交权与民主制研究

"外交权与民主制"主题的研究成果主要分布在政治学与历史学中，研究时段集中在 19 世纪之后，尤其是 20 世纪，研究对象涉及许多西方国家，如英、美、法、德、加等，[①] 显示这一主题至少在西方国家中具有普遍性。关于该主题的研究成果有助于深入认识英国近代政治制度转型中外交权的变革及其结果与影响，此处对该主题的主要关切予以简要介绍。就英国的情况而言，1915 年，自由党议员亚瑟·庞森比撰写的一本题为《民主与外交》的小册子引发了对于该主题的关注。庞森比曾反对英国加入第一次世界大战，他在这份小册子中呼吁："公众应该决定外交政策，尽管公众的意见不一定正确，但至少人民可以承担自己的错误。"[②] 20 世纪后半叶以来，1967 年出版的彼得·理查兹的《议会与外交事务》一书值得关注。理查兹认为，相较其他西方国家，学术界对英国的议会与外交事务研究较少，因此，他的任务是系统论述 19 世纪末至 20 世纪中叶英国的"议会与外交事务"。理查兹没有简单描述议会在外交事务中权限的变化，而是将其置于民主制框架内讨论。作者指出，这一时期议会参与外交事务的程度显著降低，议会在外交事务中"形同虚设"，这种情况不符合民主制与代议制的要求，应该提升议会在外交事务中的作用。在此基础上，理查兹还分析了"议会外交的可行性"及"议会外交事务委员会"可能具有的权限与机制。不过，理查兹也指出，议会外交在操作层面具有技术性困难。[③] 进入 21 世

---

① 例如：John Eldred Howard, *Parliament and Foreign Policy in France*, London：The Cresset Press，1948；Heinz Otto Bernhard Bertelsmann, *The Role of the German Parliament in Foreign Affairs*, *1919 – 1926 Four Tests of the Weimar Republic*, Ann Arbor, 1956；David Taras ed. , *Parliament and Canadian Foreign Policy*, Toronto：Canadian Institute of International Affairs, 1985.

② Arthur Ponsonby, *Democracy and Diplomacy*, *A Plea for Popular Control of Foreign Policy*, London：Methuen & Co. Ltd. , 1915.

③ Peter G. Richards, *Parliament and Foreign Affairs*, Toronto：University of Toronto Press, 1967.

纪，该主题研究继续推进，2016 年刊于《议会史》上的《20 世纪英国议会与外交政策：朝议会化发展?》一文指出，自 20 世纪 60 年代以来，英国议会在外交事务中的作用已经提升，英国已经出现了"议会化外交政策"。[①]

可以看出，"外交权与民主制"主题研究提出了一个严肃的问题：西方代议制民主制为何在处理外交事务中缺乏民主？外交权的行使为何难以实现民主？如果是这样，人们应该如何理解西方代议制民主制呢？这些问题都需要从英国近代政治制度转型中君主外交特权的例外变革去解释。

（四）国内研究

国内对英国外交权的直接研究较少，仅有一篇相关的期刊文章《二战后英国外交决策民主化进程问题研究》，一篇硕士论文《17 世纪中后期英国议会外交权力探究》，一篇博士论文《英国转型时期外交决策之历史考察（1689—1763）》，此外，有笔者已经发表的一篇论文《光荣革命后英国君主外交特权演变——以"瓜分条约事件"为中心》。事实上，国内研究比较关注美国外交权问题，其中零星提及英国外交权。[②]

国内学术界对"光荣革命"的研究与国外学术界大体一致，并未揭示光荣革命与外交权的变革问题。[③]

---

① Pasi Ihalainen and Satu Matikainen, "The British Parliament and Foreign Policy in the 20th Century: Towards Increasing Parliamentarisation?", *Parliamentary History*, Vol. 35, pt. 1 (2016), pp. 1 – 14.

② 例如：刘文祥《美国外交决策中的国会与总统》，中国经济出版社 2005 年版；张洪军、卢祖送《美国国会外交权的历史与特点》，《探索与争鸣》2004 年 8 月。

③ 大致在改革开放之前，我国学术界受苏联的影响，认为 1688 年的"光荣革命"只是一次"政变"，政变结果是"资产阶级的君主立宪制就在英国形成了"，此后"国会（议会）是国家最高立法机关，国家行政权力主要操纵在内阁手中。"林举岱：《十七世纪英国资产阶级革命》，华东人民出版社 1954 年版，第 132 页；程西筠、王章辉：《英国简史》，商务印书馆 1981 年版，第 44 页。改革开放之后国内的通史著作对光荣革命的性质及立宪君主制的形成的看法开始转变。1988 年蒋孟引先生的《英国史》一书指出，"从此（光荣革命）以后，英国开始逐渐树立起立宪君主制和议会高于王权的政治原则……从 17 世纪末到 18 世纪初，通过一系列法案来限制国王的权力，把实权逐渐转移到议会，结果就逐渐形成了国王的统而不治，而议会的权力则不断扩大的立宪君主制的政治体制。"蒋孟引：《英国史》，中国社会科学出版社 1988 年版，第 386、396 页。近三十年来，这一观点得到一定程度的修正，逐渐强调"统而不治"的虚君并没有很快建立起来。参见：程汉大《英国政治制度史》，中国社会科学出版社 1995 年版，第 206 页；王觉非《近代英国史》，南京大学出版社 1997 年版；钱乘旦主编《英国通史》第 4 卷，江苏人民出版社 2016 年版，第 1—2 页。

三　研究思路

　　既有研究已经指出了研究斯图亚特时期英国君主外交特权的必要性，研究成果为本书研究提供了丰富的基础，但既有研究仍然存在许多不足，本书将在解决这些不足的基础上，系统研究斯图亚特时期英国君主外交特权。

　　首先，既有研究并未从历史与理论两个层面界定君主外交特权的性质与特点，从而未能说明国王与议会围绕国家外交权争议的要旨，也未意识到英国近代政治制度转型过程中的君主外交特权的特殊之处。为此，本书将首先在第一章梳理斯图亚特时期之前君主外交特权的起源与演变，从历史的维度阐释这一权力行使方式所体现的特点，与此同时，梳理同时期有关政治理论中涉及君主外交特权的论述，剖析这项权力的性质与特点，从历史与理论两个维度界定君主外交特权。

　　其次，既有研究虽然覆盖了斯图亚特王朝各个阶段，但并未将斯图亚特时期作为一个整体来研究，而事实上，斯图亚特时期的君主外交特权问题具有连续性，有必要从整体的视角来研究。既有研究也未明确1688年革命与君主外交特权的关系以及革命之后君主外交特权演变的历史过程及其结果与特点，而这些是了解英国近代政治制度转型以及君主外交特权的特殊性时不得回答的问题。鉴于此，本书从第二至六章连贯地讨论斯图亚特时期君主外交特权的演变。具体安排是：第二章考察斯图亚特早期与复辟时期，君主与议会在外交事务中的持续冲突及其由此引发的关于君主外交特权的行使争议，同时在实践与理论两个层面探讨内战时期有关国家外交权的行使争议；第三章专门讨论1688年"光荣革命"与君主外交特权的关系；第四至六章分别讨论革命之后威廉三世与安妮女王时期君主外交特权的演变。

　　通过以上六章的论述，我们会看到：君主外交特权是一项主权之权，其在行使方式上表现为君主独揽专断外交事务，君主的研判、决策和执行不受其他任何权力体的干预；在1688年革命发生之前，这项特权只能由君主拥有与行使，议会难以在外交事务中拥有任何正式权限；1688年革命的动因与直接结果均不涉及君主外交特权，但由于革命确立了议会主权与立宪君主制原则，尤其是革命所确立的立宪君主制尚未形成确保政府稳定的机制，这使得革命成为君主外交特权转型的一个契机；在革命之后，这项特权逐渐发生演变，在九年战争中议会监督与限制了君主的战争权，在"瓜分条约事件"中内阁获得外交建议职权，议会则获得核准外交决议职权；在安妮女王时代，西班牙王位继承战争中内阁决策与议会核准机制最终形成，至安妮统治末期，君主外交特权出现了新的行使方式，即君主拥有外交权威、内阁承担外交决策以及议会核准外交决议。

再次，既有研究在论述君主外交特权的变革或说议会在外交事务中权限的上升时，尽管指出了国王与议会存在外交政策分歧、立宪君主制两个原因，但忽略了一个至关重要的现象：当国王的政府不能有效控制议会多数时，王权容易受到来自议会的挑战与限制，当国王的政府能够有效控制议会多数时，王权则容易被控制了议会多数的内阁侵蚀，这种情况在威廉三世时期与安妮女王时期均表现得十分明显。事实上，缺乏稳定的政府是1688 年革命带来的结果之一，是导致议会限制君主外交特权以及内阁最终行使外交决策职能的一个至关重要的因素。鉴于此，本书还详细论述这一因素，其集中体现在第三章第二节"立宪君主制的不完善"、第四章第二节"稳定政府的缺失"、第五章第三节"不利于国王的政府与议会"以及第六章第二节"内阁的外交决策职能"上。

最后，本书在结语部分，结合英国近代政治制度转型，指出君主外交特权变革的例外性。本书认为，在探讨英国近代政治制度转型时，有必要区分专制君主的对内统治权力与其外交特权，而一旦作出这一区分，就会发现，斯图亚特时期君主外交特权的变革是英国近代政治制度转型中的一个例外变革。首先，在英国近代政治制度转型中，君主外交特权的变革具有滞后性，斯图亚特时期的政治危机与1688 年革命结果针对的均是君主对内统治权力，不涉及君主外交特权，因此，这项权力在革命中没有发生变化。在后革命时期立宪君主制的发展过程中，行政权之对内治权首先进入内阁向议会负责的发展轨道，君主外交特权则较晚进入。其次，在英国近代政治制度转型中，君主外交特权的变革具有实用主义的特点，其部分在立法话语体系之中，部分则具有明显的现实主义特点。再次，英国近代政治制度转型中君主外交特权的变革是有限的，君主外交特权的行使不容易受到议会的限制与监督，在一定程度上仍然具有特权的色彩，只不过变革之后是内阁而非君主行使这项特权。

四　史料、专业术语及其他说明

（一）史料说明

本书所用史料包括议会史料、政府文献、外交档案、同时期重要理论著作、各类政论小册子以及主要历史人物的通信、回忆录等。议会史料包括议会辩论、上议院日志及记录、下议院日志及记录以及科贝特所编 36 卷本《英格兰议会史》的相关卷册，它们展示了议会召开时君主、政府大臣、上议院及下议院在外交事务中的互动，以及议会内不同党派在外交事务与外交权方面所持的立场、争吵的焦点以及最后的解决。政府文献包括国务大臣、财政大臣以及其他大臣保存的记录，此外，还有纳西莎斯·鲁特瑞尔所编 6 卷本《国事概览 1678—1714》① 等。涉及政治与外交事务的小册子均出自早期英文图书在线数据库（EEBO）与 18 世纪作品在线数据库（ECCO）。重要人物档案包括当事人的传记、回忆录及通信集，例如：国务大臣詹姆斯·弗农（James Vernon）与当时政界权势人物什鲁斯伯里公爵（Duke of Shrewsbury）的通信，其展示了威廉三世统治时期国王与大臣及政府的关系、党派和议会内党派斗争的情况等；威廉三世与路易十四信件集，其揭示了两次《瓜分条约》签订的全部过程，威廉三世对外交事务的看法、对国王权力的看法、对议会的态度等；安妮女王书信集以及安妮统治时的权臣戈多尔芬与马尔伯勒的通信集等，其记录了女王对国事的看法、大臣如何掌管外交事务以及他们对君主和议会地位的看法等；英国皇家手稿委员会出版的诸多关键人物（如波特兰伯爵 Earl of Portland、诺丁汉姆伯爵 Earl of Nottingham 等）的手稿集。

（二）专业术语说明

"英国"。本书所指"英国"在 1707 年之前仅指英格兰，"英格兰"与"英国"可以互换，在 1707 年之后，指大不列颠联合王国，包括英格

---

① 　Narcissus Luttrell, *A Brief Historical Relation of State Affairs from September 1678 to April 1714*, Cambridge：Cambridge University Press, 2011.

兰（含威尔士）与苏格兰两部分。

"外交权"。外交权指的是一个国家处理对外事务的权力，尤其指决定宣战、媾和、订立盟约等重大外交事务的权力。这项权力在中世纪西欧被表述为"宣战、媾和及订立盟约之权"，后由 17 世纪英国哲学家约翰·洛克称为"外交权"，孟德斯鸠则将其归入"行政权"之列。法学家则同时使用"外交权"或"战争、和平及盟约权"的表述。① 本书所指国家外交权使用的是约翰·洛克的界定，即"战争与和平、联合与联盟以及同国外的一切人士和社会进行一切事务的权力"，② 即一个国家处理对外事务的所有权力。

"君主外交特权"。本书的研究时段是斯图亚特时期，除去内战时期，这一时期的外交权均表现为"君主外交特权"。例如，16—18 世纪颇具英国特色的混合君主制理论指出，"向外国宣战、媾和或休战"是君主的一项特权。③ 简言之，外交权由君主执掌，只有君主拥有处理对外事务的权力，君主的研判、决策、执行均不受任何人或机构的监督。君主的外交特权既不体现"王在法下"原则，也不体现"王在议会"原则。

"内阁/政府"。"内阁"与"政府"两个术语在"光荣革命"前已经出现。"内阁"指秉承君主意志，为其提供建议、落实政策且没有正式法律地位的秘密委员会或组织，当时的人用"cabinet""cabinet council""the committee"或"cabal"称呼这一组织。"政府"则是指以国王为中心的国家行政或统治机构，多用"government"一词。内阁与政府具有不同的意义。而"光荣革命"后，"内阁"日益发展，主要由担任重要职位（如财政大臣、国务大臣等）的大臣组成，逐渐具有稳定的机制和功能，其含义等同于"政府"，指的是由君主任命的并以君主之名处理国家事务

① 例如威廉·布莱克斯通在《英国法律评论》中写道：君主的统治权包括对内和对外两部分，对外权包括向外国派遣大使、发动战争、宣布和平及订立盟约等。William Blackstone, *Commentaries on the Laws of England*, Book II, Oxford：Clarendon Press, 1768, pp. 251 – 261.

② Locke, *Two Treaties of Government*, *Edited with an Introduction and Notes by Peter Laslett*, p. 365.

③ Corinne Comstock Weston, *English Constitution Theory and the House of Lords 1556 – 1832*, chapter III "the Triumph of the Theory of Mixed Monarchy", London：Routledge, 2010, pp. 87 – 141.

的一个大臣群体，当时的人称其为"内阁"（cabinet）、"政府"（Ministry/Administration）或"大臣们"（Ministers）。不过，这些只是术语的不同，"并无本质差别"。[①] 后世研究者认为，此种意义上的"内阁"或"政府"，是"光荣革命"后英国政治制度中的一个新发明。[②] 由于本书所涉时段正值内阁形成之际，因此，当本书专门讨论内阁的相关问题时，使用"内阁"，其他不特指时，使用"政府"一词。

　　"议会"。议会有广义和狭义之分，广义的议会由国王、上议院和下议院组成，主要在"议会主权"问题研讨中出现，狭义的议会指上议院和下议院，更狭义的议会则指议会下议院。本书主要使用前两个意义，在讨论议会主权或立宪君主制时指的是广义的议会，在讨论君主与议会的冲突时指的是上议院与下议院。

（三）其他说明

　　本书涉及政党政治在君主外交特权演变中的作用。不同的党派对外交事务持有不同的看法，也会因内阁与议会的党派构成而选择支持或反对国王。由于这一时期的政党尚未完全成型，每一党派都有一些稳定的贵族和议员，还有一些会变换立场的普通议员。前者是主导政局和议会投票结果的核心人物，他们的立场会影响党派属性不够稳定或自称无党派的普通议员的立场。因此，有必要在论述中说明一些重要人物的党派属性及任职，以便深入了解党派在君主外交特权演变中的作用。为了方便阅读与查阅，本书在附录中集中介绍了主要人物的党派属性与任职经历。

---

　　① 从1711年议会上议院的一次争吵中可以看出，贵族们使用"内阁""大臣们""政府"这些术语指称以君主之名行使君主统治权的特定大臣们，由于这些称呼并没有相应的法律说明，贵族们在究责时发生了争吵，但他们都认为这些只是术语的不同，并无本质差别。*Cobbett's Parliamentary History of England*, Vol. VI, cols. 970 – 971.

　　② Thomas Babington Macaulay, *The History of England from James II*, Vol. 3, p. 248.

第一章 外交是君主的特权

历史上，一个国家处理对外事务的权力起初是由该国的君主掌握的，这项权力经常被表述为"宣战、媾和与盟约权"。时至今日，在依旧实行君主制的国家中，君主仍然在名义上拥有宣战、媾和与盟约权，尽管实际决策与执行均不由其做出。这种情况在实行立宪君主制的英国最为典型，英王在名义上拥有宣布战争与和平的最高权力，但英王完全听从首相与内阁的外交决议，并履行首相安排的其他外交职责，例如外事访问、接见外交代表等。

那么，为什么在君主制国家中，是君主而非他人在名义或实际上拥有决定一个国家进入战争、和平或某种盟约的权力呢？这样一个看似极为简单乃至显得多余的问题，指向的却是君主与外交权密不可分的关系，反映的是君主与近代国家在起源和形成过程中的同一性与共生性的重大问题。本章主要考察处理王国对外事务的权力如何成为君主的一项特权，时间跨度从中世纪至都铎王朝末期，探讨它的历史发展、关键变化、主要特点以及相关政治理论中的论述。

第一节 中世纪国王的宣战、媾和与盟约权

"外交"是一个近代术语，指的是主权国家时代主权国家之间的交往，这些交往主要包括战争、和平、盟约等。从起源上看，这些事务从一开始就是由"王"来处理的，处理这些事务的职权与国王的出现是一种共生关系。

在今天被称为"英格兰"的这片地区，最早出现"王"是在罗马人撤离之后。当时，岛上的不列颠人请盎格鲁人前来帮助他们赶走入侵的皮克特人，盎格鲁人"起先是来帮助不列颠人，可是后来又同他们打仗。"①接下来的两个世纪里，不列颠岛陷入一片混战，不仅不列颠人、皮克特人、盎格鲁和撒克逊人之间掠民争地，他们各自内部也相互攻伐，大大小小的战争，不计其数。在连年混战的时代，那些能够带领一个部落或一个"王国"生存下来的人，成为关键人物，占据了重要位置，这些人也就成了最早的"王"。

"王"在起源上具有的战争职能奠定了"王"在未来所特有的外交权力。由王所从事的王国的对外活动在《盎格鲁—撒克逊编年史》中有充分记载。比如，在七国时代②，诺森伯里亚王国的扩张促使麦西亚国王与威尔士人结盟，双方联手于 633 年杀掉诺森伯里亚国王埃德温并蹂躏了其全部土地。③ 再如，在奥法国王统治时期（757—796），麦西亚王国的势力达到了极盛，奥法的威望还因与法兰克国王查理曼的关系而高升，精明的威塞克斯国王布里特里克在 789 年时娶了奥法的女儿为妻，④ 从而避免了威塞克斯王国被兼吞。这样的情况在 9 世纪中叶维京人入侵不列颠岛后更加明显。维京人的入侵，让岛内外局势变得错综复杂，王国间的交往也变得更加多样。比如，威塞克斯国王阿尔弗雷德在力量不足的情况下，就以向丹麦人交纳赎金这种方式购买和平。⑤ 10 世纪末，威塞克斯国王与海峡对岸的诺曼底公爵还订立了一项条约，相互约定不协助对方的敌人，由此开始了英格兰与诺曼底之间的联盟。

不过，盎格鲁—撒克逊时期王的宣战、媾和及订立盟约的职权并无制度性保障，也称不上是国王的特权。在一个唯暴力和武功至上的时代，军事贵族、王室成员以及其他军事集团首领都可以进行这项"日常国事"。

---

① 《盎格鲁—撒克逊编年史》，寿纪瑜译，商务印书馆 2009 年版，第 12 页。

② 在罗马撤离后的两个世纪之久的混战结束后，不列颠岛上出现了肯特、萨塞克斯、威塞克斯、埃塞克斯、诺森伯里亚、东盎格利亚和麦西亚七个主要的王国，进入七国时代。

③ 《盎格鲁—撒克逊编年史》，寿纪瑜译，第 26 页。

④ 《盎格鲁—撒克逊编年史》，寿纪瑜译，第 64 页。

⑤ 钱乘旦主编：《英国通史》第 1 卷，江苏人民出版社 2016 年版，第 238 页。

　　国王处理对外事务的权力的制度化始于 1066 年诺曼征服以后。1066 年，不列颠岛对岸的诺曼底公爵威廉，举兵征服了英格兰。诺曼征服之于英格兰的重要意义是，欧洲大陆的封建制由此舶入英格兰，等级君主制在英格兰日益发展起来。在英格兰封建制中，国王将土地并连带土地之上的所有权力进行封授，国王成为最高封君，领受其土地的成为他的封臣，封臣再将自己的土地并连带土地之上的所有权力进行封授，领受其土地的也成为封臣，封臣的封臣也是国王的封臣，封君与封臣之间履行特有的权利与义务规范。在此基础上，国王发动战争、宣布和平及订立盟约的职权就成为一项公共权威，得到贵族一致承认与支持，正是这项权力让王区别于其他贵族，国王不仅仅是贵族层级中的第一人，而是一国之王。正如钱乘旦先生指出，在封建时期，国王与贵族处于同一层级，"既然国王与贵族处于同一级层，为什么又需要一个国王，而且国王还受到全体贵族的承认，承认王权在贵族权力之上？这是因为在封建时期，国王执行一种特殊的职能，即在全国征召军队，并率领军队出征。只有在这个意义上国王才是'一国之王'，有号令全国的权利"。[1] 一言以蔽之，"征兵打仗"的职权成为只有国王才拥有的公共权威。

　　相较欧洲大陆，英格兰国王发动战争的公共政治权威更具有唯一性。中世纪欧洲大陆，土地分封关系错综复杂，最下一级封臣与最高一级封君之间并不存在严格的权利与义务关系，国王权威时常受到其他封臣的挑战。这使得"国家与私人领地之间、公法和私法之间、对内关系和国际关系之间，实质上已不复有任何界限"，"每一个相当强大的领主都可以以独立国君自居，都可以任意同谁（甚至同自己的宗主国）开战，都可以任意同谁媾和结盟"。[2] 但在英格兰，其封建关系是在诺曼征服时"舶"来的，从一开始就比较强大。威廉公爵早在 1047 年召开的宗教会议上就曾宣布实行"上帝的休战"，禁止任何私战，违者开除教籍，在此期间，只有公爵因公共事务可进行军事行动。[3] 诺曼征服后，威廉即在英格兰确

---

　　① 钱乘旦：《英国王权的发展及文化与社会内涵》，《历史研究》1991 年第 5 期。

　　② ［苏］波将金等：《外交史》（上），史源译，生活·读书·新知三联书店 1982 年版，第 159—160 页。

　　③ D. C. Douglas, *The Conquer or William*, London：Longman, 1983, p. 132.

立了"领主的私战不合法"。① 更为重要的是，在英格兰，封臣的封臣仍然臣服于最高一级封君，因此，国王发动战争、宣布和平及订立盟约的公共政治权威更容易得到广泛承认。

尽管如此，中世纪国王的宣战、媾和与盟约之权又容易受到王国外部因素的挑战。12 世纪，教会法学家格拉提安（Gratian）认为，"只有教皇和神圣罗马帝国皇帝有权发动战争"，② 一个是宗教最高权威，另一个是世俗最高权威。国王的宣战权的合法性因此变得黯淡。一方面，"如果说中世纪的欧洲是一个基督教共和国，各个社区在宗教信条及服从上深深地统一起来，那么基督教诸君、王子之间的冲突就有点儿内战的味道"，③ 而代表整个基督教世界的教皇则能号召国王们讨伐异教世界，因此，国王们在制定战、和政策时容易受到教皇影响。另一方面，基督教提倡"和平"理念，"个人间、群体间、统治者间的冲突是人类不完美的标识"，战争往往被看作统治者心性的缺陷，他们的贪婪和堕落导致了不断的战争，④ 因而也在削弱世俗国王发动战争的合理性。

不过，到了中世纪晚期，国王已经具有等同于教皇与皇帝的发动战争的合法性。这与英法百年战争息息相关。这场战争让英法两个民族日益分离，英格兰与法兰西将彼此看作不同于自己的"他者"。在 1409 年的比萨宗教会议上，英格兰就要求将自己列为一个单独的民族以显示自己的特性，但这次会议只划定了四个民族，即意大利、法兰西、日耳曼和西班牙，英格兰被归为日耳曼民族的一支，等到 1414—1418 年的康斯坦茨宗教会议时，英格兰才被正式列为一个单独的民族。⑤ 王国之间的战争也日益摆脱"基督教世界内战"的味道，成为不同民族之间的战争，英格兰国王所从事的"对外活动"开始具有近代民族国家间"外交"的特征，

① 孟广林：《英国封建王权论稿》，人民出版社 2002 年版，第 30 页。

② Frederic J. Baumgartner, *Declaring War in Early Modern Europe*, London：Palgrave Macmillan, 2011, p. 25.

③ M. S. Anderson, *The Rise of Modern Diplomacy, 1450–1919*, London：Longman, 1993, p. 204.

④ 参见［英］克里斯·布朗等编著《政治思想中的国际关系学：从古希腊到一战的文本》，王文等译，上海人民出版社 2012 年版，第 152 页。

⑤ ［苏］波将金等：《外交史》（上），史源译，第 267、268 页。

国王的"外交权"的合法性支撑正在转向新兴的民族。这在当时的文献记录中已经充分显现出来。约瑟夫·史蒂文森在 1864 年出版的《书信与文件：亨利六世时期在法国的英格兰人》的序言中介绍说："（1435 年）国王、枢密院、上议院、下议院、教士和平民再一次展示出惊人的一致性，这个民族看上去受到一种精神的影响——不惜一切代价，决心报复《阿拉斯条约》带来的羞辱。"①

相应地，14—15 世纪，人们已经在观念上发生了重大变化，认为有权发动战争的主体不再只有教皇和皇帝。例如，评注罗马法的巴尔多鲁（Bartolus）在 1380 年左右写到，只要该主体之上没有更高一级的权威（no superior），其就有权发动战争。② 莱尼亚诺的约翰在他的《论战争》中说得更加明白，皇帝因是世俗最高权威，可以发动除反对教皇以外的战争，教皇可以向异教世界宣战，除此之外，那些不承认在其之上还有更高一级权威的国王或王子们，也可以发动战争，包括英格兰、法兰西以及西班牙等，③ 至于诸如德意志诸侯们则不能发动战争，因为他们隶属于皇帝。

当教会法学家如此评注时，其意味着 14 世纪的政治世界已经发生了重要变化，一些国王、王子甚至诸侯的权力越来越突破"皇帝、国王、贵族"的封建等级与权力秩序，④ 拒绝承认自己之上还有其他更高的世俗权威。在这些强权国王们的眼中，他们才是一个王国内实实在在的最高政治权威，也当然拥有像神圣罗马帝国皇帝那样的权力。在这一点上，法兰西国王们的表现尤其明显，其早在英法百年战争爆发前就宣布"法兰西国王是自己王国中的'皇帝'"，而英王爱德华三世在 1337 年公开发布标志着百年战争正式拉开帷幕的宣战书《和平宣言》，也表示他有权发动正义与合法的战争，⑤ 英格兰也是一个"帝国"。可以说，随着王权不断冲破

---

①　Joseph Stevenson ed. , *Letters and Papers：Illustrative of the Wars of the English in France during the Reign of Henry VI*, London：Longmans，1864，p. viii.

②　Frederic J. Baumgartner, *Declaring War in Early Modern Europe*, p. 25.

③　Frederic J. Baumgartner, *Declaring War in Early Modern Europe*, p. 26.

④　J. D. Mackie, *The Earlier Tudors 1485－1558*, Oxford：Clarendon Press，1962，p. 3.

⑤　关于这一点，国内也有相关论文，例如，卢兆瑜：《14 世纪初期基督教世界政治的变化——以 1337 年〈和平宣言〉的解读为中心》，《世界历史》2016 年第 5 期。

封建等级秩序，打破了只有教皇和皇帝有权发动正义且合法的战争的原则，国王们也因此具有发动战争的合法权威。该权威随长年累月的战争而与民族相连接，由此逐渐出现了近代民族国家意义上的国王的"外交权"。

与中世纪英格兰国王的宣战、媾和与盟约权相关的最后一个问题是这项权力的行使机制及其折射出的国王与贵族的权力关系。

中世纪帮辅国王决策的机构是御前会议。御前会议分"大会议"（consilium）和"小会议"（curia）两种。前者指有大贵族和高级教士出席时的御前会议，"他们一贯坚持国王应该优先咨询其封臣……会议应由贵族主导，王室小吏则要协助贵族"。① 这种会议不常召开，但每次召开时，国王容易受到约束。后者指有国王侍从、宠臣和王室小吏参与的会议，这种会议经常召开，"他们效忠于国王……极端情况下，这一机构就是王室的附属物"。② 不过，议会出现后，大贵族又开始盘踞在议会上议院，这是议会最有权势的部分，他们在国王与下议院之间，经常让两者的权力黯然失色。③ 1327 年，爱德华二世就被贵族所操纵的议会废黜；1399 年，理查二世也被大贵族所操纵的议会废黜，受议会"拥戴"继位的亨利四世则一生都在镇压贵族的反叛，而亨利六世的软弱更是让他被贵族玩弄并最终丧命。

可以说，在国王不强大时，国王的外交权也是缺乏保障的，大贵族不仅会反叛，还会伙同法国一起反对自己的国王，挑战着国王外交权的唯一性。15 世纪，英格兰动荡不安的政治中总有大贵族与法国的勾连，王权不稳、贵族强大的局面也最终促发了所谓的"玫瑰战争"。这场战争延续了 30 年，其间总共发生过至少 20 场恶战。此外，还充斥着不计其数的伏击、政治暗杀和无数的围城战。④ 而当约克王朝建立后，原兰开斯特王室

① James Fosdick Baldwin, *The King's Council in England during the Middle Ages*, Gloucester：Peter Smith，1965，p. 460.

② James Fosdick Baldwin, *The King's Council in England during the Middle Ages*, p. 460.

③ John McGurk, *The Tudor Monarchies*，1485 – 1603，Cambridge：Cambridge University Press，2006，pp. 5，7.

④ ［美］迈克尔·V. C. 亚历山大：《英国早期历史中的三次危机》，林达丰译，北京大学出版社 2008 年版，第 111 页。

王后玛格丽特与法国国王路易十一在 1462 年 6 月 24 日签订《希农秘密协定》，玛格丽特将加莱港许给法国以换取对方的军事援助，[1] 这严重削弱了英格兰国王宣战、媾和与盟约权的唯一性。

总之，中世纪英格兰国王的宣战、媾和与盟约之权源于"王"最早出现时的战争职权。这项职权在封建时代逐渐制度化，国王成为贵族群体中唯一拥有决定本王国对外战争、媾和和盟约之权的主体。不过，在中世纪早期，国王的这项职权经常受到来自王国内部的贵族的挑战和王国外部的教皇与神圣罗马帝国皇帝的挑战，直到中世纪末期，在经过了英法百年战争之后，国王才具有了类似于教皇与皇帝的宣战权的合法性。

第二节　都铎时期君主外交特权的形成

都铎王朝是在玫瑰战争的废墟上建立起来的，兰开斯特家族的亨利·都铎最终夺得王位，开启了都铎王朝。这一时期，英格兰的王权与国家形态发生了重大变化，"专制王权""民族国家"这两个术语是都铎时期英格兰最显著的两个特点。正是在专制王权与民族国家形成的时代，国王的宣战、媾和与盟约权逐渐成为君主的一项特权，它是都铎诸君加强王权的结果。

一　亨利七世时期

亨利七世的统治是中世纪的延续还是新时代的开始，是一个存在争议的历史问题。亨利·哈勒姆（Henry Hallam）曾指出，亨利七世消除了中世纪对王权的限制，但约翰·理查德·格林（John Richard Green）等人则认为，在英国政治制度发展史中，1485 年没有特别的重要性。无论都铎开国君主亨利七世的统治是否标志着"新君主制"的开始，[2] 亨利七世统治伊始就采取了一系列加强王权和增强其统治的合法性的措施，从整体上确保了王权的稳固。玫瑰战争结束之际，拥有私人武装的大贵族所剩无

---

[1]　Charles Derek Ross, *The Wars of the Roses：A Concise History*, London：Thames and Hudson, 1976, p. 60.

[2]　参见 J. D. Mackie, *The Earlier Tudors 1485－1558*, Chapter I "The New Monarchy".

几,大约只剩下20个公爵、侯爵和伯爵。① 亨利七世继位后,一方面,继续铲除、收编、整改旧贵族并吝啬地授予新贵族,另一方面,"限制贵族豢养家兵,限制家仆穿着号衣,禁止贵族兴建新城堡、储存新武器,以防贵族势力坐大",② 这实际上消除了贵族发动战争的可能性。亨利七世还通过与约克家族联姻加强了自身统治的合法性,通过与议会联手确认了都铎王室权威的合法性,③ 他与西班牙、法国的联姻则换来了欧洲两个大国对其王位合法性的认可,与苏格兰的联姻确保了后方的稳定。这样,亨利成为英格兰唯一合法且得到国内外承认的国王。

国王的职责和过去没有显著差别,加冕誓词中仍然写着:保卫国家、守卫教会以及施行公正。④ 但是,在履行这些职责时,国王的权力变得越来越专制,国王的外交权也出现了向特权化方向的发展。

这首先在亨利七世时期显现出来。亨利七世对外政策的核心是确保国内统治的稳定,"1485年前他本人的经验让他清楚地意识到,外国势力支持任何想谋求英王王位的人所带来的威胁是十分严重的",因此,无论是对外战争还是联姻,他只是在确保"外国统治者不会支持约克家族觊觎王位的人"。⑤ 亨利也被称为一名爱好和平的国王,他只在继位初年与法国在布列塔尼问题上有过短暂的交战,此后便结束了争夺欧洲领土的战争——中世纪英格兰对外政策的核心。

亨利推行的政策并未受到国内的反对或限制,无论是新建立的行政中枢咨议院还是作为批准征税与立法机构的议会,都无权干涉国王的外交政策。我们看到,一方面,亨利整改了原有的咨议会,从职位较低的官员中挑选出一小撮人员组成咨议会"内层"并经常召开内层会议,由于组成人员位卑言轻又勤恳实干,"国王便控制了一个政府中最活跃和最具影响

---

① 钱乘旦主编:《英国通史》第3卷,江苏人民出版社2016年版,第6页。

② 钱乘旦主编:《英国通史》第3卷,第7页。

③ G. R. Elton, *The Tudor Constitution*:*Documents and Commentary*, Cambridge:Cambridge University Press, 1982, p. 4.

④ John Morrill, *The Oxford Illustrated History of Tudor and Stuart Britain*, Oxford:Oxford University Press, p. 219.

⑤ Alexander Grant, *Henry Ⅶ*:*The Importance of His Reign in English History*, New York:Routledge, 2002, pp. 40 – 41.

的部分"，① 听命于国王的决策机构当然不会限制国王。另一方面，议会也不去限制国王，其在对外事务中几乎没有任何影响力。对于亨利统治初期推行的战争政策，议会总是勤勤恳恳地为国王筹措战争经费，例如，1489 年 1 月 13 日，亨利希望议会提供 10 万英镑用以维持 1 万弓箭手一整年所需，议会感到款项之巨、时间紧迫以至于有了"焦虑感"，但议会仍然为主分忧，最终花了 41 天作出决议，规定经费的三分之二由俗届出，三分之一由教会出。② 等到战争政策结束后，亨利主要推行和平政策，也就很少召开议会了，从 1497 年到亨利临终，他只召开过一次议会，没有人觉得有任何不妥。③ 终亨利七世一朝，议会从未在外交政策上为难过国王。简言之，"如同维持法律与秩序一样，保护王国安全和处理对外事务也是国王对其臣民的职责"，④ 其他权力体既没有独立处理外交事务的权限，也没有对国王如何履行该职责发出不悦耳的意见。

二　亨利八世时期

亨利八世统治时期，国王的宣战、媾和与盟约之权有了实质性的发展。在外交权行使机制方面，国王独揽外交决策的机制日益形成。这一时期，国家机构与职能总体上朝着进一步适应近代民族国家发展所需的方向演进，其有助于形成以国王为绝对核心的决策机制。一方面，国务大臣这一职位的重要性日益上升。国务大臣职位从一开始出现就与对外事务密切关联，例如，第一位看护御玺的国务大臣罗伯特·布瑞博克，在任职期间承担了两次外交任务，"自己还为此损失了 70 英镑"，爱德华四世时期的奥利佛·金在十年内数次奉命出使法国。⑤ 但亨利八世时期，"逐渐出现的一个主要现象是，外交事务正在成为国务大臣的主要职责"，⑥ 已经负

---

① 　G. R. Elton, *The Tudor Constitution: Documents and Commentary*, p. 90.

② 　H. A. L. Fisher, *The History of England, from the Accession of Henry VII to the Death of Henry VIII 1485 - 1547*, Longmans, 1910, p. 31.

③ 　G. R. Elton, *England under the Tudors*, 3rd edition, New York: Routledge, 1991, p. 68.

④ 　Alexander Grant, *Henry VII: the Importance of His Reign in English History*, p. 37.

⑤ 　David Kynaston, *The Secretary of State*, Sudbury: Terence Dalton, 1978, pp. 3, 11.

⑥ 　R. H. Gretton, *The King's Government*, *A Study of the Growth of the Central Administration*, London: G. Bell & Sons Ltd., 1913, p. 50.

有起草外交指令并与英国海外代表进行外交通信的职能。另一方面，国务大臣沃尔西和克伦威尔将咨议会改革为枢密院，改革的核心内容就是"确保枢密院人数相对较少，以及由担任政府职位的人员组成"，① 使其成为一个精简、高效且听从王命的行政中枢。这看上去让国务大臣和枢密院拥有了相当大的权力，但事实证明，他们最多只是执行国王意志的工具，一切皆由国王最终决断。

连同亨利八世统治初期议会在外交事务中的作用，此处试举一例，以说明亨利八世在外交事务中的权力表现。

亨利八世继位初年，就调整了其父退出欧洲的现实主义和平外交政策，重开在欧洲大陆占领土地、追求荣耀的战争。这一时期，法国在南部意大利地区扩大势力，与西班牙、神圣罗马帝国兵戎相见，罗马教皇也卷入了这场争斗。亨利打算积极干预法国的扩张，遂将此问题交付枢密院讨论。枢密院内的意见分成了两派。教会贵族试图打消国王的念头，尽可能避免或最小化战事，继续推行亨利七世的和平外交政策；世俗贵族则鼓动亨利的野心，主张积极干预。首席国务大臣沃尔西支持教会贵族的立场，这可以节省王室开支，也符合他本人的人文主义和平观。然而，亨利决定加入教皇的"神圣同盟"，共同讨伐法国。于是，沃尔西只好奉君命，在1511年冬季准备好来年作战所需人、财、物及调度。1512年的出征无功而返，但亨利并未就此罢手。1513年，亨利又与教皇、西班牙及神圣罗马帝国结成"四国同盟"，并亲自带兵占领了法国北部的两个小镇。不幸的是，盟友背叛了他，亨利再次受挫。② 这时，枢密院中主和的意见占据了上风，亨利看似接受了现实，沃尔西得以准备和谈事宜。但是，没过几个星期，亨利就打断了沃尔西的计划，在1515年又与西班牙结盟准备讨伐法国，但这次讨伐也没有任何收获。到1517年，亨利的热情退去，沃尔西才主导了与法国的和平。③

可见，国务大臣和枢密院负有执行和建议功能，决策则只能唯君命是从。那么，议会有无为难亨利这不受欢迎的外交政策呢？据记载，1512

① G. R. Elton, *The Tudor Constitution: Documents and Commentary*, p. 92.

② P. S. Crowson, *Tudor Foreign Policy*, pp. 69 – 71.

③ P. S. Crowson, *Tudor Foreign Policy*, pp. 75 – 78.

年 2 月 4 日，亨利召开议会，大法官告知上议院对法战争的必要性，随后又将此事告知了下议院，结果是"对法战争的决议一提出即被接受，下议院为此批准征收了一大笔税"。[①] 如果说此时议会因无法预见亨利远征的成败而顺从了国王的意愿，那么 1520 年后亨利再次打算远征时，议会的态度就能说明他们在外交事务中的地位十分有限了。1523 年 4 月 15 日，亨利再次决定发动对法战争，需要征税 80 万英镑。由于前几次的失败还历历在目，议会显得有些不情愿，他们想要和平，但他们不想为难国王，最终决议征税 60 万英镑。[②] 可见，议会虽有批准征收税收的权力，但其并未使用这一武器阻遏国王的战争。可以说，亨利八世的外交任性又专断，改革后的枢密院与日益发展的议会，即便对国王的外交政策有异议，也看上去只是嘀咕了几句，最终决策权毫无疑问在亨利手中，即便他的政策本身并不那么受欢迎。

亨利八世统治时期，英国还发生了宗教改革，这成为君主外交权发展的一个重要转折。英国宗教改革发生的直接原因是亨利八世为了完成与凯瑟琳的离婚案而不得不与罗马教皇决裂，因为只有教皇才能决定他是否离婚，而教皇最终没有批准。英国宗教改革的结果是否认了教皇在英国教会的最高权威，英王取而代之成为教会的最高权威。宗教改革对于英王外交权的意义可从三个方面来理解。其一，宗教改革使得英格兰成为一个真正的"帝国"，其将 14—15 世纪英格兰在世俗世界中已经宣称的"帝国"理念扩展到了宗教领域，国王不仅在世俗领域是本王国的最高权威，而且在宗教领域中也成为本王国最高权威，国王由此将中世纪西欧的世俗与宗教二元权威统一于一体，成为绝对君主，拥有了完整的主权或者说最高权力。英王所统治的国家则作为一个完全独立的主体不再受任何外在权威的干预或影响，无论该权威是世俗还是宗教性质。这当然扩展了国王外交权的范畴，他不仅可以处理世俗类对外事务，而且可以决策与宗教相关的对外政策，不再受教皇干预或影响。其二，为了推行宗教改革，亨利八世需

---

① William Cobbett ed. , *Parliamentary History of England, from the Earliest Period to the Year 1803*（后文缩写为 *Cobbett's Parliamentary History of England*）, Vol. I, London: Printed by Hansard, 1806, col. 479.

② *Cobbett's Parliamentary History of England*, Vol. I, cols. 484 – 488.

要枢密院完全服务和听从他的意志，"权力越来越集中在那些能够有效执行他意志的臣仆手中"，这进一步加强了国王的权力，国王甚至经常不咨询枢密院就下发命令。据记载，亨利八世颁布的大约 200 份声明中，只有 36 份是有枢密院建议和同意的。① 这也造成亨利在对外政策中的专断横行，枢密院大部分人只能迎合国王的政策，即便亨利在宗教改革后对苏格兰、法国、西班牙等的政策并不成功。其三，议会权威和地位的上升。宗教改革过程中，亨利寻求教皇批准其离婚要求以失败告终，寻求法理支撑其离婚诉求也没有结果，在没有任何一个传统权威可以解决该问题时，亨利让议会成为批准他离婚的新权威，并宣布"王在议会"才是最高权威。由此，议会的地位得以提升，尤其是 1532 年亨利派代表向教皇解释："英格兰议会的辩论是绝对自由的，国王无权限制他们的讨论或决定。"② 这一点在短期内充分提升了议会在国家重大事务中的作用，使其有权充分处理宗教改革事宜，改变了议会长期以来主要是国王对外政策的"钱袋"的地位，使得议会可以对国王的婚姻、对外关系、宗教等重大议题发表看法甚至做出决定。总之，经过宗教改革，国王的权力进一步加强，拥有了完整的最高权力，可以决定本国一切事务，这种绝对的王权在外交领域亦是显著的。

三 伊丽莎白一世时期

宣战、媾和与盟约之权正式成为君主的一项特权发生在伊丽莎白一世统治时期，其以女王禁止议会就外交事务主动提供建议的形式表现出来。

在外交权行使机制方面，伊丽莎白一世起初延续了亨利八世的做法，但在后期，她对外交权的控制日益加强。就君主对外交事务的控制程度而言，伊丽莎白有更多的理由加强控制，因为"在她统治的前 20—25 年，个人婚姻、王位继承与外交事务交织在一起，第一个是私人问题，第二个事关臣民福祉，因此伊丽莎白对外交政策尤其关照"。③ 除了女王，已发

① J. D. Mackie, *The Earlier Tudors 1485 – 1558*, pp. 414, 436.

② James Gairdner ed. , *Letters and Papers：Foreign and Domestic*, *Henry VIII*, Vol. 5, 1531 – 1532, London：His Majesty's Stationery Office, 1908, p. 415.

③ R. B. Wernham, *The Making of Elizabethan Foreign Policy*, *1558 – 1603*, p. 4.

展成熟的枢密院和议会也十分关心外交事务，二者经过宗教改革已经形成了就王国对外事务提供建议并进行讨论的做法。这时的枢密院组成人数在18—20人，到1601年时只有13人，绝大多数的工作实际由4—5名核心大臣完成，其"成员和活动在君主严密控制下"。[1] 提出应对紧急外交事务的最可行的意见仍是枢密院的工作，在枢密院建议的基础上女王拒绝、修改或接受。不过，伊丽莎白一世从不拘于仅从枢密院获取意见，从宫廷到王室家臣，从职位高到职位低的大臣官员，女王觉得合适的话，随时都会去咨询。[2] 这种情况下，枢密院的异议总能被女王有效压制。然而，这一时期出现了一个新现象，即枢密院将异议输入议会，煽动议会建言献策。[3] 议会就王室婚姻与对外事务进行讨论的做法早已存在，但针对外交事务的讨论，"下议院议员的自由发言或自由创议常常使女王陷入十分被动的境地"。[4]

为解决这一麻烦，伊丽莎白一世开始禁止议会讨论一些议题，王位继承、女王婚姻、宗教事务以及外交事务均被列入议会不可自主讨论之列，理由是，这些属于君主"特权"内的事务，不经君主同意，议会不得随意干预。此事起因于议会自伊丽莎白刚继位时就开始关心王位继承人选和女王的婚姻，希望女王尽早定夺。起初，女王向枢密院和议会阐述了自己的立场，表明一定考虑这些国家大事。一年又一年过去了，女王没有指定继承人，也依旧单身一人，议会又开始频繁请愿。1566年，女王对议会的执迷不悟有些不耐烦，告知下议院议员："此后不许讨论这些事，若有人不明原因，可到枢密院去了解。"[5] 1571年，女王和议会在国内的天主教徒以及女王的特卖权问题上又吵得不可开交，在闭会时女王令掌玺大臣培根传信下议院："本届下议院中的个别人傲慢无礼、出言不逊甚至质疑女王的特权，女王令我告知你们，她允许你们

---

① G. R. Elton, *The Tudor Constitution: Documents and Commentary*, p. 93.

② R. B. Wernham, *The Making of Elizabethan Foreign Policy, 1558 – 1603*, p. 15.

③ R. B. Wernham, *The Making of Elizabethan Foreign Policy, 1558 – 1603*, p. 12.

④ 刘新成：《英国都铎王朝议会研究》，首都师范大学出版社1995年版，第268页。

⑤ Simonds d'Ewes, *The Journals of All the Parliaments During the Reign of Queen Elizabeth*, Shannon: Irish University Press, 1682, pp. 127 – 131.

讨论自己职责范围内的事，但不允许讨论那些既不适合你们，又不在你们理解能力范围内的事。"① 被允许的事务包括立法和征税，不被允许之事则比较模糊，因为其是由女王"随机"决定的，例如"战争、和平、对外关系、王室婚姻、继承以及宗教事务"等，② 这些均是女王与议会发生冲突的领域。

对于伊丽莎白的这一举措，都铎史权威学者埃尔顿认为，这是"女王以特权的名义拒绝她的臣民介入到复杂的政策问题中"。③ 这其实表明，宣战、媾和及盟约权经过都铎时期的发展已经发展到特权形态，是专制君主权力的一部分，伊丽莎白只不过是对都铎时期君主外交权的发展做了一个总结——非经君主邀请，议会不得参与外交事务讨论，更不能要求君主接受其建议。在明确了女王与议会在外交事务中的权力边界后，女王就时常以外交是君主的特权为名禁止议会在外交事务中的任何"僭越"。这里可以尼德兰宗主权一事为例说明。由于英国在尼德兰反抗西班牙统治的斗争中派兵介入，西班牙原总督帕尔马身亡后，英国人莱斯特于 1586 年表示愿意接受尼德兰总督一职。这意味着英国接了西班牙对尼德兰的宗主权。此消息传到英国后，惹恼了女王，她明令莱斯特放弃这一职位。然而，支持莱斯特的人并不甘心，他们在枢密院和议会中四处活动，力图劝服女王接受他们的意见。1587 年，英国与西班牙大战在即，女王吩咐时任大法官哈顿爵士（Sir Christopher Hatton）告知下议院眼前的危险，目的在于力筹战款。哈顿明知女王已经拒绝接受尼德兰宗主权，却仍在下议院搅起议员的情绪。通过一篇精心制作的演讲，哈顿将尼德兰的宗教与安全与英国的宗教与安全密切关联起来。"外交政策通过与宗教关联起来，就成了人人都能听懂的东西。于是，下议院再次请求女王接受尼德兰宗主权。但是，女王仍然拒绝了，并声明此后不许讨论此事。"④

---

① Sidmonds d'Ewes, *The Journals of All the Parliaments During the Reign of Queen Elizabeth*, pp. 127 - 131, 145 - 151.

② Wallace T. MacCaffrey, *Queen Elizabeth and the Making of Policy 1572 - 1588*, Princeton: Princeton University Press, 1981, p. 466.

③ G. R. Elton, *The Tudor Constitution: Documents and Commentary*, p. 17.

④ Wallace T. MacCaffrey, *Queen Elizabeth and the Making of Policy 1572 - 1588*, pp. 488 - 489.

这一事件的结果是，议会没有再讨论此事。对于女王的外交特权，正如麦克卡弗里指出，无论是枢密院还是议会，都没有太多异议，因为在外交事务中，"每一个到威斯敏斯特来参加议会的乡绅们可以对地方事务很清楚，但对宫廷里的国家大事很陌生"，"议员们仍然认为自己是听众或请愿者……他们只想尽可能充分有力地表达看法，希望劝服女王……但如果女王充耳不闻，让他们屡屡受挫，他们也从未在任何情况下更进一步地质疑女王的权威或者她的臣仆"。[1] 对于议员们来说，外交事务不仅"高不可及"，而且力所不及，"外交政策安然无恙地留给君主的智慧去处理"。[2]

总结而言，都铎王朝时期，伴随专制王权的发展，宣战、媾和与盟约之权最终在伊丽莎白一世时期明确成为君主的一项特权。它的基本特点有：君主亲自参与决策，控制决策机构，拥有对外事的最终决断权；君主的决议自然而然地成为英国合法有效的外交政策，无需其他权力体的同意，君主本人赋予自己的外交政策合法性；君主尤其不与议会分享这项权力，可以特权之名禁止议会自由讨论外交事务、主动提供外交建议。

第三节　16 世纪政治理论中的君主外交特权

都铎王朝时期英国出现的新君主制引发了 16、17 世纪政治理论家的一些讨论，其中一些讨论针对的是西欧君主制的普遍情况并涉及英国的具体情形，一些讨论针对的是英国君主制的独特之处。这些著作都探讨了新君主制中君主与外交权的关系，其有助于我们理解彼时的知识阶层对君主外交特权的基本看法。

一　主权理论中的宣战、媾和与盟约权

都铎新君主制区别于中世纪等级君主制的最显著的特点便是专制王

----

① Wallace T. MacCaffrey, *Queen Elizabeth and the Making of Policy 1572 – 1588*, pp. 463, 493, 471, 498.

② H. A. L. Fisher, *The History of England*, *From the Accession of Henry VII to the Death of Henry VIII 1485 – 1547*, London: Longmans, 1910, pp. 6 – 7.

权。在有关专制王权的理论中，主权理论是最重要的一种，该理论的集大成者是让·博丹，他把外交权看作一种主权之权，由主权者排他性地占有。

让·博丹是 16 世纪法国著名的政治思想家，出生在中产家庭，自幼受到良好教育，担任过大学教师和律师，著述领域宽阔，涉及政治、经济、宗教、历史等各个领域，曾得到查理九世信任，也曾代表皇室成员阿朗松公爵弗朗西斯前往英格兰向伊丽莎白一世求婚，后又见证法国宗教战争。在他的多部著述中，最著名的莫过于《共和国六书》，该书首次系统详致地论述了主权理论，"发展出一套崇尚绝对主义的君主主权理论"。① 在博丹的君主主权论中，有两点最为重要，一是主权的不可分割性，二是主权的绝对性或说至高无上性。第一点颇富争议，"这种观点即使用来解释已经相当稳固的国家（如法兰西、西班牙和英格兰）的王权状况，也会引起很多争议"。第二点则"相当合理"，"一个真正的主权权威必须拥有使政府合法运作的所有权力"。② 此处没有必要探讨博丹主权理论中的疏漏和矛盾，这不是本书关心的重点，我们的重点是博丹君主主权理论中对英国君主制、君主与外交权的关系以及外交权的践行方式的论述。

由于博丹试图论述君主拥有一种不可分割的绝对性权力（即主权），他就需要解释这样的主权具有什么特征。博丹说："要能辨别出这样一个人——主权的君主——我们必须知道他有哪些特质，这些特质是专属于他的，是不能与他的臣民们共享的，因为如果这些特质可以共享，那么将不会再有主权的君主了。"③ 在博丹看来，"拥有主权的君主首要的特征性权力就是为全体臣民制定普适性的法律和专门适用于个别人的特别法令，但这还是不充分的，我们还必须加上'制定法律不必经过其他人的同意，不论这些其他人的地位是比制定者高，与之平等还是较之卑下'"。④ 概言之，君主主权的第一个特征是立法权。随后，博丹指出，

① ［法］让·博丹：《主权论》，［美］朱利安·富兰克林编，李卫海、钱俊文译，北京大学出版社 2008 年版，第 4 页。

② ［法］让·博丹：《主权论》，第 7、19 页。

③ ［法］让·博丹：《主权论》，第 92、93 页。

④ ［法］让·博丹：《主权论》，第 107 页。

"由于法律这个术语使用得太过于普遍了"，所以，在言及主权时最好"将它们一一细化"，细化时，博丹首先列出了"宣战与媾和权"，这项权力"涉及国家的生死存亡，因此它是主权中最重要的权力之一"。[①] 这里，博丹清楚指出了外交是君主这一主权者所特有的一项权力，外交权是一项主权之权。

那么，君主主权中，外交权如何践行呢？这又涉及博丹对政体的划分。在博丹看来，历史上只存在过三种政体，即君主制、贵族制和民主制，不存在任何形式的混合政体，因为它不符合主权不可分割的常识，这种制度"当前不存在"，"以前也从来没有存在过"。[②] 这虽不符合英国人对本国政体具有混合特点的认知，但博丹就是这么认为的。他对此也作出了解释。博丹说："仍有一个有关英格兰等级会议的困惑要解决，似乎等级会议在一些国家重大事务上有支配、决断和最终作出决定的权力……（援引玛丽女王时期证明其权力的材料）但事实上，完整的主权不可分割地属于英国女王，等级会议仅仅是历史的见证人。"[③] 英国毫无疑问是君主制。紧接着，博丹指出，在民主政体中，"我们知道事关战争与和平的问题最有可能由元老院或私人顾问团的法令来决定，这通常是由其独立作出的，通常也有可能由唯一一名被赋予全权的统帅予以决断"。"至于君主政体中，决定宣战和媾和的权力当然属于君主，这是不言而喻的"。"不论君主赋予使者的使命是讲和，还是结盟，如果谈判的情况不通知君主，他们就不会同意任何事项。"[④] 由此可见，当主权属于君主时，君主排他性地享有处理对外事务的权力，他的意志和决定代表本国的立场，且不需要其他权力体的同意。

二　混合政体理论中的宣战、媾和与盟约权

除博丹的主权理论外，混合政体理论也探讨了君主与外交权的关系。混合政体理论在 16 世纪的英格兰颇为流行，出现了诸多论述，其中尤以

① ［法］让·博丹：《主权论》，第 111 页。
② ［法］让·博丹：《主权论》，第 152、168 页。
③ ［法］让·博丹：《主权论》，第 58、59 页。
④ ［法］让·博丹：《主权论》，第 112、117 页。

伦敦主教约翰·艾尔默（John Aylmer）和托马斯·史密斯爵士的论述最
为系统，二人也代表两种不同的看法。他们的根本区别在于，发动战争、
媾和及订立盟约的权力由君主独享还是君主与议会共享。

　　艾尔默将英国的政体描述为一种十分安全的混合政体，无论谁当君
王，政体都会约束其作为。艾尔默说，英格兰的政体"不是纯粹的君主
制，也不是纯粹的贵族制，也非民主制，而是三者的混合………这一混合
存在于议会中，在议会中能看到代表君主制的国王或女王、代表贵族制的
贵族们以及代表民主制的市镇代表和骑士们"，① "正如古代斯巴达（政
体）一样，其中任何一部分在没有另一部分同意的情况下，不能修改法
律、发动战争或制定和平或做任何事情……在英格兰进行统治的不是她
（女王）而是法律……制定法律的不是她而是议会……如果她可以独自决
定战争与和平，如果她只是一个专制君主而非混合（政体）的统治者
（mix ruler），那么你们或许能让我对此事有更多的惧怕以及更少的辩
护"。② 概言之，在艾尔默看来，外交权属于君主，但这项权力需在议会
的同意下行使，体现了都铎君主制"王在议会"和"王在法下"的两个
特点。

　　托马斯·史密斯爵士在《论英格兰共和国》一书中论述了不同的看
法。他认为君主制、贵族制和民主制都是不完美的，但"这三种通常都
是混合起来的，并以其中最突出的那部分命名"。③ 英格兰是君主制，因
为国王或女王进行统治，但它是混合性质的，因为议会两院也参与其
中。④ 随后，史密斯分析了政体中各部分的权力。史密斯说，议会是"英
格兰王国的最高权力所在，议会拥有如下权力（与法律、征税、审判相
关的各种权力）……议会的同意被视为每一个人的同意"。⑤ 紧接着，史

---

　　① John Aylmer, *An Harborowe for Faithfull and Trewe Subjectes, agaynst the late blowne Blaste,
concerning the Government of Women*, Strasbourg, 1559, p. 59.

　　② John Aylmer, *An Harborowe for Faithfull and Trewe Subjectes, agaynst the late blowne Blaste,
concerning the Government of Women*, pp. 60 – 61.

　　③ Mary Dewar ed. , *De Republica Anglorum by Sir Thomas Smith*, Cambridge：Cambridge Univer-
sity Press, 1982, p. 52.

　　④ Mary Dewar ed. , *De Republica Anglorum by Sir Thomas Smith*, p. 77.

　　⑤ Mary Dewar ed. , *De Republica Anglorum by Sir Thomas Smith*, pp. 78 – 79.

密斯从国王外交权开始谈王权。他说："国王或女王拥有战争与和平的绝对权力，他可以按照自己的意愿或在大臣的建议下，蔑视他想蔑视的外国统治者，对其宣战或者与其结盟、休战。"① 那么，这些权力如何践行呢？史密斯写道："每个国家都有5类事务：1. 制定法律；2. 向外国宣战、媾和或休战；3. 供应政府日常支出及防御战争费用；4. 遴选官员；5. 执行法律。"② 其中，"第一和第三项由国王在议会中践行，第二和第四项由国王本人践行，第五项还有待说明"。③ 由此可见，史密斯认为，由君主、上议院和下议院构成的议会拥有立法权，但外交权为君主独享，由其本人执掌，不在议会中践行。这体现了"王在法下"的传统，但在外交事务中，并没有出现"王在议会"的写照。

那么，艾尔默与史密斯的论述哪一个更符合英格兰的实际情况呢？艾尔默的写作带有特定目的。1553—1558 年，英格兰在"血腥女王"玛丽一世统治下，玛丽的夫君是西班牙国王腓力二世；1557 年，腓力劝说玛丽支持西班牙对法国的战争，玛丽倾向于这一立场，英格兰大臣们不同意，然而他们未能阻止玛丽向法国开战。不幸的是，英格兰并没有在这场战争中获利，反而在 1558 年被法国占领了加来。当时的英格兰人将玛丽统治的失败归因于她是一个女人，在伊丽莎白登基前，弥漫着一股惧怕女性统治者的氛围。因此，艾尔默突出议会地位的论述似乎是为刚刚登临王位的伊丽莎白一世辩护，以扫除国内对女性统治者的恐惧，而非对英格兰君主外交权的实际描述，同时又在描述他理想中的政体及权力结构，带有一定的希冀的成分。将国王的宣战和媾和权置于议会中也是艾尔默被认为要比同期的其他政论家走的更远的原因。④ 史密斯则是一个现实政治世界的学者，他曾服务爱德华六世、玛丽一世及伊丽莎白一世三代君主，担任过议员、国务大臣以及驻法大使。此书正是他在法国任职期间所作。因此，他的著作不是学术性的，而是对英格兰政治制度的实况性描述。"他

①　Mary Dewar ed. , *De Republica Anglorum by Sir Thomas Smith*，p. 85.

②　Mary Dewar ed. , *De Republica Anglorum by Sir Thomas Smith*，p. 88.

③　Mary Dewar ed. , *De Republica Anglorum by Sir Thomas Smith*，p. 88.

④　Corinne Comstock Weston, *English Constitution Theory and the House of Lords 1556 – 1832*，p. 18.

只是在探究英格兰在实际上是如何统治的。"① 而他所观察到的事实正是：在英格兰的混合政体中，议会拥有最高权力，但其权力只存在于制定法律和征税方面，外交权是一项由君主执掌且不在议会中行使的权力，也就是说，外交是君主的特权。

---

① J. W. Allen, *A History of Political Thought in the Sixteenth Century*, London：Methuen & Co. Ltd. , 1928, p. 264.

第二章　君主外交特权行使争议

　　1603 年，苏格兰斯图亚特王朝詹姆士六世继承英格兰王位，成为英格兰国王詹姆士一世，并从爱丁堡迁至伦敦。自此，英格兰与苏格兰处于同一个王朝统治之下。詹姆士一世试图在大不列颠理念的框架下促进英格兰与苏格兰在政治、经济、宗教领域的联合，但这个提议遭到英格兰与苏格兰的共同反对而未完全实现，斯图亚特的君主们依旧统治着两个大体上独立的王国。在外交领域，君主们虽然可以靠其外交特权在两国制定同样的外交政策，但他们是作为两国国王分别行使君主外交特权的，其外交政策在两国带来的结果与影响是分开的，是否引发争议也是不一样的。

　　作为英格兰国王，詹姆士像都铎王朝历代君主一样，拥有与行使君主外交特权。不过，斯图亚特时期国王与议会发生冲突的领域广泛、时间持久、程度强烈，双方在外交政策领域的矛盾也很突出，引发君主外交特权遭到来自议会的挑战。这种情况贯穿从詹姆士一世到查理二世统治末期，直到克伦威尔建立英格兰共和国的时期，由于君主制的覆灭，外交权的行使机制才出现新的变化。总体来看，有关君主外交特权的争议大体上以君主继续保留外交特权告终，彰显着这项权力的特殊性。这种特殊性在 17 世纪政治理论家的著作中也体现出来，甚至是在约翰·洛克激进的《政府论》中，依旧可以看到外交权的特权属性。

第一节　斯图亚特早期君主外交特权行使争议

　　詹姆士继承英格兰王位时，已经统治苏格兰三十余年，在加强王权方面取得了不小的进展。在对君权的认知上，詹姆士鼓吹"君权神授"理论，他在《自由君主的真正法则》一书中充分阐述了该观点。然而，该理论不太符合英格兰"王在法下"与"王在议会"的君权观念。詹姆士还提出了大不列颠构想，认为"一个脑袋（他本人）不能有两个身体（英格兰与苏格兰）"，试图统一两个王国，但这又不符合苏格兰与英格兰是两个独立的民族的历史与现实。詹姆士对英格兰也缺乏了解，不懂英格兰的政治传统与制度，尤其不擅长与议会打交道。这些因素都造成詹姆士在英格兰的统治比较波折。

受君权神授理念的影响，詹姆士改变了伊丽莎白一世以来英格兰均衡欧洲与支持新教阵营的对外政策，提倡宗教宽容，亲近天主教国家法国与西班牙。詹姆士拥有的君主外交特权使他能够一意孤行地推行上述外交政策。这一时期，英国行政中枢的变化进一步确保詹姆士能够随心所欲地制定外交政策。发展到 17 世纪初，负有外交建议和批准条约职能的行政中枢枢密院的重要性已达到顶点，"对大多数英国人来说，枢密院远比议会重要"。① 但是，枢密院自此也走向衰落。衰落的原因有很多，但有一点毋庸置疑，这就是埃尔顿所说的，"一旦枢密院试图限制国王的行动自由，就会导致自身的衰落"。② 与此同时，在枢密院中成立负责某项具体事务的专门委员会的做法逐渐流行起来。这种做法最早出现在爱德华五世时期，在詹姆士统治时期得到进一步发展。1604 年，詹姆士一世指定 4 人专门处理西班牙问题，③ 其逐渐发展为外交事务委员会。委员会的人数一般在 4—6 人，都是国王最亲信的人，经常秘密开会，唯国王命令是从。④ 于是，"国王基本上不再寻求枢密院协助处理外交事务了"，⑤ 由于委员会还延揽了国内事务，故在实质上成为真正的行政中枢。该朝那些令

---

① Edward Raymond Turner, *The Cabinet Council of England 1622 – 1784*, Vol. 1, Oxford: Oxford University Press, 1930, p. 12.

② G. R. Elton, *The Tudor Revolution in Government*, Cambridge: Cambridge University Press, 1979, p. 421.

③ Edward Raymond Turner, *The Cabinet Council of England 1622 – 1784*, Vol. 1, p. 14.

④ Edward Raymond Turner, *The Cabinet Council of England 1622 – 1784*, Vol. 1, pp. 53, 66, 114, 124.

⑤ Edward Raymond Turner, *The Cabinet Council of England 1622 – 1784*, Vol. 1, p. 25.

议会反感的外交政策皆出自这里。

　　然而，尽管詹姆士能够完全控制外交决策，但他很难控制议会。议会的对外立场延续了伊丽莎白一世以来的传统，议会时常不同意詹姆士的政策，尤其是在对帕拉丁选侯的立场上。1618 年，欧洲爆发三十年战争。在这场战争中，詹姆士的女婿帕拉丁选帝侯、波西米亚国王弗里德里克的领地遭到西班牙入侵，帕拉丁向英国发出求助。詹姆士与议会站在了不同立场上。在议会看来，帕拉丁属于战争中的新教阵营，西班牙则是天主教的首领，英国作为新教国家理应支援帕拉丁，这是宗教改革后英国对外政策的一条基本路线，体现的是英国敌对天主教的强烈的新教情绪。但是，詹姆士主张与西班牙建立姻亲关系，以此缓和帕拉丁与西班牙的关系。议会从宗教安全的角度不断敦促国王向西班牙开战，而詹姆士则坚持他的联姻外交。三年过去了，议会的敦促没有产生任何影响，詹姆士的联姻政策也没有结果，而帕拉丁与波西米亚在 1621 年失守。

　　1621 年 11 月 14 日，詹姆士召开了议会。国王的对策仍然是通过联姻实现"休战"，议会则认为，"休战"不可能实现，议员们的讨论一发不可收拾。很快，双方的外交争执便上升到彼此在外交事务中的权力/权利层面。当时，一名议员说，"我们必须做点什么，否则不利于宗教、王国还有王子"，[1] 刚被解职的王座法庭首席法官爱德华·库克（Edward Coke）随即提议向国王呈送一份"宗教及王子婚姻问题的请愿"。对于库克的提议，议员们变得犹豫不决。一名议员说，"本届议会一直审慎于不触及国王特权的任何一部分，尤其是属于国王的那些毫无疑问的特权"；另一名议员说，"战争和王室婚姻对我们来说高不可及（too high）"；还有的议员说，"战争、和平，召集和解散议会的权力属于国王"。[2] 可见，此时，议员相信伊丽莎白一世以来外交是君主的特权的信条，相信外交事务属于"高层政治"（High Politics），不在他们能力范围之内。然而，就在这个关键时刻，精通法律的库克扭转了辩论的方向。库克指出："大多数议员反对本请愿的原因是，父亲可以决定儿子的婚姻以及战争与联盟是国王的特权……如果这是要求国王做出回复的权利请愿则不可取，但这只是一个提供建议

---

① *Journal of the House of Commons*, I, p. 645.

② *Journal of the House of Commons*, I, p. 657.

的请愿。"① 言下之意，外交的确是君主的特权，议会不要求外交事务中的权利，议会只不过是在发挥自古以来的请愿与建议功能。对此，议员们表示认可，并于 12 月 3 日将请愿书呈送詹姆士。但对于议会的请愿，詹姆士则像伊丽莎白一世一样，禁止议会讨论这些国王特权范围内的事务。他回复："不得干涉任何关于政府或国家的神圣事务，不得谈论王子与西班牙公主的婚姻，不能触碰国王或任何我们的友国或联盟的荣誉……"②

议会与詹姆士关于彼此权利/权力的争执并未就此止步。收到回复后，议员们认为，他们的请愿书可能让国王误解了他们的意思，他们无意干涉国王特权内的事务，他们只是在自己的职权范围内提供建议，遂于 12 月 6 日呈递了"致歉请愿"。其中写道："我们并不认为我们有任何权力可以决定您特权中的任何一部分，也无意这么做，我们承认，只有您可以决定和平与战争以及最尊贵的王子的婚姻……但是，陛下您的言辞似是表明我们不能参与政府的一些事务……但其中一些议题是议会可以讨论的，您缩减了我们自由发言的权利……这是我们从先祖那里继承来的……我们以无限的恭谦请求您允许我们有同样的权利。"③ 简言之，议会承认君主的外交特权，但议会自古拥有自由发言的权利，这一权利适用于外交事务。对此，詹姆士明确以君主外交特权为由，禁止议会就外交事务进行自主讨论并提供建议的做法。12 月 14 日，他回复议会："这与第一次的请愿没有什么区别……其僭越了国王的特权，这些事务远非议会所能参与。"④

双方争执到这一步时，彼此的立场都已经非常清楚，而且双方都认为彼此的权力/权利不容争辩，争执难以化解。在詹姆士看来，君主外交特权意味着处理外交事务的权力唯君主独享，不经君主同意，议会不得介入外交事务。而在议会看来，君主的外交特权的确意味着君主享有处理对外事务的最高权力，但也意味着议会可以就外交事务进行讨论和建议，这是议会的一项古老职责。因此，针对詹姆士的回复，议会于 12 月 18 日又呈递了"权利抗议书"，表示，"关乎国王及国家的险峻而紧急的事务、王国的防

① *Journal of the House of Commons*, I, p. 658.

② *Cobbett's Parliamentary History of England*, Vol. I, cols. 1326 – 1327.

③ *Cobbett's Parliamentary History of England*, Vol. I, cols. 1335 – 1336.

④ *Cobbett's Parliamentary History of England*, Vol. I, col. 1339.

卫、英格兰教会……这些在这个王国里每天发生的事务，都是议会可以咨询和辩论的议题与事务；自由发言是议会的一项权利……"，还将这份抗议书记入下议院日志。① 这一举动让詹姆士愤怒不已，他决定撕掉这一页，给出的理由是："国王从未打算否认议会的任何合法权利……但是这份抗议书是如此精心设计和实行，陛下认为应当撕下，并彻底销毁其所呈现的方式和包括的问题。"② 紧接着，詹姆士宣布议会休会到 2 月 8 日，未等休会结束，又下令解散了议会。③ 这样，外交事务中君主与议会的权力/权利之争因国王解散了议会而暂时搁置。搁置的结果是，詹姆士仍然推行与西班牙的联姻外交。直到 1623 年，在查理王子与白金汉公爵前往西班牙求婚，被西班牙宫廷羞辱一番回国后，英王室恼羞成怒，这才决定与西班牙开战。

1625 年，查理继承王位，他也在外交事务中独揽专断，甚至因与法国结盟失败而与法国交战。查理一世也秉持外交是君主的特权的看法，在外交事务上，"根本不与议会商量，认为这纯属君主的职权范围，不需要议会插手"。④ 不过，由于查理推行的战争政策需要得到议会拨款的支持，于是在冒犯了议会之后，又来求助议会。然而，一旦查理得到议会批准的税款，国王就不再尊重议会的意见。查理最终在 1629 年与 1630 年分别结束了与法国和西班牙的战争。对此，霍华特评论说："那是国王的政策，不是议会的，国王和他的大臣发起了战争，现在国王独自结束了战争。"⑤因此，议会的批准征税权并不能有效限制君主外交特权。

第二节　内战时期国家外交权行使争议

一　英国政体论争中的外交权行使争议

查理一世统治时期，国王与议会的矛盾全面爆发，双方的冲突主要集

① *Cobbett's Parliamentary History of England*, Vol. I, cols. 1339, 1361.

② *Cobbett's Parliamentary History of England*, Vol. I, col. 1362.

③ *Cobbett's Parliamentary History of England*, Vol. I, col. 1366.

④ 钱乘旦主编：《英国通史》第 3 卷，第 92 页。

⑤ G. M. D. Howat, *Stuart and Cromwellian Foreign Policy*, London：Adam & Charles Black, 1974, p. 38.

中在内政领域，最终，双方走向内战，以查理一世被处决收场。尽管在国王与议会的冲突中，外交政策冲突与外交权行使争执不是最重要的，但这一时期有关英国政体中王权与议会权力的探讨也涉及了国家外交权如何行使的问题。

有关英国政体及王权与议会权力的讨论始于 1642 年 6 月议会向查理一世提出的十九条建议。当时，爱尔兰天主教徒叛乱消息传到英格兰，查理与长期议会正因一系列矛盾而处于紧张对峙状态。尽管双方都同意派兵镇压叛乱，但议会担心，一旦查理借助镇压叛乱拥有一支军队后，会将矛头对准自己。在对国王此前的不满与现时的担忧中，长期议会向查理呈递了这份请愿，内容大多为议会对自身权利的伸张和对国王权力的限制。但是，由于十九条建议产生于国王与议会互相猜疑乃至有剑拔弩张之势的背景下，它的内容十分激进，更像是一份议会为了确保自身安全而夺取国王权力的临时举措，而不是对英国政体及权力结构的如实陈述。

在十九条建议中，议会对权力的索要已经超越了其传统的建议、自由辩论、请愿、批准征税及立法的权力，开始要求分享一直由国王执掌的政府权力，也就是现代意义上的行政权力，其中包括外交权。十九条建议指出，国王任命的大臣需要得到议会批准，国家公共事务需要在议会中辩论等，议会还要求查理接受他们的外交建议，即英国应该与新教国家荷兰建立同盟以对抗教皇及其追随者，这显然涉及了君主视角下君主外交特权的至高无上性和唯一性。对于议会的这份"夺权书"，查理一世无法接受，他逐条驳斥了十九条建议。他的回复代表着君主眼中的英国的政体及其权力结构，而其中，外交是君主的一项特权。在查理看来，英国的政体是由国王、贵族院和平民院组成的混合政体，政体的各部分拥有各自的权力。就立法权而言，"在英格兰，法律由国王、上议院和下议院共同制定"。[1]根据这些法律，国王拥有的权力包括管理政府的权力、外交权（宣战、媾和及签订条约的权力）、敕封贵族的权力、遴选官吏的权力、征集军队及抵御外敌入侵的权力等。[2] 简言之，国王独自拥有现代意义上的政府权

---

[1] *His Maiesties Answer to the XIX. Propositions of Both Houses of Parliament*，London：Printed by Robert Baker，1642，p. 10.

[2] *His Maiesties Answer to the XIX. Propositions of Both Houses of Parliament*，p. 10.

力或说行政权范畴内的所有权力，这其中就包括宣战、媾和与盟约这项外交权。正是这些权力让这一"规范性君主"（Regulated Monarchy）能够保证其应有的权威。议会下议院，极好地保存了自由，但从不打算享有任何一种政府权力，拥有唯一的征税权和弹劾权。[1]

不难发现，查理对英国政体的认知与都铎时期托马斯·史密斯的认知基本一致，立法权体现"王在议会"的特点，但包括外交权在内的政府权力或说行政权则属于国王，议会不能分享国王的政府权力。考虑到自都铎以来国王权力的基本情况，查理的驳斥不无道理。在查理拒绝十九条建议后，国王与议会最后和解的机会消失，两个月后双方进入内战。与此同时，查理对十九条建议的答复因盖有王玺而被视作官方对英国政体的声明，因在议会两院中宣读而为议员们所知，[2] 因在英格兰和威尔士教堂诵读又为普通人知晓。内战爆发后，围绕议会的十九条建议与查理一世的答复，保王派与议会派继续争论英国政体及其权力结构，保王派的论点延续了查理一世答复中的内容，议会派的论点则进一步发展，其在"混合君主制"名下，重新解读了英国政体中的权力结构，在理论层面改变了君主外交权的性质与行使机制。

就外交权的性质而言，议会派人士认为，议会可以规范君主的任何一项特权，包括外交权。如前文所述，君主的外交特权最早源于王出现之际的战争职能，其在都铎时期成为君主的一项特权，体现的是君主作为国家最高权力者或者说主权者的一项权力。内战中的议会派人士则通过改变英国主权构成，将国王外交权变作一项可由议会规定和解释的权力。在他们看来，英国的混合政体主要表现为一种混合君主制，"所有的君主制都有混合的一面或说有附属的组成部分"，[3] "每一种混合君主制都是有限君主制"，[4] 英国的混合君主制是一种"同位性混合君主制（coordinative and

---

① *His Maiesties Answer to the XIX. Propositions of Both Houses of Parliament*, pp. 10 – 11.

② 6 月 21 日这份答复出现在议会两院中，见 *Calendar of State Papers*, Domestic Series, Charles I, XIX (1641 – 3), 343.

③ Charles Herle, *A Fuller Answer to A Treatise Written by Doctor Ferne*, London: Printed for John Bartlet, 1642, p. 3.

④ Philip Hunton, *A Treatise of Monarchie*, London: Printed for John Bellamy, 1643, p. 27.

mixt monarchy），这种混合或同位性在于最高权力本身……其是由国王、上议院和下议院三个等级构成的……在这一混合中，三者的地位是同等的，议会不能附属于国王，因为国王本身是其中的一部分。"① 这就将都铎时期以来的君主主权改变为议会主权，英国的主权成为国王、上议院和下议院三方混合而成。议会派人士进一步指出，使英国的君主制成为混合君主制的正是"议会两院，因而两院必须规定和解释国王的特权，而不是国王的特权规定或解释议会两院的权力"。② 换言之，议会有权调整国王的任何特权，外交权也不例外。这是一个根本性的变化，通过将国家主权从君主变更为议会，以及突出议会两院在混合君主制中的重要性，论证了议会两院规范君主特权的合理性。

在外交权的行使方面，议会派人士通过强调"紧急状态"的存在，赋予议会两院行使包括外交权在内的政府权力的合理性。如前所述，自都铎以来，国王独揽专断外交事务，禁止议会参与外交事务讨论，更拒绝接受议会提出的外交建议。内战中的议会派人士则认为："我们承认这些权力（查理一世答复中提到的政府权力）属于国王，但其不是完全绝对的。"③ 英国混合君主制之"混合的目的在于确保政府的安全"，④ 为了这一安全，在紧急情况下，议会可以行使政府权力。"议会可以在没有国王时自行判定国家公共紧急所需，可以处理一切事务，当国家处于危难中时，议会无需服从国王，反而是国王要服从议会。"⑤ 具体来说，"有三种政府权力与混合性原则相关。第一种是立法，第二种是征税，第三种是迅速处理王国内最棘手、最重要的事务，就像议会召集令状中提到过的那些，如此最棘手和重要的事不能由一方决定，如果其可以的话，那么为何

① Charles Herle, *A Fuller Answer to A Treatise Written by Doctor Ferne*, pp. 3 – 4.

② Henry Parker, *A Political Catechism, or Certain Questions Concerning the Government of this Land, Answered in his Majesties own words, taken out of His Answer of the* 19 *Propositions*, 1st ed., London: Printed for Samuel Gellibrand, 1643, p. 6.

③ Parker, *A Political Catechism, or Certain Questions Concerning the Government of this Land, Answered in his Majesties own words, taken out of His Answer of the* 19 *Propositions*, p. 7.

④ Charles Herle, *A Fuller Answer to A Treatise Written by Doctor Ferne*, p. 7.

⑤ Henry Parker, *Observations upon some of his Majesties late Answer and Expresses*, London, 1642, p. 45.

还要召集另一方呢?"① 在这三类事务中,"有两类事务在没有三者的一致同意下是无法处理的。第一,关乎公共安全和福祉的,只要是不断地损害了共同体或一直能带给共同体好处的事情……在没有三者全部同意的情况下是不能处理的;第二,诸如那些需要开征公共支出的事,就是战争这类事务……"。② 也就是说,像宣战、媾和与盟约这类关乎王国安危与福祉的事情,其决策必须由国王、上议院、下议院三方同意才能做出,这的确改变了国家外交权的行使方式,国家外交权逐渐成为一项可由议会规定且需在议会内践行的权力。

综合而言,查理一世与议会派争议的核心不是国家最高立法权,双方一致同意立法须由国王、上议院和下议院一致同意。双方争议的核心其实就是现代意义上的行政权或者说政府权力应该由国王独享还是国王与议会共享,这是英国内战中先出现的问题。这一争议适用于外交权,作为行政权中十分重要的外交权,查理认为,其是君主特权,由君主独享;议会则认为,议会两院可以参与宣战、媾和等重大外交事务的讨论,王国的此类决议需要得到议会两院的一致同意。

二 护国主与议会共享外交权

内战以 1649 年查理一世被处决告终,君主制因之覆灭,外交不再是君主的特权。随后,议会上议院被废除,议会下议院经过普莱德清洗后只剩不到九十名议员,成为"残缺议会"。尽管如此,残缺议会宣布英格兰成立共和国,并"接过了所有(君主的)特权",③ 要求各国代表承认议会是这个国家的"至高权威"。④

由于外交权是一项主权之权,当君主是国家主权者时,外交就是君主的特权,当议会是国家主权者时,外交就是议会的特权。然而,这两

---

① Philip Hunton, *A Treatise of Monarchie*, pp. 47 – 48.

② Philip Hunton, *A Treatise of Monarchie*, pp. 47 – 48.

③ David L. Smith and Patrick Little, *Parliaments and Politics during the Cromwellian Protectorate*, Cambridge: Cambridge University Press, 2007, p. 245.

④ Sean Kelsey, *Inventing a Republic: the Political Culture of the English Commonwealth, 1649 – 1653*, Manchester: Manchester University Press, 1997, pp. 133 – 134.

者之间存在一个重要差别。当君主是国家主权者时，主权的构成是君主这个单一的权力体，其集合了行政、司法和立法等广泛的权力，也当然拥有外交特权，君主既进行决策也承担执行，其决议无需其他权力体同意即成为国家合法有效的外交政策，其行为直接代表该国行为而无需其他权力体授权。但是，当议会是国家主权者时，主权的构成是一个代议制机构。理论上说，议会的权力也无所不包，集合了君主曾拥有的所有权力，但一个主要负责立法的人数众多的且并非一年四季召开的代议制机构，在研判、决策、执行外交事务方面无法像君主一样。因此，当议会成为国家主权体时，残缺议会就不得不设计出一套新的外交权行使机制。

外交权的行使机制在 1653 年护国主制建立后所颁布的一系列法律中得以窥见。1653 年 12 月颁布的《政府约法》（Instrument of Government）之第 5 条规定："在枢密院建议下，护国主指导所有关于保持和维护与外国国王、王子和诸侯的良好关系；护国主在枢密院大部分人的同意下，享有宣布战争与和平的权力。"[①] 1654 年颁布的《政府法案》之第 52、53、54 条作出修改，规定："护国主与议会拥有宣布战争的唯一权力，非经议会同意不得议和，在议会非会期内，该权力由护国主和枢密院享有，若有保留条款和时效规定则由议会批准；在枢密院大多数人的建议和同意下，护国主指导所有关于保持和维护与外国国王、王子和诸侯的良好通信。"[②]

简言之，护国主拥有外交权，负责处理日常外交事务，护国主行使外交权时必须征得枢密院的建议，在重大外交决议上则须征得议会同意。不难发现，相较君主外交特权，新规定的显著差异在于肯定了议会在外交事务中的权限，这是史无前例的。当时的人也意识到了这一重大变化。据一份作于 1654 年的名为《克伦威尔共和国实况》的匿名小册子记载："主权的第三个特权是宣战与媾和；据本政府之法，该特权不仅在枢密院的建议与同意下运作，且要与议会交流：未来一旦与他国有任何

---

① S. R. Gardiner, *Constitutional Documents of the Puritan Revolution*, *1625 - 1660*, Oxford: Clarendon Press, 1906, p. 406.

② S. R. Gardiner, *Constitutional Documents of the Puritan Revolution*, *1625 - 1660*, p. 445.

战事，当立即召集议会以咨相关事宜。这项特权，议会从未在《权利请愿书》(1628) 和《十九条建议》(1642) 中提出过，其一直被承认是国王的权力。"①

总之，克伦威尔时期，国家外交权的行使机制似乎实现了内战时期议会派眼中的国家外交权的看法，其代表着议会主权下国家外交权的行使机制。

三　托马斯·霍布斯关于外交权的认知

内战引发的分裂还催生了另一种关于国家权力的思想，它既不认同君权神授理论，也不认同混合君主制理论，更不认同议会主权思想。这就是社会契约论，其代表人物之一是托马斯·霍布斯。

托马斯·霍布斯是君主主权论的另一位思想大师。尽管出身卑微，但霍布斯在 15 岁时有幸进入牛津大学研习古典哲学与逻辑，22 岁担任大贵族卡文迪什家的家庭教师，得以结识许多文人、政客与名流，后又随贵族子弟周游欧洲大陆，与伽利略成为莫逆之交，还曾担任培根的秘书。英国革命爆发后流亡巴黎，与包括笛卡尔在内的一流的智识精英建立联系，后又成为查理二世的数学老师。② 所有这些纵横交错的社会联系，让霍布斯不受概念、表象和常人难以摆脱的习惯性看法的束缚，能见本质，自成体系，洞察深邃。

复杂的经历和对英国内战的憎恶，使得霍布斯比博丹更拥护君主主义，更推崇君主的绝对权力。不过，霍布斯的君主主权有一个重大突破，即否定君权神授。他从人所处的恶劣的自然状态入论，认为国家的形成源于人们为了求得平和安定的生活而自愿订立契约以让渡出个人的自然权利，并将其"托付给某一个人或一个由多人组成的集体（如议会），这个人或集体能把大家的意志化为一个意志，能把大家的人格统一为一个人格，大家则服从他的意志，服从他的判断"。③ 人与人之间彼此的同意即是一种社会契约，被委托的人或集体就是主权者，"像这样通过社会契约

---

① Anon, *A True State of the Case of the Commonwealth of England*, London: Printed by Tho. Newcomb, 1654, p. 39.

② ［英］霍布斯：《利维坦》，黎思复、黎廷弼译，商务印书馆 2017 年版，第 1—2 页。

③ ［英］霍布斯：《利维坦》，黎思复、黎廷弼译，第 5 页。

而统一在一个人格之中的一群人就组成了国家——利维坦"。① 相较个人与集体，霍布斯更推崇君主个人作为主权者，因为这种方式可以最好地结合私人利益和公共利益，能让公共利益最大化。② 但是，一旦这样的契约订立后，所有人就应该无条件地服从主权者的意志。

就外交权而言，霍布斯的看法类似于君主视角下的君主外交特权。一方面，霍布斯厌恶分权，在他看来，"如果英格兰绝大部分人当初没有接受一种看法，将这些权力（主权的各项权力）在国王、上议院、下议院之间加以分割，人民便绝不会分裂而首先在政见不同的人之间发生内战"。③ 另一方面，霍布斯指出，君主天然享有外交权，这是集权的君主的必然结果。"与其他国家和民族的宣战与媾和权"属于君主，这是为了"公共利益而判断在什么时候和对多少人数的军队进行征集、武装并发付薪饷的权利"，进一步说，由于"保卫臣民的力量在于他们的军队，而军队的力量则在于把大家的力量统一于一个指挥之下，这种指挥权是主权者制定的，于是便也为主权者所拥有……最高统帅始终是主权者"。④

概而言之，霍布斯认为，作为主权者的君主拥有发动战争与媾和权，这是国家起源时君主通过社会契约所获得的，其目的是抵御外敌、保障臣民的安全，同时，作为立法者的君主可以将军队指挥权赋予自己，这也保障了他的战争与媾和权，符合主权不可分割的特点。

第三节　复辟时期君主外交特权行使争议

1660 年，查理二世在英国复辟，上议院也随之恢复，英国重返君主制。复辟的谋划与进展比较顺利，得到议会的支持。这背后是人们对克伦威尔时代的厌倦和对君主制的怀念。这种情绪早在 1657 年就已充分显现，彼时议员们起草了一份《恭谦请愿与建议书》，希望回到"君主制政体……

---

① ［英］霍布斯：《利维坦》，黎思复、黎廷弼译，第 5 页。
② ［英］霍布斯：《利维坦》，黎思复、黎廷弼译，第 144 页。
③ ［英］霍布斯：《利维坦》，黎思复、黎廷弼译，第 140 页。
④ ［英］霍布斯：《利维坦》，黎思复、黎廷弼译，第 138 页。

重启'古代宪政'"。① 因此，复辟后，国内风气比较保守，君主制受到欢迎，王权得到拥护。

然而，复辟并未彻底解决早期斯图亚特国王与议会的权力/权利之争，也未继承克伦威尔时代的政体实践，因此，英国实际上又回到了内战之前的政体。

在外交决策层面，查理二世的君主外交特权不仅得以恢复，而且这项权力未受到任何削弱。查理还通过恢复詹姆士一世的做法，即成立由国王遴选的大臣组成的外交委员会，加强了对外交决策的控制。毕竟，外交委员会是一个只向查理负责的机构，其向国王提供外交咨询，协助国王进行外交决策，落实国王的外交政策。由于该委员会经常秘密行事，难以受到枢密院监督，更不受议会监督，随后在二者的反对下被中止，但查理很快成立了"情报委员会"以代之。② 在查理二世统治时期，始终存在一个秉承上意的秘密委员会，他统治后期出现的臭名昭著的"小集团"（cabal）也是如此，其被认为是由五个"邪恶大臣"组成的秘密咨议机构，诱导国王推行议会不喜欢的各项政策。

在外交政策层面，复辟之初，查理延续了克伦威尔时代的外交政策，在议会的支持下打完了第二次英荷战争。但自这次战争结束后，荷兰的威胁开始让位于路易十四统治的法国所带来的挑战。这种情况下，议会希望国王联荷反法，可查理的外交立场受其政治立场的影响，重返詹姆士一世时代，即亲天主教国家法国。国王与议会的外交冲突由此开始，到1674年出现了第一次严重冲突。

早在1670年，查理与路易十四秘密签订《多佛条约》，其中规定，英王接受法国财务补贴，作为交换，英王要在法国发动对荷兰的战争时站在法国一边。此外，英王要在适当的时机在国内恢复天主教。1672年，在没有征询议会意见的情况下，查理发动第三次英荷战争。两年后，当法王提供的钱款用竭，查理不得不召开议会，希望议会提供战争经费时，议

---

① Paul L. Hughes and Robert F. Fries, *Crown and Parliament in Tudor-Stuart England*, New York：G. P. Putnam's Sons, 1959, p. 244.

② Edward Raymond Turner, *The Cabinet Council of England 1622 – 1784*, Vol. 1, Oxford：Oxford University Press, 1930, pp. 53, 66, 114, 124.

会拒绝了国王的请求。在议会看来，这场战争并没有征得议会的同意，因此，他们没有提供战争经费的义务，这就迫使查理二世结束了英荷战争。对此，正如一位议员指出："英格兰国王可以宣战，但是下议院可以、也可以不给钱。"①

从这一点看，内战之后的议会似乎比较坚持其在外交领域中的权力，在战争等重大的对外政策上拥有批准权。一旦战争未提前征得议会同意，议会就可以使用批准征税的权力限制国王的战争。然而，反过来，如果议会想要一场战争，但国王不同意，议会该怎么办？

第三次英荷战争结束后，荷兰还在与法国进行史上著名的法荷八年战争（1672—1678）。荷兰与英国向来是唇亡齿寒的关系，一旦荷兰被法国侵占，英国将失去缓冲地带，不得不直面法国的威胁。因此，这一时期，英国国内持续出现要求联荷反法的声音，但查理一直无视。到 1677 年，法国已经挺进佛兰德斯，英国国内危机感倍增，这时查理召开第 15 届议会，国王与议会的矛盾集中爆发。议会从 3 月 7—15 日不断讨论外交问题，最后做出决议：向国王就法国占领西属尼德兰对英国带来的危险进行致辞，请求国王订立一项联盟以保卫西属尼德兰及本王国的安全。② 查理收下了这份致辞，但没有做出任何实质回复。于是，议会进一步商议如何向国王禀明海外局势的紧迫性，并于 3 月 29 日再次递交了致辞："感谢国王认可上一封致辞……我们请求您尽早采取遏制法国的行动……请您为此目的建立联盟……其所需费用或一旦进入战争状态我们当立即提供援助。"③ 查理仍然没有认真对待。4 月 12 日，议会又告知国王，在复活节之前他们将允许国王借贷 20 万英镑以用于订立那样的联盟，在复活节后议会再次开会时，他们将进一步拨付支持国王联盟或战争的款项。④ 这对旨在获得钱款的查理来说是一个极大的诱惑，但他告诉议会至少需要 60 万英镑，否则无法采取有效措施。但是，议会拒绝了查理的要求，认为除

---

① Anchitell Grey ed. , *Debates of the House of Commons from the Year 1667 to the Year 1694*（后文缩写为 *Grey's Debates*），Vol. II, London：Printed for D. Henry and R. Cave, 1763, pp. 208 – 209.

② *Journal of the House of Commons*, IX, pp. 394, 397, 399, 400.

③ *Journal of the House of Commons*, IX, p. 408.

④ *Journal of the House of Commons*, IX, p. 419.

非先订立联盟否则无法进一步拨款。① 紧接着，议会就被告知休会。再次开会后，查理告诉议会他无法订立联盟，因为议会拨付的款项不充足。"坦白地讲，如果我们的防务出了问题，错在你们，而不在我。"② 国王的回复让议会无法接受，议会决定不仅要向国王说明为何他们不能在联盟或战争生效前批准款项——那不符合议会的惯例，而且要建议国王"与荷兰订立攻防同盟，以及与其他您认为合适的国家订立同盟以制衡法国"。③但是，要不要将"与荷兰订立攻防同盟"这一句写入致辞引发了极大的分歧，因为这意味着议会不只是向国王陈情不满、请求国王补救，而且是在直接开列具体对策并要求国王接受，但最终的结果是以 182∶142 票支持保留这一句。④

当议会执意要求国王推行某种外交政策而国王不愿意时，双方的政策冲突便上升到彼此在外交事务中的权力/权利争执，如同詹姆士一世时期国王与议会的外交权争执一样。的确，面对议会的外交政策建议和要求，查理认为议会侵犯了君主的外交特权，于 5 月 28 日令国务大臣考文垂传告议会一份关于君主外交特权的声明，内容如下：

> 先生们，
>
> 我可以沉默吗？我倒宁愿如此，而不是回想那些你们在致辞中已经提到但非常不适合你们参与的事。你们已经侵犯了一国之君的一项无可争议的特权，我可以明确地告诉你们，从未有哪个时期，国君宣布战争与媾和的权力被如此侵犯过。你们不满足于让我订立一项你们认为会对我们王国完全有利的联盟；而是在告诉我，必须是什么样的联盟，必须和谁订立……我能允许战争与媾和这一根本权力遭到如此侵犯以至于接受议会为我规定的联盟方式和条件吗？如果这样，还有哪个国家和王子还会认为英格兰的主权（Sovereignty）在君主一方；而我自己也不会再认为，我除了空有国君之名，对其他国家还能有别

---

① *Journal of the House of Commons*, IX, p. 422.

② *Journal of the House of Commons*, IX, p. 424.

③ *Journal of the House of Commons*, IX, p. 424.

④ *Journal of the House of Commons*, IX, p. 424.

的意味。我很肯定地告诉你们，任何情况下我都不会放弃或削弱王权中如此核心的部分。

　　这就是我不能批准你们致辞的原因……①

　　从查理的声明中可以看到，国王坚持外交是君主的特权，议会不适合参与外交事务，不能要求国王执行议会的外交建议，因为这是君主作为国家主权者的一项权力。而在查理的认知中，这一主权应该是不可分割的。

　　由于查理拒绝接受议会的外交建议，这意味着议会无法通过其他方式实现其外交立场。不过，随后，查理为了骗取议会的钱款供应，又在表面做出妥协姿态，允许议会讨论对外事务并接受他们的建议。具体来说，为骗取议会的钱款供应，查理在宣布议会休会后，开始做出联荷反法姿态，不仅答应丹比伯爵提议的将王弟詹姆士的长女玛丽嫁给荷兰最高执政奥兰治·威廉，实现了英荷姻亲关系，而且与荷兰在 1677 年 12 月 31 日订立了一项同盟，还开始调停法国与荷兰的战争。到 1678 年 1 月 28 日议会再次开会时，查理将这些举措告知议会，希望议会履行职责，及早批准支持联盟及一旦战争爆发所需要的钱款供应。②

　　这里显示出了议会批准征税的权力与君主外交特权之间的博弈，议会可以持续以批准征税权逼迫国王推行他们的外交政策，国王则可以凭外交是君主的特权压制议会的侵犯。在外交决策领域，议会的批准征税权是一种被动的权力，国王的外交特权则是主导性的，二者相较，议会处于劣势。这从查理与议会关于此事的随后的交流中也能够看到。

　　在查理做出了联荷反法姿态后，议会先是感谢查理二世，随后进一步希求国王的调停要进行到"法国退回到《比利牛斯和约》规定的疆界内，否则不能和平"。③议会又一次为国王开设具体外交政策，这也再一次惹恼了查理，查理愤怒地令国务大臣向议会传话："我已经兑现了自己的承诺，而你们不但没有履行职责反而进一步冒犯国王的权威……总之，先生们，发动战争与和平的权力属于国王，如果你们认为国王会背离他的这项

　　①　*Journal of the House of Commons*，IX，p. 426.

　　②　*Journal of the House of Commons*，IX，p. 427.

　　③　*Journal of the House of Commons*，IX，p. 428.

特权，那你们就错了……不能再浪费时间了，必须尽快批准钱款。"① 这一次，议会退让了，他们最终在 2 月 18 日批准了 100 万英镑以用于支持国王向法国发动战争。② 的确，如果说 1674 年议会可以通过不拨付战争经费而迫使国王退出战争的话，那么这一次，议会就不能通过向国王拨付战争经费而让国王兑现承诺——查理拿到议会拨款后并未向法国宣战！ 对此，一位历史学家评论说："一个爱国的国王本应该要么向法国宣战，要么运用斡旋的方式确保被称为'均势'的东西，但是查理，必须得重复一下，他的目标只有一个——钱。"③ 此时，议会开始担心国王的目的是为了维持一支常备军，这是议会挥之不去的噩梦。于是，议会开始讨论解散军队之事，最终在 1678 年 6 月 7 日通过了一项决议，即征收 20 万英镑用于国王解散军队。④ 但最终的结果是："查理保住了军队，这是下议院给予查理的礼物，现在下议院因将这一武器置于查理手中而惊恐不已。"⑤

从查理二世与议会的外交政策分歧以及由此引发的外交权力/权利争执的最后一幕可以看到，查理二世仍然占据优势。君主的外交特权尽管遭到来自议会的挑战，但并未受到任何实质性的削弱，其背后存在一个关键的保障因素——君主而非议会独自享有政府权力，君主而非议会是国家主权者。

第四节　约翰·洛克的"外交权"理论

复辟未能解决的国王与议会的矛盾在查理二世统治后期重启，在"排斥法案"危机中达到顶点。在这次危机中，被称为辉格党的贵族们要求限制约克公爵詹姆士的王位继承权，因为他是一名公开的天主教徒，而

---

① *Journal of the House of Commons*，IX，p. 431.

② *Journal of the House of Commons*，IX，p. 441.

③ David Ogg, *England in the Reign of CharlesII*，Vol. 2，Oxford：Clarendon Press，1934，p. 556.

④ *Journal of the House of Commons*，IX，p. 491.

⑤ David Ogg, *England in the Reign of Charles II*，p. 558.

被称为托利党的贵族们则认为，议会无权限制王位继承人选。在双方的争议中，托利党重印了四十年前罗伯特·菲尔默写成的《父权制》，捍卫世袭君主制不可改动。辉格党则在法案失败后，"开始严肃考虑反抗政府事宜"，① 约翰·洛克写下的《政府论》即是论证了"反抗权"的合法性，"呼吁着革命的到来"。②

洛克是主张限制王权的辉格党领袖沙夫茨伯里伯爵（Earl of Shaftesbury）的助手，曾随辉格党贵族们流亡荷兰，这些经历让他的思想既与为王权辩护的"君权神授""父权制"等学说尖锐对立，也与霍布斯的绝对君主制对立，尽管他与霍布斯都从自然状态和社会契约入论。《政府论》的上篇主要针对菲尔默的《父权制》进行反驳，下篇则论述政府组成的法则。

洛克对外交权的论述集中在下篇的第 12 章"论国家的立法权、执行权与外交权"里。在这一章之前，洛克已经花了大量篇幅论述自然状态与政治社会，并建立了二者之间的内在关系。第 12 章，连同第 11 章"论立法权的范围"、第 13 章"论国家权力的统属"与第 14 章"论特权"，洛克试图说明政治社会中的国家权力体制。

在对国家主权的看法上，洛克无疑是特立独行的一位。他没有使用"主权"一词，也当然没有指出主权是什么。洛克使用的是"至高无上的权力"这一表述，但其与博丹、霍布斯所说的至高无上的主权不是同一物。洛克认为，一个社会中总是存在一种至高无上的权力，这一权力在于人民，但人民将其赋予了人民代表组成的机构，当这个机构违背人民的意愿后，人民可以收回其赋权，这被称为"人民主权"。与此同时，洛克指出，在人民没有收回其赋权时，人民代表机构所享有的立法权就是一个国家所有权力中最高的权力，统属其他所有权力，此即为"议会立法主权"。③

---

① Richard Ashcraft, *Revolutionary Politics and Locke's Two Treatises of Government*, Princeton: Princeton University Press, 1986, p. xiv.

② John Locke, *Two Treaties of Government*, *Edited with an Introduction and Notes by Peter Laslett*, p. 47.

③ 具体参见 Jeffrey Goldsworthy, *The Sovereignty of Parliament*, *History and Philosphy*, Oxford: Clarendon Press, 1999, pp. 173 – 188, "Legal Sovereignty, Popular Sovereignty, and the Right of Resistance".

在对国家权力的划分方面，洛克把国家权力分为立法权、执行权与外交权，并指出了划分依据。他说："人们组成社会的最重要的目的是和平又安稳地享受他们的各种财产，而实现这一目的的重要工具和途径则是这个社会制定的法律，因此立法权就成为一个国家首要的、最根本的权威。"① 由于"法律在很短的时间内被一次性制定后，就拥有持续性效力，需要被不断地执行和看护，这就需要一种经常存在的权力，看护法律的执行并使其经常生效"，② 这一权力就是执行权。除此之外，"每个国家还有一种权力，这也是一种自然权力，因为其与人们进入社会之前所具有的权力相当"，进一步说，"尽管在一个社会内部，人们千差万别，都在这个社会的法律下被统治，但是，一旦涉及这个社会之外的由另一社会的法律所统治的人们时，他们就是一个整体"。因此，"一旦当不同社会中的人之间发生争议时，这个社会的公众就要作出决议"，"这里，包括战争与和平、联合与联盟以及同国外的一切人士和社会进行一切事务的权力，如果愿意的话，可以称之为外交权（直译为"联盟权"Federative Power），只要对这事能够理解，我对于名称并无成见。"③ 换言之，提出外交权的原因在于这是人在自然状态下就拥有的一项权力，当人组成社会后，社会便拥有了这项权力。

随后，洛克指出了这三项权力之间的关系及其执掌者。洛克说："只要政府存在，立法权就是最高权力。""外交权和执行权一样，都是执行性（ministerial）权力并隶属于立法权。"④ 紧接着，洛克指出了这三项权力的执掌者。立法权归立法机构议会所有，由于立法机构不常开以及为了防止立者与执法者是同一批人而导致的不良后果，执掌立法权的人不能再执掌执行权。执行权归行政首脑国王所有，由于执行权与外交权的执行

---

① John Locke, *Two Treaties of Government*, *Edited with an Introduction and Notes by Peter Laslett*, pp. 355 – 356.

② John Locke, *Two Treaties of Government*, *Edited with an Introduction and Notes by Peter Laslett*, pp. 364 – 365.

③ John Locke, *Two Treaties of Government*, *Edited with an Introduction and Notes by Peter Laslett*, p. 365.

④ John Locke, *Two Treaties of Government*, *Edited with an Introduction and Notes by Peter Laslett*, pp. 367, 369.

都需要国家强制力的支持，这两项权力总是由同一人享有，即国王。

这样，洛克不仅首创了外交权，而且在其分权理论中建立了议会与国王在处理国家对外事务中的权限关系，即国王执掌外交权，但必须服从于议会。然而，如果我们仔细阅读《政府论》就会发现，在洛克的分权理论中，国王的外交权又似乎很难服从于拥有立法权的议会。一方面，洛克在区分执行权与外交权时指出，执行权所执行的法律，即"指导臣民彼此关系的法律是可以预先制定的，而对外国人应该怎么做，在很大程度上取决于外国人的行为及其目的和利益的变化，其只能由那些负责这些事务的人（国王），根据娴熟的经验与技能审慎地处理"。① 另一方面，洛克在第 14 章"论特权"中进一步论述："有许多事情非法律所能规定，这些事情必须交由握有执行权的人裁定，由他根据公众福利要求来处理"。② "特权是无法律规定、有时甚至违反法律而依照自由裁处来为公众谋福利的行动的权力……立法机关也不是经常存在，成员众多，行动过于缓慢……对于一切与公众有关的偶然事故和紧急事情，都不可能预见……（所以）要留给执行权以相当范围的自由来加以处理。"③ 法律不能规范的事务当然包含外交事务，偶然与紧急事务也包含宣战或受到入侵等外交事务。

如果我们还记得詹姆士一世与查理二世时期国王与议会关于君主外交特权的争执，我们会意识到，洛克所说的外交权其实具有特权属性。外交权无法像执行权一样隶属于立法权，因为国王在处理对外事务时无议会之法可执行，只能依据自己的经验与技能进行。而且，由于掌握外交权的国王，同时也拥有执行权，议会的种种不足以及外交事务的特殊性（例如保密性与专业性等），使得国王可以在"相当范围的自由来加以处理"，自由裁量。由此来看，洛克所说的外交权也预留了国王与议会或者说行政与立法就彼此在外交事务中的权限发生争执的空间。

---

① John Locke, *Two Treaties of Government*, *Edited with an Introduction and Notes by Peter Laslett*, p. 366.

② John Locke, *Two Treaties of Government*, *Edited with an Introduction and Notes by Peter Laslett*, pp. 374 – 375.

③ John Locke, *Two Treaties of Government*, *Edited with an Introduction and Notes by Peter Laslett*, p. 375.

　　这的确是一个非常值得注意的问题：当集权的君主制转向分权的代议制以后，国王的权力主要集中在行政权，其一方面受到议会立法权的约束，另一方面又因议会的种种不足与紧急事务的存在而具有一定程度的自由裁量权，有超越议会的特点。这个特点在外交事务领域更加集中且突出，因为外交事务时常具有高度保密性、紧急性、专业性。如果是这样，那么，当洛克的理论被应用到近代西方政体之后，在这样的政体中，国家外交权似乎与君主时代并无二致，并且，至少在洛克的理论中，还看不出有任何措施可以解决行政与立法在外交事务中的权力冲突。

第三章　君主外交特权的转型契机

　　1685 年查理二世的弟弟约克公爵詹姆士继承王位。在詹姆士二世短短三年的统治里，英国发生了震惊欧洲的"光荣革命"。长期以来，1688 年"光荣革命"被视作确立了议会主权与立宪君主制，是一场重大变革，此后两个多世纪里，君权持续衰弱，君主最终成为统而不治的"虚君"。①"光荣革命"之于君权的这种作用，使得人们不假思索地指出，革命也削弱了君主外交特权。这一论断可能过于简单。在"光荣革命"的进程中，政治精英们并未讨论君主外交特权问题，革命法律文件《权利法案》也没有对国家外交权的行使作出明确规定，"光荣革命"的直接结果"没有触动君主外交特权"。②

　　尽管如此，革命确立的议会主权与立宪君主制仍然成为君主外交特权转型的契机。作为一项主权性权力，国家外交权不可避免地随主权的变更而改变。在外交权的行使方面，君主外交特权亦不符合立宪君主制的要求，势必发生某种变化。已经兴起的政党的激烈斗争与即将到来的议会的长期召开，使政府变得不稳定，而新确立的立宪君主制尚缺乏稳定政府的机制，不利于王权的保持。

---

　　①　相关研究综述见本书绪论部分的注释。

　　②　Robert Duncan McJimsey, *The Englishman's Choice*：*English Opinion and the War of King William III 1689 – 1697*, p. 21.

第一节　议会主权的确立

一　1688 年革命的发生

詹姆士二世实行恢复天主教在国内的正统地位、随意解散和实行无议会统治、废除和更改法律、征集常备军的专制统治，违背了"王在法下"与"王在议会"的政治传统。对此，英国臣民一直都在忍耐，企盼詹姆士二世的大女儿、信奉新教的玛丽公主继位后改善局面。不幸的是，1688年6月20日，詹姆士意外得子。按照继承原则，小王子将优先继承王位，由于他可能被培养成一名天主教徒，贵族们的最后一线希望破灭。

1688 年 6 月 30 日，四名辉格党贵族什鲁斯伯里伯爵、德文夏伯爵、亨利·西德尼及爱德华·罗素，以及三名托利党贵族丹比伯爵、理查德·拉姆利和伦敦主教亨利·康普顿，写信给詹姆士二世的女婿、荷兰共和国最高执政奥兰治·威廉。这封信中写道："我们深感现在的处境每况愈下，越来越无力保护自身了。我们急切盼望，在事情发展到无法挽回之前能找到解救之途……人们对时下政府处理宗教、自由和财产（这些全部受到政府侵害）的举措普遍不满，人们已看到未来前景只会更糟。因此，我们向殿下您保证，全国绝大部分人都渴望改变，我们也相信这些人将有助于此，前提是要得到默许他们起事（rising）的保护，以免在实现有能力自我保护之前事败人毁……"[①]

接此信件，一直谋求联英反法的奥兰治·威廉，准备即刻前往英国。奥兰治·威廉于 1672 年在荷兰与法国爆发战争的危难关头出任最高执政。法国自 1661 年路易十四亲政后不断扩大疆土，推行重商主义政策，与海上强国荷兰在疆土、商业、宗教等方面发生冲突。这场持续八年的法荷战争让威廉意识到，除非得到英国的支持，否则荷兰难敌法国，欧洲也将被法国主宰。因为，一旦英国站在法国一边，英国强大的海军与法国强大的

---

① "Invitation of the Seven to the Prince of Orange, June 30, 1688", in Steven C. A. Pincus, *England's Glorious Revolution 1688 – 1689: A Brief History with Documents*, New Haven: Yale University Press, 2006, p. 38.

陆军将迅速打垮荷兰。法荷战争的前两年，英法联军在一年内便攻陷荷兰共和国的五个省，在攻打阿姆斯特丹时，法国只是在威廉做出了决堤没城的举措后未能成功。尽管在英国议会联荷反法的压力下，查理二世在1674 年被迫退出了战争，采取了亲荷的姿态，但查理并未认真执行该政策。1677 年，当威廉请求查理出兵援助时，查理告诉威廉："自己一点都不想为保住佛兰德斯而出兵。"① 当 1682 年威廉邀请英国加入荷兰、瑞典、西班牙、奥地利结成的针对法国的"互助同盟"时，查理拒绝加入。英国的"中立"还造成威廉联合欧洲反法的政策难以有效推进，当威廉邀请在亲法和反法间游移不定的勃兰登堡选侯加入该联盟时，选侯认为，如果英国不加入联盟，联盟反法效能有限，因此也拒绝加入。这样，威廉彻底认清了现实，他说："我们所有的麻烦来自英格兰，这将是英格兰和整个欧洲都陷落的原因。"②

从 1685 年开始，荷兰的外交处境再次变得严峻起来，威廉意识到英国转变中立政策的可能性微乎其微，产生了获取英国王位的想法。这一年，欧洲战争阴云密布。在法国，路易十四撤销了 1598 年颁布的宽容新教徒的《南特敕令》，此举"激起了国内外早已退去的宗教热情"，③"法国为欧洲所有新教国家指责"。④ 在英国，公开的天主教徒詹姆士继承王位，打着宗教宽容的旗号，试图恢复天主教在英国的正统地位，与此同时，招募常备军且实行无议会统治。英、法两国的专制统治和天主教政策似乎隔海呼应，1686 年也的确出现了英、法将再次联手对荷兰发动战争的传言。⑤ 倍感压力的欧洲诸国，包括瑞典与勃兰登堡选侯、西班牙、巴

---

①　Andrew Browning ed. , *Thomas Osborne*, *Earl of Danby and Duke of Leeds*, Vol. 3, Glasgow：Jackson, 1951, p. 432.

②　William III to Waldeck, 23 October 1682, 转引自 David Onnekink and Gijs Rommelse eds. , *Ideology and Foreign Policy in Early Modern Europe 1650 – 1750*, Farnham：Ashgate, 2011, p. 296.

③　F. I. Carsten, *The New Cambridge Modern History*, *The Ascendancy of France 1648 – 1688*, Cambridge：Cambridge University Press, 1969, p. 220.

④　Joseph Bergin, *The Seventeenth Century Europe 1598 – 1715*, Oxford：Oxford University Press, 2001, p. 133.

⑤　Lucile Pinkham, *William III and the Respectable Revolution*, *The Part Played by William of Orange in the Revolution of 1688*, p. 100.

伐利亚、萨克森、帕拉丁、奥地利等，在 1686 年结成了针对法国的奥格斯堡同盟。紧接着，围绕科隆主教人选、帕拉丁王位继承问题，路易十四与教皇、威廉以及神圣罗马帝国皇帝发生激烈冲突。[1] 威廉原本期待他的妻子玛丽能够继承英国王位，从而实现联英反法，但在 1688 年 6 月，威廉陷入绝望——玛丽因为詹姆士二世的小王子的出生而可能无法继承王位。

恰在此时，同样处于绝望中的英国贵族，邀请威廉前来英国解救时局，推翻詹姆士的统治。英国贵族与威廉的互相需要促成了"光荣革命"的发生。[2] 在接到邀请信后，威廉准备孤注一掷。此时，欧洲局势已发展到剑拔弩张之势，威廉带兵赴英必然造成荷兰防守出现重大漏洞。为此，1688 年 9 月 10 日，威廉与勃兰登堡选侯在汉诺威会晤，后者承诺威廉带兵赴英后保障荷兰的安全。[3] 威廉还与奥皇达成一致，威廉支持奥皇在未来获取西班牙王位，并承诺在英国成功后，不会伤害英国国内的天主教徒，奥皇则支持威廉远征英国的决定，还承诺尽早结束奥—土战争，以应对法国的战争威胁。[4]

一个外国统治者带兵进入英国，势必遭到抵御，威廉不得不面向英

---

① 参见［英］J. O. 布朗伯利编《新编剑桥世界近代史》第 6 卷，中国社会科学院世界历史研究所组译，中国社会科学出版社 1988 年版，第 306—307 页。

② 在"光荣革命"发生的原因层面，学术界已经就威廉"入侵"英国的说法达成一致。入侵的说法始于 20 世纪 50 年代，在 1989 年光荣革命 300 周年纪念时达到顶峰，90 年代国内学者也注意到了这一研究动向，目前几乎没有学者会否认，奥伦治·威廉所谓的"拯救"英国其实是为了获取英国资源以从事他的反法事业。Pinkham, *William III and the Respectable Revolution, The Part Played by William of Orange in the Revolution of 1688*；70 到 90 年代的相关著作不胜枚举，此处仅列最具代表意义的研究和会议集。John Carswell, *The Descent on England: A Study of the English Revolution of 1688 and its European Background*, London: The Cresset Press, 1969; Jonathan I. Israel, *The Anglo-Dutch Moment*, Cambridge: Cambridge University Press, 1991; Lois G. Schwoerer, *The Revolution of 1688 – 1689, Changing Perspectives*, Cambridge: Cambridge University Press, 1992。国内对此问题的关注可参见洪邮生《欧洲外交和"光荣革命"》，《苏州大学学报》（哲学社会科学版）1990 年第 3 期。

③ 转引自 Wouter Troost, "William III, Brandenburg, and the Construction of the Anti-French Coalition, 1672 – 88", in Jonathan I. Israel, *The Anglo-Dutch Moment*, p. 332.

④ Wout Troost, *William III, The Stadholder-King*, Aldershot: Ashgate, 2005, p. 192.

国发表一份声明，这份声明完全站在英国国内的立场上，表示："我们的出征别无他图，只为尽快召开自由且合法的议会……让各民族自此以后不再受暴政之苦……"① 11 月 5 日，威廉所带大约 12000 人在英国西南部托贝（Torbay）成功登陆，随后进入埃克塞特城（Exeter），准备向伦敦进发。詹姆士二世知情后似欲召开议会，但犹豫不决，与此同时，贵族和军队将领纷纷倒戈，詹姆士一手提拔的马尔伯勒将军、二女儿安妮公主及其夫君丹麦亲王也转投威廉。在接连的众叛亲离后，詹姆士决定放弃抵抗，尽管此时他的军队数量多于威廉之军。12 月中旬，詹姆士毁掉议会选举令状，弃国玺于泰晤士河，携新出生的小王子逃去法国。② 此举造成英国国内瞬时没有了合法统治者，而一个事实上的征服者驻扎在伦敦附近。

二 1688 年革命解决方案

革命已经发生，革命发起者急需做出革命后的安排，在革命决议形成的过程中，议会主权得以确立。

君主主权的一个显著特征是君主拥有召集议会的权力，正因如此，詹姆士在出逃之前将议会召集令状销毁，预料"没有印有国玺的议会召集令状，（奥兰治）就没有召开议会的合法权威"，③ 造成议会无法召开。为解决这一问题，托利党大贵族诺丁汉姆伯爵建议，请詹姆士二世返回国内，与他达成谅解，由詹姆士颁布议会选举令状。这虽在法律上可行，在实际上最行不通，因而被否决。④ 这种情况下，贵族将国家统治权力暂时交付威廉代行，请威廉颁发召集议会的令状，⑤ 召开了一届"非常议会"

---

① "The Declaration, October, 1688", in Steven C. A. Pincus, *England's Glorious Revolution 1688 – 1689: A Brief History with Documents*, pp. 39 – 43.

② David Lewis Jones, *A Parliamentary History of Glorious Revolution*, London: Her Majesty's Stationery Office, 1988, pp. 2 – 5.

③ Samuel Weller Singer ed., *The Correspondence of Henry Hyde, Earl of Clarendon*, Vol. 2, London: Henry Colburn, 1828, p. 226.

④ Richard S. Kay, *The Glorious Revolution and the Continuity of Law*, Washington: Catholic University of America Press, 2014, p. 65.

⑤ David Lewis Jones, *A Parliamentary History of Glorious Revolution*, p. 11.

(Convention)①，即非由国王召集的上、下两院的特别会议。非常议会包括上议院和下议院，每院都有一名议长，"整个会议召开期间，上议院贵族出席平均数为95人，下议院议员出席平均数为346人"。② 这意味着议会两院可以在没有国王的情况下召开，体现出两院也是国家主权的组成部分。

非常议会的召开是背离君主主权的第一步。非常议会召开后，两院提出了三种解决方案，涉及议会能否改变世袭继承原则，其是君主主权的根基。第一，"摄政制"。此方案对君权的限制程度最低，即保留詹姆士的国王称号，立威廉为摄政，代行国王权力。该提议由托利党大贵族诺丁汉姆伯爵提出，得到罗切斯特伯爵等其他托利党大贵族的支持，也得到托利党高教会派的支持。在他们看来，"詹姆士的误行只意味着他的个人能力不适宜继续行使国王的统治权力"，③ 不代表要变更世袭君主制，摄政的安排在历史上有先例可循，既不背离君主制之根本，又可以解决实际问题。第二，由玛丽公主继承王位。此方案对君权的限制较小，由托利党提出，得到丹比伯爵、伦敦主教及部分辉格党的支持。在他们看来，詹姆士自愿离开英国且未安排政府权力的行使，应当由其继承人顺承王位。④ 这位继承人是玛丽，而不是新出生的小王子詹姆士·弗朗西斯。⑤ 第三，由威廉继承王位。此方案对君权的限制程度最大，由激进的辉格党人提出，认为詹姆士出逃造成王位空缺，应当由非常议会决议谁是国王。这些人中的大多数是威廉派，他们曾在流亡荷兰期间得到威廉的庇护，支持威廉的反法事业，拥戴威廉成为英国国王。

围绕三个方案，托利党、辉格党及威廉派展开博弈，最终的方案在一定程度上改变了世袭继承原则。第一个方案遭到威廉的反对。从威廉的目

---

① 由于这两次都是在特殊时期、以特殊形式召开的议会，将其译作"非常议会"，区别于正常情况下由国王召集的议会；也有学者将其译作"协商议会"（见阎照祥《英国政党政治史》，中国社会科学出版社1993年版，第40页）。

② David Lewis Jones, *A Parliamentary History of Glorious Revolution*, p. 17.

③ *Grey's Debates*, Vol. VIX, p. 18.

④ Richard S. Kay, *The Glorious Revolution and the Continuity of Law*, p. 98.

⑤ Samuel Weller Singer ed., *The Correspondence of Henry Hyde*, *Earl of Clarendon*, Vol. 2, p. 235.

的来看，这个方案不利于他控制英国外交。威廉向哈利法克斯侯爵袒露，"如果詹姆士仍然是国王，他将返回荷兰，如果立自己为摄政，他肯定会离开英格兰"。① 威廉的威胁十分奏效，他是贵族们请来"拯救"英国的，如果他离开了，制造革命的贵族们该怎么办？第二个方案遭到玛丽与托利党的反对。玛丽认为自己是威廉的妻子，"将永远与威廉站在一起并在他之下"。② 这一提议中的"王位空缺"则遭到托利党大贵族的驳斥，在他们看来，世袭君主制遵从自然继承法则，不会出现"王位空缺"。王位总是为当前国王占有或由继承人不经任何程序自然而然地继承。辉格党则指出，"如果王位没有空缺，那我们现在在这里干什么呢？"③，从而在实质上突破了君主主权的根基。第三个方案看似最符合威廉的利益，通过成为英国国王来掌控英国外交，但威廉对此亦有担忧，选举国王的方案会让他成为一个"威尼斯公爵——无权的国王"，统治权将受制于议会。④ 该方案也遭到大部分贵族反对。伊利主教劝告说："我希望，我也相信上议院和下议院都同意这一点，即不会打破世袭继承原则，让王位变成选举制。"⑤ 还有人说，他将反对威廉独自为王，即便自己曾经拔刀相助过他。⑥ 在各方争执中，支持威廉的辉格党人托马斯·沃顿（Thomas Wharton）提议，由威廉和玛丽同为英国国王和女王，将全部统治权力赋予威廉。⑦ 该方案是第三种方案的变体，通过玛丽的继承权，在表面上延续了世袭继承原则，但由威廉继承王位，在实质上确认了"王位空缺"的事实。这一建议，同时满足了威廉、托利党和辉格党三方的诉求，逐

① Samuel Weller Singer ed., *The Correspondence of Henry Hyde*, *Earl of Clarendon*, Vol. 2, p. 249.

② *Cobbett's Parliamentary History of England*, Vol. V, London: Printed by Hansard, 1809, col. 63.

③ Anon, *The Debate at Large between the Lords and Commons at the Free Conference Held in the Painted Chamber in the Session of the Convention*, London: Printed for J. Wickins, 1710, p. 47.

④ David Lewis Jones, *A Parliamentary History of Glorious Revolution*, p. 16.

⑤ Anon, *The Debate at Large between the Lords and Commons at the Free Conference Held in the Painted Chamber in the Session of the Convention*, p. 17.

⑥ David Lewis Jones, *A Parliamentary History of Glorious Revolution*, p. 15.

⑦ David Lewis Jones, *A Parliamentary History of Glorious Revolution*, p. 23.

渐被接受。

　　不过，在正式确定继承人之前，有议员提议，"在对王位归谁这一问题做出令人满意的安排之前，应当首先考虑给国王哪些权力"，其他议员附和，"要保证本院按时召开，而非被国王随意踢开……要确保议会选举的权利和立法的权力"，"我们先得有车轮，然后才能安放车身，因此首先应当确保民族的权利和自由"。于是，议会两院决议，先限制国王权力，随后规定由谁继承。①

　　最终，1689 年 2 月 13 日，非常议会公布了"威斯敏斯特贵族院及下议院宣言"。宣言首先陈述詹姆士二世违背法律的诸多行为，认定他"自行放弃政府，造成王位空缺"，随后指出，于天主教和暴政危机中拯救英格兰的奥兰治亲王，在贵族和其他市镇代表的建议下召开了非常议会，解决国家大事。最后，聚集在威斯敏斯特的上述贵族和议员决议，奥兰治亲王威廉与王妃玛丽同为英国国王与女王，"由奥兰治亲王以国王及女王之名独自行使全部统治权力"，并恭请奥兰治亲王与王妃接受之。②

　　这样，在革命决议形成的过程中，实现了从君主主权向议会主权的转变。这是一种隐晦的、不易察觉的变革方式，宣言中甚至没有出现"议会主权"字眼。但变更过程昭示议会主权的确立。首先，非常议会否弃了詹姆士国王的权威，认定他自行放弃政府，造成王位空缺，使得议会有权决定王位继承人选。其次，在未正式确认王位继承人之前，非常议会限定了国王的权力，继而将王位授予威廉和玛丽，将统治权力赋予威廉。1689 年 2 月 22 日，非常议会决议将非常议会转为威廉与玛丽的第一届议会。2 月 23 日，威廉确认了这一决议，③ 标志着国王、上议院与下议院共同构成的议会成为国家最高权力。

　　议会还将上述变革以法律的形式予以明确。1689 年 12 月 16 日，议会在"威斯敏斯特贵族院和下议院宣言"基础上，正式出台革命法律文件《权利法案》。《权利法案》共分三部分，第一部分陈述詹姆士二世违背法律的 12 项行为，第二部分是对上述 12 项的法律说明，第三部分是议

---

①　*Grey's Debates*, Vol. IX, pp. 25 – 37.

②　David Lewis Jones, *A Parliamentary History of Glorious Revolution*, pp. 42 – 46.

③　David Lewis Jones, *A Parliamentary History of Glorious Revolution*, p. 48.

会对王位继承的规定。这份文件的重大意义在于澄清了过去一个世纪国王与议会有关彼此权力与权利的争议。根据法案，此前被国王否认的议会的各项权利得以确立，而被议会否认的国王的各项权力被限制与禁止。例如：法案第二部分之第5条规定，"臣民有向国王请愿的权利，对此类请愿的任何拘禁或定罪均为非法"；第6条规定，"和平时期，在本王国内招募或维持一支常备军属于非法，除非征得议会同意"；第9条规定，"议会中的自由演讲、辩论或会议进程不得在议会之外的任何法庭或其他地方被弹劾或质疑"。此外，《权利法案》还进一步明确了议会的征税权和立法权。

三 1688年革命与君主外交特权的关系

尽管"光荣革命"确立了议会主权，但其与君主外交特权的关系模糊不清。[①] 从革命的内部动因看，英国贵族的主要目的是推翻詹姆士二世的专制统治，禁止天主教徒继承英国王位，不涉及君主外交特权。从革命的外部动因看，包括君主外交特权在内的君主的各项权力，不太可能在光荣革命解决过程中受到太多限制。乔纳森·J. 伊斯雷尔（Jonathan J. Israel）指出："毫无疑问，一旦奥兰治亲王成为英国国王，他将比荷兰的摄政官们更渴望捍卫英王特权……奥兰治如此做的目的只是将英国的资源用于欧洲的反法事业。"[②] 在革命决议形成过程中，威廉的确展示过此种意图与影响。从革命指导思想来看，非常议会中的贵族与议员主要以混合君主制理论为指导。在非常议会召开前夕，一份写给非常议会贵族和议员的小册子指出："我希望我的考虑能得到你们的认可……英国是混合政体，最高权力在由国王、上议院和下议院构成的议会一方……"[③] 在议会辩论的过

---

① 辉格学派并未区分君主对内统治权力与对外统治权力，其关于"光荣革命"的研究未专门讨论革命与君主外交特权变革的关系，20世纪中叶以来的修正学派则认为革命没有改变君主的外交特权。参见本书"学术综述"之"（二）议会与外交事务"。

② Jonathan I. Israel, "The Dutch Republic and the 'Glorious Revolution of 1688/89' in England", in Charles Wilson and David Proctor eds., *1688: the Seaborne Alliance and Diplomatic Revolution*, London: Trustees of National Maritime Museum, 1989, p. 38.

③ Anon, *Some Short Considerations Relating to the Settling of the Government, Humbly Offered to the Lords and Commons of England Now Assembled at Westminster*, London: Printed for N. R., 1688, p. 1.

程中，有一名议员提议，"有必要宣布政府宪法和原则，上一次（1660 年复辟时期）的非常议会曾通过一项决议，国王、上议院和下议院共同组成政府"①，"光荣革命是这一理论的胜利"。② 混合君主制理论主张国家主权由国王、上议院、下议院构成，尽管其暗含两院可以规范国王各项特权之意，但非常议会中的贵族与议员并未具体讨论革命之后议会与君主在外交事务中的权限关系。最后出台的《权利法案》对国王与议会在外交事务中的权限的规范则比较间接且不够明确。《权利法案》的第 5、6、9 条限制了国王的军权，重申了议会的自由辩论和建议权。考虑到"光荣革命"之前国王与议会关于国家外交权行使的争议主要表现为君主外交特权与议会的自由辩论及建议权的冲突，这两条便在一定程度上明确了议会在外交事务中的权限，即可以就国家对外事务进行自由辩论并提供建议。

尽管如此，"光荣革命"确立的议会主权仍然成为君主外交特权的转型契机。前文所述的 16 世纪的主权理论已经揭示了国家外交权是一项主权之权，须由主权体行使，是主权者的专有权力。在君主主权时代，外交权由君主行使，是君主的一项特权。英国内战时期，国家外交权的行使机制显示了国家主权的变更会引发外交权的转移，行使外交权的主体必须是国家主权者。因此，"光荣革命"确立的议会主权为君主外交特权的转型提供了一个契机，其必然意味着外交权从君主转移到议会，出现一种对应于议会主权的外交权践行方式。

值得注意的是，由于议会主权由国王、上议院、下议院三部分组成，不同于由单一权力体君主构成的主权，议会主权下外交权的行使必然也不同于君主主权下外交权的行使。前者可能的行使机制早在内战时期就表现出来，即护国主在枢密院的建议下负责日常对外事务，重大外交决议则需议会的批准，行政首脑与立法机构共享外交权。后者则由君主独自行使，排斥与禁止议会的主动参与。不过，议会主权下的外交权行使机制可能有所差异，取决于具体的政体形式。"光荣革命"确立的

---

① *Cobbett's Parliamentary History of England*, Vol. V, col. 57.

② Corinne Comstock Weston, *English Constitution Theory and the House of Lords 1556 – 1832*, pp. 87, 114, 115, 136.

议会主权仍然是君主政体，不同于内战时期的共和政体与护国主政体，而君主政体赋予君主的传统威信可能使其——即便是立宪君主——在外交事务中的地位更加显著。此外，"光荣革命"后，君主外交特权的转型方式也不同于内战时期，内战时期是通过废除君主制而实现，而"光荣革命"确立的是立宪君主制，其将要求君主外交特权调整到适合这一政体的轨道上。

第二节　立宪君主制的不完善

"光荣革命"确立的议会主权的政体形式是立宪君主制，其基本规定体现在《权利法案》中，据此，英国政体在形式上恢复了"王在议会"与"王在法下"的传统体制。在立宪君主制建立之初，威廉三世独自拥有全部统治权力，是名副其实的国王，绝非一名统而不治的"虚君"。议会拥有立法权、批准征税权、自由辩论权和建议权。议会两院中，上议院拥有审判权，下议院拥有弹劾权。此外，议会需要定期召开，这一点又因为1688年之后英国长期卷入欧洲大陆的战争，议会为筹措战争经费而在事实上变为长期召开——每年召开。实权在握的国王与长期召开的议会是立宪君主制的早期特征。

一　英国两党的产生

立宪君主制的早期特征十分不利于王权的保持。在革命决议形成的过程中，贵族与议员们没有考虑到可能影响新政体中王权的存续的一个重要因素——政党。

17世纪40年代，围绕国王与议会的斗争，英国出现了两大显著的政治阵营。内战爆发后，从大贵族至地方乡绅，围绕王权与宗教问题，分化为两大阵营，支持查理一世的是王党阵营，也称骑士党、保王党；支持议会的阵营被称为圆颅党。在双方阶层构成方面，骑士党与圆颅党都包含大贵族、小乡绅，也都包含官僚、商人、律师等职业群体，阶层不是区分两党的标准。两党的主要区别在于宗教，议会阵营中的清教徒的数量多于王党阵营。

内战时期的骑士党与圆颅党不是近代意义上的政党，但他们的对立在内战结束后延续下去。复辟时期，英国政治中又出现了宫廷派和乡村派对立的政治格局。这两派的出现源于查理二世的小集团政府推行亲法外交、宗教宽容和无议会统治，"造成人们对教皇和专制政府的怀疑日益加剧"，当1673年议会召开时，"议会内部出现了反对教皇和专制的呼声"，① 这些人自称乡村派，怀疑和反对查理的宫廷推行的政策。宫廷派和乡村派的对立在1674年后更加激烈。小集团政府在被议会弹劾解散后，丹比伯爵担任财政大臣，主持政务。丹比尽力撇清宫廷与亲法和亲天主教的关系，但是，丹比靠赐予职位、家族关系、金钱贿赂和给予某些议员提案机会，在上议院和下议院中均建立起一个稳定支持政府政策的宫廷派。这一做法激起乡村派的反对，他们担心这样的议会会成为查理专制统治的工具和常备军的钱袋，因此，乡村派以沙夫茨伯里伯爵为领袖，"拥护混合政体和平衡宪政，认为国王、上议院和下议院三个等级共享权力，偏好民兵而非常备军"，并要求解散自1661年以来一直存在的骑士议会，以维护下议院的独立性。②

虽然宫廷派与乡村派的对立持续了近二十年，但两派却始终没有发展到政党形态。宫廷派基于钱财、职位、爵位和个人对国王的态度而支持国王，乡村派则主要因反对宫廷推行的各项政策而团结起来，其内部派别五花八门，缺乏统一的政治理念。两派也缺少名副其实的领导者，没有建立起有效的党派组织，他们的争斗也主要在议会内部，很少延伸到威斯敏斯特之外。③ 不过，宫廷派和乡村派持续对立的政治氛围，催生了贵族阶层在1678—1681年的"排斥法案危机"中分裂为辉格与托利两大阵营。

---

① Tim Harris, *Politics Under the Later Stuarts*: *Party Conflict in a Divided Society*, *1660 – 1715*, London: Routledge, 2014, pp. 55 – 56.

② Tim Harris, *Politics Under the Later Stuarts*: *Party Conflict in a Divided Society*, *1660 – 1715*, pp. 58 – 59.

③ Tim Harris, *Politics Under the Later Stuarts*: *Party Conflict in a Divided Society*, *1660 – 1715*, pp. 62 – 65.

在宫廷派与乡村派的诸多分歧中，最为核心的一点是宫廷派支持查理的天主教倾向、专制统治及其在外交领域中表现出的亲法立场，乡村派反对天主教、支持有限王权和议会的权利地位并主张联荷反法。分歧发展到1679 年时，沙夫茨伯里已经坚定地认为，解决所有政治问题的根本途径，是将天主教徒、鼓吹君主专制且与法国有密切联系的王位继承人约克公爵排除在王位继承之外，[①]"沙夫茨伯里决定将一切押在排斥詹姆士继承王位这一点，塑造了第一代辉格党人的全部特征。"[②] 在 1679 年、1680 年以及 1681 年三次议会上，沙夫茨伯里及其追随者——主要是原乡村派议员和少数失去职位的宫廷派成员，屡次试图通过排斥法案，由此，他们被反对者贴上了"辉格"的标签。反对者包括宫廷派成员，也新增了一些乡村派议员，他们虽然曾怀疑和反对过宫廷大臣及其政策，但更惧怕沙夫茨伯里提出的激进措施，[③] 英国国教会也站在反对的立场上，所有反对排斥法案的人就被称为"托利"。

关于此时出现的辉格党与托利党的性质学术界存在争议。一些学者认为，还不能将他们称为政党，"1760 年以前不存在正规的政党组织"，辉格党与托利党没有建立全国性政党组织，没有通常意义上的"两党制度"。[④] 但更多的英国学者认为，托利党与辉格党不同于内战时期的圆颅党和骑士党，他们是新型政党，两党已经体现出了现代政党的某些基本特征。17 世纪史著名学者琼斯认为，辉格党与托利党"并非因个人、家族或地方关系而连接在一起，他们是为了追求公共利益而聚集起来……当然他们也追求个人权力"，[⑤] "与几个家族的联盟或一小批人的联合相比，第一代辉格党人拥有更高的组织和纪律，的确可以说得上是一个政党，他们拥有且要求在议会内及乡村建立组织和纪律，并希望通过大规模的宣传，

---

① J. R. Jones, *The First Whigs: the Politics of the Exclusion Crisis 1678 – 1683*, Oxford: Oxford University Press, 1961, p. 7.

② J. R. Jones, *The Restoration Monarchy 1660 – 1688*, London: Palgrave Macmillan, 1979, p. 62.

③ J. R. Jones, *The Restoration Monarchy 1660 – 1688*, pp. 65 – 66.

④ 见 Lewis Namier, *The Structure of Politics at the Accession of George III*, p. 10; Robert Walcott, *English Politics in the Early Eighteenth Century*, Oxford: Clarendon Press, 1956, p. 5.

⑤ J. R. Jones, *The Restoration Monarchy 1660 – 1688*, pp. 58 – 59.

搅动并维持大众的参与"。① 由此可见，辉格党与托利党已经具有近代政党的雏形。

随着两党的诞生，"政党"这一新型组织嵌入了贵族统治阶层，逐渐将贵族集团分化为两大对立的政党。可以看到，在"排斥法案危机"中有能力主导政局的上议院贵族日益分化为辉格党与托利党。随着沙夫茨伯里从乡村派领袖转变为辉格党领袖，贵族在 1679 年议会解散后进一步分化。哈利法克斯侯爵（Marques of Halifax）曾经是反对宫廷派领袖丹比伯爵的主力，但他现在反对沙夫茨伯里的排斥法案，而爱德华·罗素则坚定地站在沙夫茨伯里一方。② 1680 年，随着查理二世的健康恶化，王位继承人问题被激烈讨论，在此过程中，埃塞克斯伯爵（Earl of Essex）转向辉格党。到当年 10 月，桑德兰伯爵（Earl of Sunderland）、西德尼·戈多尔芬（Sidney Godolphin）和劳伦斯·海德（Laurence Hyde）主导政局，他们已经被看作是托利党人，③ 与此同时，罗素、卡文迪什、亨利·卡佩尔等贵族在沙夫茨伯里号召下辞去枢密院职务，站在辉格党一方。④ 贵族阶层的分化意味着议会上议院出现了两个对立的党派，即便许多贵族拒绝加入任何一派，但他们总是要选择支持某一派的政策，最终也不可避免地从属于某一派。例如，1680 年底议会召开后，哈利法克斯侯爵说服上议院中间派，以 63∶30 票否决了第二份排斥法案。⑤ 辉格党与托利党的对立不仅存在于贵族阶层之间，还出现在下议院普通议员之中。下议院也不乏拒绝加入任何一派的议员，然而，政党这一新型组织使得独立派或中间派变得无组织、无纪律、无力量，难以发挥主导作用，不可能长期维续。

辉格党与托利党的对立不仅出现在议会政治中，还延伸到了全国各地。在 18 年没有选举议会后，英国在 1679—1681 年密集举行了三次大

---

① J. R. Jones, *The First Whigs: the Politics of the Exclusion Crisis 1678 – 1683*, Oxford: Oxford University Press, 1961, p. 2.

② J. R. Jones, *The First Whigs: the Politics of the Exclusion Crisis 1678 – 1683*, pp. 77 – 78.

③ David Ogg, *England in the Reign of Charles II*, Vol. 2, p. 593.

④ K. H. D. Haley, *The First Earl of Shaftesbury*, Oxford: Clarendon Press, 1968, p. 565.

⑤ *Cobbett's Parliamentary History of England*, Vol. IV, col. 1215.

选，这三次选举显示出辉格党与托利党的对立已经从威斯敏斯特延伸到地方。此时的议会选举，有相当一部分议席需要激烈竞争，1679 年 3 月的选举中，有 17 个郡和 84 个选邑的议席需要激烈竞争，10 月的选举中则有 16 个郡和 61 个选邑的议席需要竞争，1681 年的选举中仍有 9 个郡和 45 个选邑的议席需要竞争。[1] 辉格党与托利党使用宣传、游说、收买、恐吓等各种方式争取选票。[2] 这样，两党把在威斯敏斯特争执的国家根本问题带到了地方，也将两党自身带到了地方。

在政党组织与活动方面，辉格党以绿丝带俱乐部为"党总部"，不仅让上议院和下议院的辉格党相互通气，在议会中采取一致行动，而且撰写政论小册子和嘲讽诗，动员民众进行各类请愿活动。辉格党还资助了1679 年 11 月 17 日举行的据说有 20 万人参与的焚烧教皇人偶活动。[3] 托利党虽然在排斥法案期间没有形成对手那样有效的组织和宣传，但在危机接近尾声时，他们也展示出对手已经使用过的伎俩。[4]

除 1688 年两党联合制造了革命外，在两党的关系中，分歧与对立居于主导地位。在排斥法案危机中，托利党取得了胜利，1681 年牛津议会上，托利党在上议院挫败辉格党第三次提交的排斥法案，此后，查理二世没有再召开议会，辉格党领袖沙夫茨伯里流亡荷兰，西德尼与罗素因参与1683 年刺杀查理和詹姆士的"黑麦坊阴谋案"（Rye House Plot）而被关押，埃塞克斯伯爵自尽，其他辉格党贵族也流亡到荷兰，留在国内的要么被监禁，要么被监督……1685 年 5 月詹姆士二世召开的议会中，托利党获得压倒性优势，513 名议员中只有 57 名是辉格党。[5] 随后，托利党与辉

---

① Tim Harris, *Politics Under the Later Stuarts*：*Party Conflict in a Divided Society 1660 – 1715*, p. 103.

② Tim Harris, *Politics Under the Later Stuarts*：*Party Conflict in a Divided Society 1660 – 1715*, p. 103.

③ Geoffrey Holmes, *The Making of a Great Britain*：*Late Stuart and Early Georgian Britain 1660 – 1722*, London：Longman, 1993, p. 136.

④ Geoffrey Holmes, *The Making of a Great Britain*：*Late Stuart and Early Georgian Britain 1660 – 1722*, p. 137.

⑤ Tim Harris, *Politics Under the Later Stuarts*：*Party Conflict in a Divided Society 1660 – 1715*, p. 120.

格党在詹姆士二世的倒行逆施下被迫联手发动了革命，但双方的分歧在革命解决过程中就暴露出来。辉格党欢迎奥兰治·威廉登基为王，托利党则陷入分裂。托利党长期秉持拥护王权和被动服从的原则使得他们难以接受革命结果。参与邀请奥兰治·威廉的丹比伯爵就表示，"没想到事情会进展到威廉加冕为王的境地"，[①] 而诺丁汉姆伯爵更是坚持认为，威廉应该出任摄政而非国王。可以预见的是，革命之后，两党将重新回到对立立场。"两党在 1689 年作出的妥协变成了两党随后分歧的源头……1689 年的解决不是任何一党的胜利。"[②] 而随着威廉这位某种程度上的"僭主"或者说"入侵者"开始统治英国，他的外国人身份、异域统治方式以及政策偏好还将导致两党出现新的分歧。

二 政治的不稳定

政党对英国政体发展的重要作用将在革命之后显现。这是因为，在 1688 年革命之前，国王作为国家统治者，不仅可以任命政府大臣、制定政策，而且可以随意解散议会，君主仍然是政治的中心，政党发挥作用的空间有限。但革命造成的议会的长期召开将显著提升政党在政治中的作用。议会的长期召开有两个原因。一方面，《权利法案》所确认的议会的诸项权利意味着国王的统治必须通过召开议会才能顺利进行，否则，许多国事无法推进。另一方面，革命延迟解决了王室年金，其目的正在于确保国王不会实行无议会统治。在国王的收入中，有一类是经议会批准可由国王终身享有的税收，比如关税、消费税等，这些税目在经济发展较好时可带来充足收入，成为国王实行无议会统治的财政基础。詹姆士二世就曾据此实行无议会统治。为了改变这种情况，在非常议会召开时，下议院议员纷纷意识到不能给予国王充足的收入。例如，议员托马斯·克拉吉斯（Sir Thomas Clarges）提醒其他议员："我们应该小心对待王室财政，那是政府的生命所在，好好考虑下前两任统治的情况

---

① *Cobbett's Parliamentary History of England*, Vol. IV, col. 847.

② Tim Harris, *Politics Under the Later Stuarts: Party Conflict in a Divided Society 1660 – 1715*, p. 141.

吧。"① 尽管这种做法被看作是对新国王的不信任，有议员质疑"是否有必要不相信国王"，② 但是，"几乎所有的议员都决定避免过去的错误"，③ 希望不要一次拨付国王充足的年金，"确保议会经常召开"。④ 因此，议会延迟解决王室收入问题。这使得威廉不得不频繁召开议会。当然，从后见之明看，议会的长期召开还源于九年战争，但无论如何，革命带来的议会的长期召开将深刻影响到英国政治的发展。

立宪君主制原则的确立、激烈斗争的两党及议会的长期召开，将带来政治的不稳定。如前所述，英国的政体是国王、上议院和下议院构成的混合政体，每一方拥有特定的权力。1688 年革命之前，国王是这一制度中的主导权力，执掌政府大权，通过召集和解散议会的权力，确保双方在发生冲突时强制中断冲突，避免王权遭到议会的限制。革命之后，国王无法再随意解散议会，政体中没有了单一的主导权力，国王不得不直面来自议会的挑战，而议会内激烈竞争的党派无疑又加剧了这一局面。因此，除非政治制度中出现有效解决王权、党派和长期召开的议会之间发生冲突的机制，否则国王难以稳定地统治。从后见之明看，此"政治惯例和行为模式"指的是"政党内阁（政府）"或称"议会制政府""责任内阁制"等。这些不同的称呼的含义是相同的，即议会多数党组建内阁，这里的内阁就是狭义的政府。就此，麦考莱在《英格兰史》第三卷中写道：这是一项在金雀花王朝、都铎时期、斯图亚特时期（"光荣革命"前）的历史中从未出现过的制度，也为法律所不知，任何法律文件也从未提到过它，像德·洛尔姆、布莱克斯通等作家也没有注意到它，这项制度在"光荣革命"后不久就出现了，迅速发展并释放出其重要性，此后稳固存在，现在则成为我们政体中如议会一样重要的一部分，这项制度就是"政府"（Ministry）。⑤ 它在立宪君主制中发挥着连接行政与立法，让二者一致的

①　*Cobbett's Parliamentary History of England*，Vol. V，col. 146.

②　*Cobbett's Parliamentary History of England*，Vol. V，col. 146.

③　John Brewer，*The Sinews of Power：War，Money and the English State，1688 - 1783*，Cambridge：Harvard University Press，1990，p. 144.

④　*Cobbett's Parliamentary History of England*，Vol. V，cols. 140，143.

⑤　Thomas Babington Macaulay，*The History of England from James II*，Vol. 3，p. 248.

作用,① 确保政治稳定。不过,革命在确立宪君主制原则之际,尚未建立确保政府稳定运转的机制,因此,包括君主外交特权在内的王权将可能受到削弱。

---

① [英]沃尔特·白芝浩:《英国宪法》,夏彦才译,商务印书馆2010年版,第62页。

第四章　议会对君主宣战权的限制

英国史学界普遍认为，伴随 1688 年荷兰执政奥兰治·威廉在英国成功登陆，英国在发生一场政治革命的同时，还发生了一场"外交政策革命"，其逆转了复辟王朝推行的亲法外交，开启了随后英国与法国的又一场"百年战争"。[①] "外交政策革命"的主要发起者是奥兰治·威廉，拥护者是英国贵族。然而，尽管威廉三世与英国贵族均持有反法立场，但双方在实现反法的对外战略方面持有不同看法。威廉三世推崇欧洲大陆战略，其得到辉格党的支持，但遭到托利党的反对，后者坚持英国传统的海洋战略。对外战略分歧是威廉统治时期统治集团内部最显著的分歧之一。外交分歧容易引发国王与议会关于国家外交权的争执，早期斯图亚特王朝国王与议会在外交事务中的争吵已经说明了这一点。革命之后，立宪君主的地位与稳定政府机制的缺失，更容易让外交分歧发展到关于外交权的争执。由于国王不再能通过随意解散议会或实行无议会统治来中断冲突，君主的外交权容易受到限制。

---

① 例如 G. C. Gibbs, "The Revolution in Foreign Policy", in Geoffrey Holmes, *Britain after the Glorious Revolution*, London: Palgrave Macmillan, 1969, pp. 59 – 80; H. M. Scott, "Britain's Emergence as a European Power 1688 – 1815", in H. T. Dickinson, *A Companion to Eighteenth Century Britain*, Oxford: Blackwell Publishing, 2002, pp. 431 – 447; Daniel A. Baugh, "Great Britain's 'Blue – Water' Policy, 1689 – 1815", *The International History Review*, Vol. 10, No. 1 (February 1988), pp. 33 – 58; Jeremy Black, "Foreign Policy and the Tory World in the Eighteenth Century", *Journal for Eighteenth-Century Studies*, Vol. 37, No. 3 (2014), pp. 285 – 297.

第一节　对外战略分歧

1688 年革命的成功标志着英国对外政策的分歧不再是亲法还是反法，而是在何种程度上反法以及如何实现反法。在一致的反法立场的前提下，英国出现了两种对外战略，一种是奥兰治·威廉带来的基于欧洲大陆视野的战略，另一种是英国传统的海洋战略。对外战略分歧本质上是对英国国家利益的不同认知，其最早出现在关于英国参与九年战争（1689—1697，又称"奥格斯堡同盟战争"）的原因的认识上。

奥兰治·威廉持有欧洲大陆战略。自法荷战争以来，威廉将确保荷兰的安全作为毕生的事业。在实现这一目的的方式上，"尽管威廉从未使用过'均势'这一表述，但他在这个术语正式使用之前就实行了均势政策"，其致力于保护"欧洲自由"、维持"基督教世界和平"以及反对法国的"普世君主"。[①] 欧洲的均势能够保障集体的安全，集体的安全意味着欧洲每一个国家的安全，这便是威廉对 17 世纪末欧洲局势的看法。均势与集体安全往往通过结盟外交实现，这一点早在法荷战争时期就已出现，在九年战争中再次出现。早在威廉入主英国之前，威廉就与奥地利签订了防守同盟，奥地利向法国宣战后，荷兰与奥地利将防守同盟升级为攻防同盟，形成了所谓的"大同盟"（Grand Alliance）。在法国于 1689 年 4 月 15 日向西班牙宣战后，西班牙于当年 6 月也加入了大同盟。大同盟主要针对法国在欧洲的侵略与扩张，目的是"保证共同的和平与安全"，如果同盟任何一国遭到法国侵犯，其他成员国就"要从海上和陆上反对法国"，且同盟各国不可单独与法国议和，在战争结束后，各国还要组成"保证和平的防守同盟"，此外还规定，"任何同意本条约的国家均可加入本同盟"。[②] 显然，这是一个关乎欧陆安全的同盟。在英国与欧洲反法同盟的关系上，威廉眼中

---

① David Onnekink and Gijs Rommelse eds. , *Ideology and Foreign Policy in Early Modern Europe 1650 - 1750*, pp. 283 - 284.

② Right Hon. Charles Jenkinson ed. , *Collection of All Treaties of Peace, Alliance, and Commerce, between Great Britain and other Powers* （后文缩写为 *Treaties Collection*）, Vol. 1, London: Printed for J. Debrett, 1785, pp. 285 - 292.

的英国或许是一个欧洲国家。威廉认为，"英国有必要在政治和军事领域将自己与欧洲大陆关联起来"，"在欧洲大陆持有军队，无论是雇佣还是与他国结盟"，从而"在欧洲大陆对抗法国军队，尤其是在低地国家和德意志西部"。① 因此，威廉屡次试图将英国纳入欧洲结盟外交体系中。早在复辟王朝时期，威廉就争取英国加入欧洲的反法同盟，但并未成功。1688 年革命之后，威廉试图再次将英国纳入反法同盟体系中。这一次，由于威廉已经是英国国王，他的目的得以实现。而英国在大同盟中的具体责任和义务，早在英国加入大同盟之前就已经被决定了。正如西班牙大使所说："奥地利皇帝的财政因土耳其战争而消耗殆尽，在形成大同盟时，他应该得到一些补贴，荷兰极有可能无法支付，但是，完全可以期待从英国得到这笔补贴，这个国家已经如此长时间没有发生战争了，无论是海军还是陆军，他们都已节省了大量费用，因此，可以期许从英国那里为皇帝找来补贴。"② 简言之，威廉对英国参战原因的认识非常清晰，即英国应该在战争中最大限度地提供人力、物力和财力，既在海上进攻法国，也在欧洲大陆对抗法国，从而实现欧洲的均势与集体的安全。

欧洲大陆战略对英国来说是陌生的。尽管英国对均势外交本身并不陌生，但英国是从其岛国属性去理解均势外交的，即发挥均衡欧洲的作用，确保欧洲不出现一个霸权国家。这不同于威廉大体上把英国等同于一个欧洲国家，认为英国应该与其他欧洲国家一样发挥结盟反法以实现欧洲均势的作用。此外，尽管在复辟王朝时期，英国出现了联荷反法的诉求，但其从未转化为实质有效的外交政策，以及在 17 世纪大部分时间里英国的海外劲敌是荷兰而非法国，这些事实让英国全盘接受威廉三世的欧洲大陆战略充满了困难。

英国贵族统治集团不得不适应威廉的欧洲大陆战略。辉格党结合英国的国家利益，论证了欧洲大陆战略的合理性，认为英国有必要支持威廉的

---

① Jeremy Black, *A System of Ambition*? *British Foreign Policy 1660 – 1793*, p. 92.

② Appendix, "Extracts from 'The Journal of what passed in the time of Mr. Hop's abode at the Imperial Court at Vienna, as Envoy-Extraordinary from the High and Mighty States of Holland, from the 4th November, 1688, to the 19th July, 1689'", in The Hon. H. Manners Sutton, *The Lexington Papers*, London: John Murray, 1851, p. 343.

对外政策。1689 年，辉格党灵魂人物约翰·萨默斯撰文指出，威廉三世是整个欧洲新教的捍卫者，"只有他才能让路易十四对其臣民和邻国的非正义的、专制的和残暴的行径负责"，在詹姆士国王统治的最后两年，"法国国王与他交好"，"我们失去了欧洲所有的朋友"，"法国则瞬时在海上和陆上变得强大"，威胁到我们所有的邻国，从目前的局势看，"倘若我们协同一致，我们将可能如从前一样让法国感到恐惧"，因此，对于威廉国王目前采取的所有战争措施，"我们都不可猜疑，因其关乎联合我们所有的盟国从海上和陆上削弱法国这一重大事件"。[①] 这些语言显示出，辉格党认为，英国国家利益包含维护新教、反对专制、反对法国霸权等，这些政治利益十分重要。

托利党则难以接受威廉的对外政策。首先，托利党不认为，英国必须反对法国。在他们看来，英国最强大的对手依旧是荷兰。在一份 1688 年刊行的小册子中，出现了英荷利益不可调和的言论。小册子的作者可能是一名詹姆士党人，但其排斥荷兰的情绪体现了托利党的外交取向。作者指出，"假如你们还期待从荷兰那里获得任何好处，无论是保护我们的新教，捍卫我们的家园，或是促进我们的贸易，那我将证明你们的期待是没有根据的，只会落空"。随后作者细数了半个世纪来英荷在波罗的海、地中海、印度、北美各地的贸易争端，最后指出："他们（荷兰人）会摧毁我们，我们已经看见并感觉到了这种伤害……他们通过横征暴敛从我们手中榨取钱财，当我们失去了贸易，他们就会得到更多。"[②] 因此，从商业利益角度看，托利党认为，英国没有反对法国的必然需求，"革命的发生也不意味着英国需要承担一场解决欧洲事务的战争"。[③] 托利党最终选择加入九年战争的原因在于，法国国王路易十四支持在"光荣革命"中被

---

① John Somers, "A Vindication of the Proceedings of the Late Parliament of England", 1689, in Lord Somers ed., *A Collection of Scarce and Valuable Tracts*, Vol. 10, London: Printed for F. Cogan, 1748, pp. 258 – 260.

② Anon, *The ballance adjusted: or, the interest of church and state weighed and considered upon this revolution*, 1688, pp. 3, 6, 7.

③ Robert Duncan McJimsey, *The Englishman's Choice: English Opinion and the War of King William III 1689 – 1697*, p. 12.

废黜的詹姆士二世入侵英国。可见，托利党出于捍卫革命而反法，威廉则出于解决欧洲事务而反法，两者的侧重点不同。其次，由于反法的动机不同，托利党也不支持欧洲大陆战略，强调英国应该发挥海上优势，防止入侵，而不是卷入欧洲大陆的战争中，因此，他们也反对联盟，反对维持一支陆军，因其成本过于高昂。他们坚持一种被历史学家称为"海洋战略"的政策，其"强调海上力量、殖民和商业利益"。①

两种战略的冲突在英国走向九年战争的过程中初步显现。在威廉在英国成功登陆后，法国于 1688 年 12 月 26 日向荷兰宣战，荷兰希望威廉让英国即刻援助。1689 年 1 月 22 日，威廉告知非常议会，法国已经向荷兰宣战，他们的兵力因被威廉带来拯救英国而不足，希望英国根据两国1677 年的盟约予以援助。② 非常议会一边提请威廉"保护王国安全"，一边主要关心如何尽快做出革命后的安排。③ 3 月 7 日，荷兰正式向法国宣战，威廉再次敦促议会援助荷兰，议会在讨论后决议"援助荷兰 60 万英镑"。④ 威廉急于让英国向法国宣战的情绪人尽皆知，就连在革命中支持他的哈里法克斯侯爵也不得不坦言，"他想对法国宣战的渴望从未停息过，可能让他远征英国的最大诱惑就在于此"。⑤ 的确，比起英国对荷兰的需要来说，荷兰更需要英国。最终，议会在听闻詹姆士二世在法国支持下入侵爱尔兰以及法国不承认威廉三世是英国国王的消息后，⑥ 请威廉向法国宣战，威廉则在 5 月 7 日代表英国向法国正式宣战。在许多英国人眼中，这场战争是荷兰"让我们坐在战争的座椅上来保卫他们的和平"的战争。⑦

随着英国加入九年战争，议会内外对威廉外交政策的质疑将持续增

---

① Jeremy Black, *A System of Ambition? British Foreign Policy 1660 – 1793*, p. 92.

② *Journal of the House of Commons*, X, p. 9.

③ *Journal of the House of Commons*, X, p. 10.

④ *Journal of the House of Commons*, X, p. 50.

⑤ Helen Foxcroft, *The life and letters of Sir George Saville*, Vol. 2, London: Longman, 1898, p. 210.

⑥ Narcissus Luttrell, *A Brief Historical Relation of State Affairs from September 1678 To April 1714*, Vol. 1, pp. 524 – 525.

⑦ Anon, "A Letter to a Member of the Committee of Grievances, containing some seasonable Reflections on the present Administration of Affairs, since managed by Dutch Councils", in Lord Somers ed., *A Collection of Scarce and Valuable Tracts*, Vol. 10, p. 320.

加。历史学家认为，"威廉三世在他统治时期不得不克服自己作为一个外国人的不利之处。有一种持续不断的怀疑，威廉更加关心荷兰而非英国，荷兰人到英国来是为了夺走这里的一切，他是另一个征服者威廉。这位国王长年不在英国，只有在英国议会召开时才回来，因为他要让英国臣民支付那庞大的战争费用"，① 他们"怀疑王权、不信任一个外国人践行王权，他们也不喜欢国王的外交政策，也讨厌他耗资巨大的战争"。② 总之，对外战略分歧引发的君主外交权行使争执丝毫不亚于复辟王朝时期议会对君主外交特权的挑战

第二节　稳定政府的缺失

一　内政与外交分开管理

除了外交战略分歧，稳定的政府的缺失也不利于国王保持王权。在威廉三世统治初期，英国的"政府"与都铎时期的"政府"并无二致，不存在现代意义上的政府。国王行使统治权力，包括任命大臣、敕封贵族、召开与解散议会、指挥军队、行使外交权等。可以说，国王即政府。英国的行政机制也并无新的发展，行政中枢仍然是枢密院。

九年战争对以国王为中心的政府带来的一个挑战在于：奥兰治·威廉既是荷兰最高执政，又是英国国王，还是欧洲反法同盟领袖，常年身处英国之外，继续由威廉在英国亲自处理大量英国内政、外交、军事和紧急事务变得不切实际。此外，议会的长期召开还需要国王处理与议会的关系，而议会事务耗时耗力，不是威廉擅长与感兴趣的领域。这种情况需要一种新的政府管理体制，既能及时有效地处理英国的内政，又能确保威廉推行欧洲大陆战略。由于威廉获得英国王位的根本动机是让英国参与反法战争，威廉对英国内政既不熟悉，也不感兴趣，自然地，威廉将英国对外事务的

---

① Mark Kishlansky, *A Monarchy Transformed*, *Britain 1603 – 1714*, London: The Penguin Press, 1996, p. 289.

② E. A. Reitan, "From Revenue to Civil List, 1689 – 1702: the Revolution Settlement and the 'Mixed and Balanced' Constitution", *The Historical Journal*, Vol. 13, No. 4 (Dec., 1970), pp. 571 – 588.

决策与管理置于自己手中，将英国内政交付英国大臣管理。自此，英国对外事务和对内事务的管理就被分开，前者归国王，后者由英国大臣协助。

在对外事务领域，威廉延续了斯图亚特君主们的传统做法，按照君主外交特权的方式行事。在决策方面，威廉独揽英国外交决策，亲自制定英国的结盟、条约、战争计划等。辅助国王决策的人包括英国人与荷兰人，但荷兰人居于核心地位。具体来说，有两名英国大臣，一名是战时国务大臣威廉·布兰斯维特，"但他主要是威廉的私人秘书而非真正的国务大臣……他不参与制定政策"，[①] 另一名是军需大臣，其余则是荷兰亲信，其中最重要的是威廉儿时的伙伴、成年后的密友威廉·本廷克（波特兰伯爵）。[②] 此外，威廉经常与荷兰大议长（Grand Pensionary）安东尼·海因休斯商议外交、军事要事。现存的威廉的书信中，绝大部分是威廉与波特兰及海因休斯之间的通信，与英国大臣的通信大多是关于威廉已经作出的决议或其他非机密事宜。至于决策机制，一般先由威廉与辅助大臣作出某项决议，随后将决议送到英国枢密院以寻求建议与支持，决议在枢密院主要成员商议并通过后视具体情况告知或不告知议会。一般来说，涉及议会征税的事务，例如征募军队与军需供应等，会告知议会具体的数字，[③] 但不向议会解释数字背后的政策。

在外交政策的实施方面，威廉则绕开了英国大臣，进一步加强了对外交事务的管理与控制。自都铎王朝以来，国务大臣一直是负责外交事务的主要大臣，向国王提供建议，向英国海外大使下达国王的命令，负责国王与英国海外大使的日常通信。[④] 然而，在威廉三世统治时期，国务大臣

---

① Esther Mijers, *Redefining William III, the Impact of the King-Stadholder in International Context*, Vermont：Ashgate, 2007, p. 84.

② John M. Stapleton, *Forging a Coalition Army：William III, the Grand Alliance, and the Confederate Army in the Spanish Netherlands, 1688 – 1697*, Ohio State University PhD dissertation, 2003, p. 178.

③ John M. Stapleton, *Forging a Coalition Army：William III, the Grand Alliance, and the Confederate Army in the Spanish Netherlands, 1688 – 1697*, p. 178.

④ 国务大臣分南方与北方。南方国务大臣负责与法国、瑞士、意大利、伊比利亚半岛以及土耳其的往来通信，北方国务大臣负责与神圣罗马帝国、荷兰、斯堪的纳维亚半岛以及波兰和俄国的往来通信。Mark A. Thomson, *The Secretaries of State 1681 – 1782*, Oxford：Oxford University Press, 1932, pp. 2 – 3.

在外交领域中的重要性被削弱。威廉经常忽视国务大臣的存在，威廉曾嘱咐玛丽，当他不在英国时，玛丽应该"在外交事务上咨询西班牙大使而非英国大臣"。[①] 在威廉统治时期，"英国海外代表直接向战时国务大臣威廉·布兰斯维特汇报。"[②] 威廉还撤换了大量詹姆士二世的外交代表，将重要的外交职位和谈判交付荷兰亲信或其他外国人。[③] "在选任英国驻外大使时，也经常选择荷兰人、避难的法国胡格诺教徒或瑞士的新教徒。"[④] 这些人直接向威廉负责。因此，英国国务大臣时常不知道英国最重要的外交进展。[⑤] 由于国务大臣是枢密院与此时正在发展的内阁委员会的重要成员，威廉的这套新机制不仅绕开了英国的行政中枢，而且未赋予议会在外交事务领域任何新的角色，这使得威廉可以继续行使君主外交特权。

在英国内政管理方面，由于威廉常年不在英国，一套新的机制日益发展起来。威廉最初安排，在他不在英国时，由他的妻子玛丽女王在 9 名大臣的辅佐下行使统治权力。辅佐大臣基本上是威廉任命的英国大臣，他们组成的辅佐机构就是正在形成中的内阁。1694 年玛丽女王去世后，则由摄政委员会（Lords Justices）在国玺之名下行使权力，[⑥] 其成员主要由财政大臣、海军大臣、国务大臣等高级职官组成，与内阁成员差别不大。总体来说，1694 年玛丽女王去世后，"内阁会议依然依据惯例正常召开，召集者往往是大法官"，[⑦] 但内阁委员会仍然主要负责国内事务。[⑧] 内阁逐渐成为英国新的行政中枢，是国王领导的"政府"的核心。

---

① D. B. Horn, *The British Diplomatic Service 1689 – 1789*, Oxford: Oxford University Press, 1961, p. 144.

② M. Lane, "The Diplomatic Service under William III", *Transactions of the Royal Historical Society*, Fourth Series, Vol. 10 (1927), pp. 87 – 109.

③ M. Lane, "The Diplomatic Service under William III", p. 112.

④ D. B. Horn, *The British Diplomatic Service 1689 – 1789*, p. 112.

⑤ Mark A. Thomson, *The Secretaries of State 1681 – 1782*, p. 9.

⑥ David Ogg, *England in the Reigns of James II and William III*, Oxford: Clarendon Press, 1955, p. 332.

⑦ 钱乘旦主编:《英国通史》第 4 卷，第 9 页。

⑧ Jennifer Carter, "Cabinet Records for the Reign of William III", *The English Historical Review*, Vol. 78, No. 306 (Jan., 1963), pp. 95 – 114.

可以看出，在威廉三世统治时期，以国王为中心的政府分化为两支，一支是以威廉本人为中心的常年在外的专门负责外交事务的"政府"，另一支是在英国国内的由英国大臣组成的专门负责英国内政的"政府"。前者完全向国王负责，后者虽然也要向国王负责，但又因为议会长期召开而逐渐开始不得不考虑议会的意见。

对于威廉来说，国内政府的首要职责是确保议会支持国王的战争政策，具体而言，即确保议会提供充足的战争费用而不质疑国王的政策。但是，在革命后的政治生态中，这一点不易实现。党派政治的发展对国王任命政府大臣以及有效管理议会多数带来严重挑战。

二　威廉三世统治初期的党派

这一时期的党派形态与结构比较复杂，存在学术争议。20 世纪二三十年代的研究认为，威廉三世与其继任者安妮女王时期的党派政治主要表现为辉格党与托利党的对立。[①] 50 年代，美国历史学家沃尔科特指出，威廉与安妮统治时期不存在全国范围内的两党组织，政治中存在多种派别，他们通过宗族、友邻及依附关系结盟，从而否定了两党分野的政治史解释框架。[②] 从 60 年代开始，以普拉姆、霍姆斯为代表的英国学者找到了沃尔科特研究方法和史料使用方面的诸多漏洞，认为沃尔科特的分析不符合事实，进一步肯定了这一时期辉格党与托利党的划分占据主导的观点，即便有其他派别，也隶属于两党的划分。[③] 这种看法已经为学界所接受。

尽管如此，仍然有必要区分威廉时期与安妮时期的党派政治，二者存在差异。威廉时期的党派政治的确更为复杂，在"辉格党与托利党的对

---

① 参见 W. T. Morgan, *English Political Parties and Leaders in the Reign of Queen Anne*, New Haven: Yale University Press, 1920; Keith Feiling, *A History of the Tory Party, 1640 – 1714*, Oxford: Oxford University Press, 1924; G. M. Trevelyan, *England under Queen Anne*, 3 vols., London: Longmans, Green, 1930 – 1934.

② 参见 R. Wolcott, *English Politics in the Early Eighteenth Century*.

③ 参见 J. H. Plumb, *The Growth of Political Stability in England 1675 – 1725*, London: Macmillan Press Ltd., 1967; G. Holmes, *British Politics in the Age of Anne*, London: Macmillan Publishers, 1967.

立为主"的前提下，其他政治派别比较突出。一方面，自复辟时期出现
的宫廷派与乡村派在这一时期继续存在。宫廷派主要是担任政府职位、获
得国王奖赏以及基于种种原因依附于国王及国王的大臣们的议员们，他们
往往支持政府政策。乡村派主要是不在政府任职，抵制议会中的宫廷派，
要求议会独立于宫廷操控的议员们，他们经常反对政府政策。另一方面，
辉格党与托利党持续分化着统治阶层，两党的对立日趋激烈。议员们依据
各自的政治理念、权力追求、关系网络、利益诉求等因素而成为一名辉格
党或托利党，通过政党这一组织，表达他们的理念，追求自己的权欲，获
得相应的利益。

　　这样，党派政治呈现出宫廷派与乡村派对立、辉格党与托利党对立的
特点。宫廷派与乡村派的对立主要体现在是否支持政府政策上，但两派成
员会因争论的议题所呈现出的鲜明的政治原则而转变成一名托利党或辉格
党。辉格党与托利党的对立主要体现在双方对待宗教、王权、议会权利及
外交事务的态度上，但由于此时大臣效忠国王的传统惯性依旧强大，两党
组织水平不高，这种情况也经常发生，即当某一党成员获得政府职位后，
其可能会改变原有立场，成为一名宫廷派，而没有获得职位的该党成员则
可能转变为一名乡村派。这就出现了沃尔科特所描述的"宫廷派、宫廷
派托利、乡村派托利、乡村派、乡村派辉格、辉格党、宫廷派辉格"。①
不过，相较而言，辉格党与托利党的对立仍然主导党派格局，两党的理念
和原则驱动着各个派别立场的变化及其是否获得政府职位。

　　面对上述党派格局，威廉建立效忠于国王且能控制议会多数的政府的
空间有限。统治初期，对外事务是政府的头等要事，革命遗留的政治、宗
教等问题依旧重要。宫廷派与乡村派的分歧主要体现在是否支持威廉的战
争政策上。托利党与辉格党的对立则体现在各个层面。托利党捍卫国教的
正统地位，不宽容不服国教者，拥护王权，但不太支持威廉的对外政策，
从而又会站在反对国王的立场上。辉格党宽容不服国教者，支持国王的外
交政策，但主张进一步限制王权，从而也会站在反对国王的立场上。威廉

---

① Robert Walcott, "The Idea of Party in the Writing of Stuart History", *Journal of British Studies*, Vol. 1, No. 2 (May, 1962), pp. 54 – 62.

的首要目的是确保议会支持战争，任命辉格党担任政府大臣似乎是最好的选择。然而，辉格党限制王权的理念又不符合威廉最大限度使用王权的需求。

最终，威廉似乎无视了如此复杂的党派政治，按照"国王任命的大臣向国王负责"的传统理念来任命政府大臣，建立既支持其战争政策，又维护王权的政府，实现"两者兼具"。① 这样的政府往往是两党混合政府。然而，这种做法忽视了议会内党派政治对政府稳定性的影响，议会中的各个党派均不会信任政府中的非本党派的大臣，造成政府经常不稳定。威廉还预见不到国王应该任命议会多数党派的领袖担任内阁或者说政府要职，这是现代英国政党政府的基本原则。

三 从两党混合内阁到辉格党一党内阁

威廉三世的第一届议会是 1689 年召集的解决革命问题的非常议会。在议会下议院中，托利党大约为 232 名，辉格党和宫廷派共约 319 名，总体上有利于辉格党。② 据此，威廉应该任命辉格党与宫廷派担任内阁大臣。但是，威廉任命的第一届政府是两党混合政府。尽管辉格党贵族担任了大部分政府要职，例如什鲁斯伯里担任南方国务大臣、德文夏伯爵与多塞特伯爵（Earl of Dorset）分别担任宫内大臣（Lord Steward）与宫务大臣（Lord Chamberlain）、托马斯·沃顿担任王室总管，约翰·萨默斯（John Somers）担任首席检察长（Attorney General），爱德华·罗素供职于海军部，但是，托利党贵族也担任了重要职位，例如丹比伯爵担任枢密院主席、诺丁汉姆伯爵担任北方国务大臣，摇摆不定的哈利法克斯则担任了权誉显赫的掌玺大臣。最重要的海军部和财政部则改由委员会形式管理，成员也包括辉格党与托利党，尽管辉格党占主导地位。③

辉格党占下议院多数却没有垄断全部政府要职的情况，引起下议院辉

① Dennis Rubini, *Court and Country 1688 – 1702*, London：Rupert Hart-Davis, 1967, p. 15.

② Geoffrey Holmes, *The Making of a Great Britain*：*Late Stuart and Early Georgian Britain 1660 – 1722*, p. 422.

③ Henry Horwitz, *Parliament, Policy and Politics in the Reign of William III*, Manchester：Manchester University Press, 1977, pp. 17 – 19.

格党及其盟友的不满，他们攻击政府的各项政策，本届政府很快摇摇欲坠。1690年初，"哈利法克斯不得不在威廉的劝说下辞职"。[1] 下议院中的辉格党议员继续攻击内阁中的托利党大臣，引起威廉对辉格党的不满，"认为他们过多的考虑了党派利益而非团结一致地推进战争"，[2] 辉格党则开始抵制威廉打算亲征爱尔兰叛乱的计划。[3] 不想受辉格党左右的威廉解散了第一届议会，并有意转向对王权更加友好的托利党。

1689—1690年，政府瓦解、议会解散后，威廉开始组建第二届政府，选举第二届议会。1690年初的选举结果比较有利于托利党，尽管缺乏确切的数字，但托利党联合宫廷派占议会下议院多数。[4] 在任命内阁成员时，尽管威廉偏向托利党，给予诺丁汉姆伯爵、丹比伯爵、彭布鲁克伯爵（Earl of Pembroke）等贵族重要职位，但威廉仍然任命了几名辉格党贵族，包括蒙莫斯伯爵（Earl of Monmouth）、爱德华·罗素、德文夏伯爵以及多塞特伯爵，此外，威廉还任命了有托利党倾向但在外交上支持威廉的马尔伯勒伯爵（Earl of Marlborough）。[5]

起初，这届混合政府看似稳定，托利党还依据自身在内阁与议会中的优势地位，进一步要求威廉任用更多的托利党成员进入内阁。威廉为了获得战争经费供应，在1692年初任用下议院托利党活跃分子西摩进入内阁委员会，罗切斯特伯爵随后也进入了内阁，[6] 以至于托利党大贵族诺丁汉姆相信他们已经获得了完全的主导地位。但是，到当年夏季，英国在欧洲大陆战场的失利使得托利党大臣开始明显反对威廉在欧洲大陆推行的战争。在议会下议院中，战争的失败引发持续的抱怨，托利党议员将矛头指向了一些辉格党大臣。1693年1月，"辉格党贵族爱德华·罗素——拉和岬战役的英雄、1688年给威廉写信的七大臣之一，被迫辞去海军职务，

---

① Henry Horwitz, *Parliament, Policy and Politics in the Reign of William III*, p. 41.

② Craig Rose, *England in the 1690s – Revolution, Religion and War*, Oxford: Blackwell, 1999, p. 75.

③ Craig Rose, *England in the 1690s – Revolution, Religion and War*, p. 76.

④ Geoffrey Holmes, *The Making of a Great Britain: Late Stuart and Early Georgian Britain 1660 – 1722*, p. 423.

⑤ David Ogg, *England in the Reigns of James II and William III*, p. 337.

⑥ Henry Horwitz, *Parliament, Policy and Politics in the Reign of William III*, p. 77.

其职务改由诺丁汉姆推荐的三名候选人充任，其中两名被怀疑与詹姆士二世有关联，引发议会内一片嘘声"，① 议会多数朝着不利于托利党内阁的方向发展。到 1693 年初，第二届混合政府已经在议会反对下难以为继。

面对难以为继的政府，威廉开始认真考虑大贵族桑德兰伯爵曾经提出的建议，即完全依赖辉格党，建立辉格党一党内阁，这也是统治阶层逐渐领悟到的政治法则——政府应该由持有同一原则和利益的人组成。桑德兰伯爵，即罗伯特·斯宾塞（Robert Spencer），是 17 世纪末 18 世纪初最擅长政治投机的大贵族，曾担任詹姆士二世的国务大臣，却又密谋推翻他的统治，革命后曾流亡荷兰，1690 年回到英国。早在 1691 年，桑德兰就建议威廉转向依赖什鲁斯伯里和他的辉格党朋友们，② 威廉没有采纳他的建议。1692 年初，桑德兰再次建议威廉转向辉格党贵族，因为"他们太会制造麻烦而不会允许自身只当反对派，当然他们也是很能胜任国王事务的大臣"，威廉仍然没有采纳。在威廉看来，"托利党对王权天然友好，而辉格党无异于共和派"，桑德兰却向威廉指出，"尽管托利党要比辉格党更加支持王权，但国王应该考虑到他（威廉）不是他们（托利）的国王"。③ 托利党可能不太会维护一位实际上由议会选出的不正统的国王。

建立辉格党一党政府的条件越来越成熟。1693 年春，威廉看上去更加器重辉格党，将萨默斯升任掌玺大臣，任命约翰·特伦查德（John Trenchard）担任国务大臣，二人均进入内阁。不过，威廉还没有解除托利党贵族担任的全部职务。1693 年，英国在欧洲大陆战场上的失利让威廉意识到，混合政府已经不可能控制议会多数，因而决定改换内阁主要成员。在议会开会前一周，威廉重新任命罗素担任海军指挥，此举造成托利党最大的权臣诺丁汉姆即刻辞职，威廉还任命有辉格党倾向的什鲁斯伯里重新担任国务大臣，这意味着辉格党开始全面执掌政府权力。到 1694 年5 月，"威廉任命罗素为海军第一大臣、查尔斯·蒙塔古（Charles Monta-

---

① J. P. Kenyon, *Robert Spencer*, *Earl of Sunderland 1641 – 1702*, London：Longmans, 1958, p. 254.

② J. P. Kenyon, *Robert Spencer*, *Earl of Sunderland 1641 – 1702*, p. 249.

③ J. P. Kenyon, *Robert Spencer*, *Earl of Sunderland 1641 – 1702*, p. 251.

gu）担任财政大臣，解除罗切斯特和西摩的职务，接任者是桑德兰推荐的威廉·特兰伯尔（Sir William Trumbull）和托马斯·沃顿的朋友约翰·史密斯（John Smith），辅助玛丽女王的内阁委员会成员也全部换为桑德兰推荐的辉格党贵族"。① 到 1696 年，"人们开始用'辉格党小集团'（Whig Junto）称呼沃顿、萨默斯、蒙塔古、罗素、什鲁斯伯里以及他们的庇护人和他们和国王之间的中间人（桑德兰）组成的政府"。②

这就是英国历史上的最早的政党内阁，一届完全由辉格党组成的内阁。辉格党政府拥有稳定的议会多数的支持。在 1695 年 11 月选出的威廉国王的第 3 届议会里，若按照托利党与辉格党的划分来计算，有 269 名辉格党，224 名托利党，不确定党派者 10 名，宫廷派 1 名。若按照宫廷派与反对派的划分来计算，有 248 名宫廷派，247 名反对派，9 名不确定。③ 这届议会总体有利于辉格党或宫廷派，在随后的战争中有效地支持了辉格党小集团政府。

1693 年底形成的辉格党一党政府一直持续到 1700 年，成为威廉统治时期最稳定的政府，对议会内党派结构、议会与王权的关系、政府与王权的关系带来新的变化。一方面，随着辉格党从议会反对派进入宫廷，执掌政府权力，原来追随辉格党的一些后座议员开始转变立场，与全面进入反对派的托利党结盟，自称"新乡村派"（包括原乡村派、老辉格党、托利党），其在罗伯特·哈利、托马斯·福莱（Thomas Foley）、克里斯多弗·马斯格雷夫（Christopher Musgrave）等活跃分子的领导下，反对辉格党小集团政府。另一方面，由于辉格党更加支持威廉的战争政策，他们凭借执掌政府的有利地位、国王的支持以及 1694 年后威廉在欧洲大陆战争的好转，总能在议会中为国王获得海军、陆军及盟军所需的巨额经费，有效压制反对派的不满，甚至将其转化为对国王的支持。在此方面，辉格党在下议院的管理者沃顿与蒙塔古发挥了重要作用。这使得王权不再受到来自议会的直接冲击，一党政府成为阻遏议会侵蚀王权的屏障，确实成为王权与

---

① J. P. Kenyon, *Robert Spencer*, *Earl of Sunderland 1641－1702*, pp. 260－263.

② J. P. Kenyon, *Robert Spencer*, *Earl of Sunderland 1641－1702*, p. 278.

③ Geoffrey Holmes, *The Making of a Great Britain：Late Stuart and Early Georgian Britain 1660－1722*, p. 423.

议会之间的"黏合剂"、"连接点"，是英国政治制度的"伟大发明"。

第三节　议会监督战争事务

不过，在辉格党一党政府形成之前，政府的不稳定已经使得议会开始监督国王的战争政策，介入到国家战争事务监管中。

从英国政体的权力结构看，议会在监督国家战争事务方面既有优势，又有不足。理论上说，议会拥有的批准征税权使其可以无限扩大自身的权力，实际上，议会并不能这样做，英国的政体将政府权力赋予了国王而非议会。因此，议会主要是一个立法机构，一个负责批准征税的机构以及一个辩论和提供建议的机构。不过，议会的确可以凭借这些权力监督政府政策，这主要发生在议会不信任政府的情况下。

威廉的第一届政府是不被议会信任的政府。一方面，议会下议院中的各派不信任内阁中其他党派的大臣；另一方面，混合政府自身并不完全了解英国的对外政策与战争事务，这些由威廉独自把控，而威廉并不会完全告知他的政府。此外，威廉的对外战略本身受到不小的质疑。因此，在英国加入九年战争后，议会不愿意只为国王提供战争经费而不知晓其具体政策。议会凭借批准征税权介入到战争乃至外交事务中。

这种情况在英国对法国宣战后即刻出现。1689 年 6 月 28 日，威廉告诉议会："今年的战争支出将大大超过你们已经提供的数额……我还必须提醒你们，要及时就荷兰对英国提供的帮助提供有效的资金援助……"[1] 面对国王频频要求战争经费，不知晓经费用途的各党派议员开始质疑。乡村派辉格党人约翰·汤普森（Sir John Thompson）说："让我们客观地看待我们国家和荷兰的关系，他们到这里来不仅是为了我们，而且是为了保住他们自己，抵抗法国国王。"[2] 议员们要求知晓英国与荷兰的兵力配比数量。威廉则为了获得议会的税款供应，将英国与荷兰之间的条约义务呈

---

[1] *Journal of the House of Commons*，X，p. 200.

[2] *Cobbett's Parliamentary History of England*，Vol. V，col. 369.

递议会知晓，其中显示"荷兰应当出 30 艘船，配 10572 名精兵"，① 从而暂时消除了他们的疑虑。

逐渐地，议会要求监督战争经费的使用，其涉及议会对国王战争政策的监督。1689 年 10 月底，威廉又告知议会："众所周知，我曾冒着个人生命危险来到英国，将你们从所处的危险中拯救出来……我现在不得不要求你们尽快解决下一年的战争费用，一个特殊的原因是，盟国将于下月在海牙召开反法会议，商议解决下一年的战役……"② 议员们认为，他们不断提供战争经费，却不知道钱花去了哪里，要求知晓战争信息。托利党议员托马斯·克拉吉斯说："我承认，除非从国王那里听到关于下一年作战的计划，除非知道了我们在同盟中承担的义务，否则我不知道该怎么做。"③ 盖洛威（Mr. Garroway）说："如果不知道军队的具体数量，我们是不知道如何提供供应的。我相信，钱还没有被全部花完……让钱花在该花的地方……希望国王告知我们下一年的战争情况。"④ 由此，议会开始监督战争经费的使用，即议会在筹集下一年战争经费之前，国王需要先提交预算，让议会知晓上一年的经费用在了何处，下一季度的战争需要花费多少以及具体如何开销，这也使得议会不断知晓国王实行的具体的战争政策。为了获得议会的供应，威廉作出承诺："无论何时，只要你们认为有必要审查，我都把账目交付你们查看。"⑤

国王主动将账目交付议会审查或议会要求查看上一年的支出及下一年预算的做法，实现了国王与议会在战争事务领域的初步交流，在一定程度上有利于消除议会因不知情而产生的疑虑。然而，考虑到议会内部对国家对外战略持有不同看法，这种做法反而激起了一些议员的进一步质疑，他们要求常规监管战争事务。1689 年 11 月，议会认为，有必要在每年议会召开时，专门开设"国家事务"讨论环节，对议会非会期内发生的所有国家事务进行回顾、讨论并提供建议。为此，议会成立了两院委员会，由

① *Cobbett's Parliamentary History of England*, Vol. V, col. 378.

② *Grey's Debates*, Vol. IX, p. 387.

③ *Grey's Debates*, Vol. IX, p. 388.

④ *Grey's Debates*, Vol. IX, p. 388.

⑤ *Grey's Debates*, Vol. IX, p. 387.

上议院贵族代表和下议院议员代表共同组成，代表成员往往是议会里最为活跃的人。这种做法对政策的监督作用显而易见。一位 18 世纪英国历史学家（尼古拉斯·廷代尔）评论说："他们提议成立这一委员会并由其向国王提供建议，这种情况只在内战时期发生过。这一委员会一旦开始运转，将很快成为一个国家事务委员会（Council of State），将所有国事纳入审查的范围。"①

　　议会在审查中往往会发现许多不当与错误，但议会并不会直接制定补救政策，其属于国王的职权范畴。这一点在 1689 年 11 月的一次审查中表现明显。当时，英国海外商人抱怨政府没有给他们提供有效的护航，造成商船被海盗劫掠，损失惨重。两院委员会在审查之后发现，"去年夏天，我们的海军既没有用于牵制法国，也没有前往爱尔兰沿海以阻止法军向爱尔兰输送人力和物力"，② 既然如此，海军为何没有提供有效护航呢？一些议员怀疑从商人那里征收的护航费没有被恰当使用，造成了损失。③ 于是，议员们决议作出补救。但在这一点上，议会内各派意见不一。为威廉效力的宫廷派托利党人约翰·特雷弗爵士（Sir John Trevor）认为："我们现在在考虑国家事务，无论其出于管理失当、不幸还是贪污腐败，除了来自国王的补救，我们没有其他方式，因此，我希望本院向国王陈述目前的状态……最后再附上我们的建议。"④ 特雷弗的看法带有阻止反对派继续调查此事的目的，但是他的意见得到大多数议员的同意。在议员们的认知中，行政事务是国王的职权，议会只拥有监督职责。因此，委员会向国王呈递的是一份督促性质的决议："本委员会的看法是，去年没有为商人提供护航，损害了贸易，让民族承受了莫大的损失，希望国王陛下在未来采取有效的护航措施。"⑤ 对于议会的建议，理论上说，国王可以采纳或不采纳，但威廉为了获得议会的战争经费供应，能够向议会妥协，他回复委

---

①　*Cobbett's Parliamentary History of England*，Vol. V，col. 770.

②　*Cobbett's Parliamentary History of England*，Vol. V，col. 423.

③　*Grey's Debates*，Vol. IX，pp. 411–415.

④　*Grey's Debates*，Vol. IX，p. 419.

⑤　*Grey's Debates*，Vol. IX，p. 421.

员会:"先生们,我将做你们希望我做的。"① 可以说,议会在战争事务中主要起监督作用,没有发展到直接决策乃至管理的层面。

威廉的第二届政府是以托利党为主导的混合政府。这届政府的困难在于托利党并不真心实意支持威廉的欧洲大陆战略,政府在战争政策上的低效与无能引发议会的反对,反对意见触及国王的战争人事管理。

九年战争中,英国与盟国签订了一系列军事条约,英国的军队中不仅有外籍士兵,还有外籍军官。这种做法在17—18世纪的欧洲比较常见。但是,由于战争的失败以及对威廉三世的欧洲大陆战略的怀疑,这种做法成为议会争吵的一个焦点。1692年,英国入侵法国海岸的计划没有执行,盟军在欧洲大陆屡屡失败。英国不仅失去了商业要地那慕尔(Namur),英国的军队还在斯登刻尔克(Steenkirk)被打败。年底议会开会时,议员们对一系列的失败表示极度不满,两院委员会开始审查,将矛头指向国王任用了外籍军官。

宫廷派、宫廷派辉格党以及宫廷派托利党支持国王任用外籍军官。辉格党约翰·罗瑟尔直接指出,"这是国王的事务,由他决定",② 沃顿也支持国王任人唯才,③ 刚进入宫廷的托利党人西摩也支持国王,说"假如我们没有合适的将领的话,那就不要排斥外籍军官"。④ 但是,乡村派、乡村派托利党和乡村派辉格党坚决反对任用外籍军官,认为当军令不得不以荷兰语、法语下发的时候,对于既不懂荷兰语又不懂法语的英国士兵来说,就会引来诸多不便。⑤ 更严重的是,外籍军官并不可靠。乡村派彼得·科罗顿爵士(Sir Peter Colleton)指出,"英国人会自然而然地爱自己的国家,是不愿意毁灭自己国家的,而外国人不可能对英格兰有这样的感情……军队在英国人自己手中比在外国人手中会更安全"。⑥ 乡村派领袖

---

① *Cobbett's Parliamentary History of England*, Vol. V, col. 507.
② *Grey's Debates*, Vol. X, p. 255.
③ *Grey's Debates*, Vol. X, p. 253.
④ *Grey's Debates*, Vol. X, p. 254.
⑤ *Cobbett's Parliamentary History of England*, Vol. V, col. 721.
⑥ *Grey's Debates*, Vol. X, p. 253.

罗伯特·哈利直接要求"英国军队应由英籍将领指挥"。① 乡村派辉格党人福莱与辉格党托马斯·利特尔顿爵士（Sir Thomas Littleton）均表示去年夏季的失败源于任用了外籍将领。②

显然，1692 年底，议会内的反对意见已经指向国王的战争人事管理。这本是国王毫无疑问的权力，正如宫廷派所说，这些事"应该由国王决定"。但由于政府得不到议会的信任，不仅无法捍卫国王的权力，而且自身陷入被严重质疑的地步。乡村派议员甚至要求国王更换政府。福莱指出，"应该建议国王任用正直和忠诚的人"，③ 辉格党戈德温·沃顿（Mr. Goodwin Wharton）则将托利党主导的内阁比作詹姆士一世的内阁委员会，认为是他们导致了战争的失败。④ 最终，委员会决议，"国王应该任用正直和有能力的人"，⑤ 即任用忠于国王且积极支持战争的辉格党。

政府能否有效控制议会多数直接影响到王权的保持。不稳定的政府将王权置于议会的质疑与限制中，稳定的政府则确保王权不受议会反对意见的侵蚀。威廉的前两届政府见证了前一种情况，但威廉的第三届政府，即辉格党政府，将显示后一种情况。

1693 年，英国在战争中严重挫败。英国打算入侵法国海岸的计划再次未能实现，英国在佛兰德斯的军队遇到重创，盟军在兰登的战役中惨败。战场上的接连失利引发了国内的不满，反对的意见指向了大同盟。一份题为《当前盟军状况评论》的小册子指出，威廉领导的联盟不仅发动了革命（"光荣革命"），而且诱导英国向法国宣战，但盟军"就像腐烂的芦苇，我们看似可以依赖他们，但其实他们只会伤害我们，永远都不会支持我们"。⑥

1693 年底召开的议会弥漫着对威廉的欧洲大陆战略的质疑。从议员

---

① *Grey's Debates*, Vol. X, p. 262.

② *Grey's Debates*, Vol. X, pp. 262 – 263.

③ *Grey's Debates*, Vol. X, p. 276.

④ *Grey's Debates*, Vol. X, p. 278.

⑤ *Grey's Debates*, Vol. X, p. 279.

⑥ William Anderton, *Remarks upon the present confederacy and late revolution in England*, London, 1693, p. 522.

的发言内容来看，议会长期扮演着不知情的战争经费供应者的角色，而当他们知晓战争经费的具体用途后，变得难以接受。11 月 7 日，吃了败仗归来的威廉向议会解释，失败的原因在于军队数量不足，"各个战场的敌军数量远远超过了我们……因此，我们有必要增加下一年的海、陆作战人数，我们的盟国已经决定增加他们的兵力了，我相信你们对目前紧急事务的关切会让你们给予我充足的供应"。① 18 日，议会决议通过国王要求的 1694 年的海军预算，"40000 人，118 只船，总计费用 2346132 英镑"。② 然而，议会迟迟不肯通过 1694 年的陆军预算，这暗示了议员对英国在欧洲大陆保持一支陆军的迟疑。于是，威廉令雷纳格尔伯爵（Earl of Ranelagh）敦促下议院，"1694 年的陆军人数是 93635，总计需要 2881194 英镑"。③ 听到这一数字后，议员们吃惊地发现这次所要求的陆军的人数竟比去年增加了近 3 万人。这对于一贯排斥英国在欧洲大陆保持一支陆军的议员来说是不可接受的。

议员们的反对言论直接指向了威廉三世的对外政策，进一步要求知晓国王签订的外交条约，并且希望外交政策的建议者向议会解释政策的合理性。议员克拉吉斯指出："现在的数字接近 10 万了，这是史无前例的，我想知道是谁向国王建议了这一数字。"④ 马斯格雷夫说："如果我们和盟国签订过任何进攻性条约，以上帝之名，让我们知道那到底是什么，我们应该向国王致辞，将所有与盟国的条约告知我们……有人会认为这是荷兰人给出的建议，而我们永远都不能为了保住佛兰德斯而毁灭英国。"⑤ 弗兰西斯·威灵顿爵士（Sir Francis Winnington）说："如果这一数字会摧毁英国，那么我们就绝不能再支持荷兰了。"经济学家医生巴本（Dr. Barbon）说："如果这一数字是合理的，那么我同意，如果是不合理的，让那些给国王建议的人来向我们解释吧！"⑥ 下议院在一片怀疑中作出决议：在对

---

① *Grey's Debates*, Vol. X, p. 311.
② *Grey's Debates*, Vol. X, p. 319.
③ *Grey's Debates*, Vol. X, p. 339.
④ *Grey's Debates*, Vol. X, p. 339.
⑤ *Grey's Debates*, Vol. X, pp. 339 – 340.
⑥ *Grey's Debates*, Vol. X, p. 340.

下一年的战争预算作出任何安排之前，国王应该将他目前与盟国签订的进攻性条约以及英国在盟军中承担的军事力量配比告知下议院。①

在革命前国王与议会的多次外交冲突中，议会极少提出审查条约的要求，这是侵蚀君主外交特权的做法，无论是詹姆士一世还是查理二世，都从未妥协过。然而，为了让议会提供战争经费，威廉作出妥协。威廉令国务大臣约翰·特伦查德将相关条约告知议会，并将一份 1694 年盟军作战力量配比说明在议会中宣读。② 威廉的妥协不仅没有满足议会的诉求，反而引发了更大的争议。议员们发现，1694 年荷兰增加的兵力的开销由英国议会提供。对此，陆军财务主管雷纳格尔伯爵解释：“除了与汉诺威签订了一份新条约，其他相较上一年没有变化，汉诺威军队的费用由英国和荷兰共同支付，其中英国支付三分之二，荷兰支付三分之一。”③ 这一解释让议员们愤怒不已。克拉吉斯质问：“为什么英国要支付三分之二，我不明白其中的原因，不过我听荷兰的大使们说‘英国是一个取之不尽，用之不竭的财库’……我还听说，荷兰目前的现金流通量为一千二百万，我们只有八百万，荷兰一地的面积还没有英国的约克郡大，东印度公司今年带给他们三四百万的财富……但是，他们支付三分之一，我们支付三分之二，就是因为我们是一个‘取之不尽用之不竭的财库’”。④ 马斯格雷夫说：“我们承担三分之二，荷兰承担三分之一，这看上去太奇怪了……他们在欧洲大陆，我们则是一个岛国，如果这是原因的话，我们将因承认这一点而备受指责。”⑤

自威廉成为英国国王以来，英国国内一直存在一股怀疑威廉为了荷兰而牺牲英国利益的意见。1693 年底，议会对于国家外交事务的审查似乎证实了这一点。看上去，这一次议会内的反对派有可能发展为议会多数，届时，如果他们还不至于限制国王的外交权的话，至少也要对威廉的外交政策作出某种修改。

---

① *Grey's Debates*, Vol. X, p. 344.

② *Journal of the House of Commons*, XI, p. 25.

③ *Grey's Debates*, Vol. X, pp. 358 – 359.

④ *Grey's Debates*, Vol. X, p. 359.

⑤ *Grey's Debates*, Vol. X, p. 361.

但是，事实正好相反。如前所述，威廉在议会开会前一周已经完全转向辉格党，建立了辉格党小集团政府。此时的议会下议院中辉格党占据优势，议会多数与内阁同属一党，确保辉格党政府能够暂时获得议会多数支持，在议会反对派有可能发展为多数之前，瓦解反对派。辉格党议员约翰·罗瑟尔说："如果荷兰被摧毁，我们将无法单独对付法国……只有当盟国与我们站在一起时，我们才是安全的。"① 刚刚获得职位的沃顿的朋友史密斯则说："给你们看与汉诺威的条约，只是告诉你们来年作战的军队的数量，我们的处境是，如果你们不遵守条约，那么你们的朋友们就会心灰意冷，而敌人们则欢呼叫好。"② 这让许多没有党派属性的议员相信，与其说盟国需要英国，不如说英国需要盟国，因而他们不得不为这场战争付出更多的代价，即便眼前遭遇了失败。不过，为了避免反对派进一步借题发挥，从而动摇议会多数，威廉意识到退让的必要性。威廉授意大臣们在下次讨论中要"接受任何可能的合理数字"。③ 最终，议会决议，1694年陆军人数为 8.3 万人，④ 这比预算中的数字少了 1 万。

由此可见，辉格党内阁的形成确保 1693 年底议会内强烈的反对意见并未发展到限制国王外交权的地步。从 1694 年开始，辉格党政府稳定运转，威廉的战争政策得以高效有力的推进并开始收获胜利。议会中仍然有反对威廉欧洲大陆战略的言论，但辉格党政府总能让议会"快速又好脾气"⑤ 地通过威廉需要的巨额战争经费。一项统计数字显示，九年战争期间，英国政府每年的支出约为 550 万英镑，共计 4930 万英镑，其中 74%被用于战争开销。战争经费主要来自人头税、土地税、关税和消费税，消费税开征到各类物品，包括人们日常生活用品。⑥ 英国在欧洲大陆的军队也不断扩大。1694 年，英国雇佣的外国军队的数量为 18098 人，1695 年

---

① *Grey's Debates*, Vol. X, pp. 360 – 361.

② *Grey's Debates*, Vol. X, p. 362.

③ Leopold von Ranke, *A History of England Principally in the Seventeenth Century*, Vol. 6, Oxford: Clarendon Press, 1875, pp. 224 – 225.

④ Leopold von Ranke, *A History of England Principally in the Seventeenth Century*, p. 227.

⑤ Leopold von Ranke, *A History of England Principally in the Seventeenth Century*, p. 250.

⑥ 1688 年前政府每年的支出不超过 200 万英镑。Craig Rose, *England in the 1690s: Revolution, Religion and War*, p. 132.

增加到 23042 人，占英国军队总数的三分之一；1696 年，英国陆军总数已经达到 10 万人。直到 1697 年战争结束之前，情况大抵如此。议会中以托利党为核心的反对派继续质疑和反对威廉的战争政策，对国王的政策进行某种程度的监督，但没有发展到修改威廉的战争政策程度，也没有发展到对国王外交特权的限制。

第四节　立法限制君主宣战权

议会对君主外交特权的限制没有停留在只是监督国家战争事务的地步。九年战争期间，英国始终存在一股怀疑威廉三世为了荷兰的利益而牺牲了英国的利益的不满情绪。在辉格党小集团政府时期，不满的意见被压制，没有发展到限制君主外交权的地步。然而，被压制不等于消失。九年战争期间，威廉的欧洲大陆战略没有完全"压倒其他意见"，[①] 托利党主张的传统的海洋战略存活下来，通过和平时期是否应该维持一支陆军的争论逐渐成为主流。在托利党的主张占据优势之际，托利党也从议会反对派转为执掌政府权力的党派。在错综复杂的内政外交局势变动下，为了避免未来的英国君主像威廉三世一样发动不受他们欢迎的战争，托利党占多数的议会立法限制了君主的宣战权。

一　对和平的两种看法

1697 年 9 月，反法同盟国与法国签订了《赖斯韦克和平条约》，标志着九年战争结束。[②] 英国欢庆和平，认为持久的和平已经到来。在大部分英国人看来，条约实现了英国的参战目的。根据《赖斯韦克和平条约》，法国承认威廉三世是英国的合法君主，承诺未来不会协助任何反对威廉的

---

① Robert Duncan McJimsey, *The Englishman's Choice：English Opinion and the War of King William III 1689 - 1697*, p. 340.

② 《赖斯韦克和平条约》签订时，盟国成员奥地利皇帝因未实现其战争目的，拒绝在和约上签字。为此，条约设单独条款：奥地利皇帝最晚于 11 月与法国和平，如果奥皇拒绝的话，本条约效力不变。奥皇终因难以取胜而同意了该和约。

人，法国交还战争期间占领的英国的海外属地，承诺改善英法商业关系。① 条约的主要条款被多次出版发行，庆祝和平的小册子不胜枚举。此时的英国人仍然感激威廉三世。11 月，威廉回到伦敦时，人们蜂拥欢迎他们的国王，场面热烈以至于出现了一些混乱。国内的整体氛围说明，"那些支持战争以期换来持久和平的英国人，现在相信他们的目的实现了，他们已经削弱了法国的实力和威望"。②

随着和平的到来，托利党的主张逐渐占据优势。托利党认为自己代表的中小土地阶层为战争背负了沉重的税收，战争却让辉格党"发财"，③ 托利党未收获任何好处，因此，要求即刻裁减陆军，反对和平时期保持一支陆军。这种看法获得越来越多的支持。托利党还指出，既然"法国已经筋疲力尽，以至于这不可能不是一个持久的和平"，④ 那么，政府就应该减轻民众的负担，他们为这场战争背负了沉重的税役，因此，当务之急是裁撤军队，恢复和平时期的常态。这种意见很快得到下议院的新乡村派（原乡村派、老辉格党人和托利党组成的联盟）的支持，也得到那些在战争中不得不支持威廉及其政府的议员的支持，他们不满于威廉三世耗资巨大的战争，并且认为，和平时期保持一支陆军的做法不符合英国人的"自由与权利"，⑤ 陆军即英国人最反感的常备军。

然而，威廉三世希望保留一支陆军。威廉三世熟悉欧洲大陆事务，对欧洲外交动态的掌握远远超过英国议会中来自各个地方的议员们，并且拥有丰富的外交经验。在威廉看来，九年战争并没有把法国削弱到让

---

① *Treaties Collection*, Vol. 1, p. 299.

② Robert Duncan McJimsey, *The Englishman's Choice*: *English Opinion and the War of King William III 1689 – 1697*, p. 326.

③ 在辉格党小集团政府时期，辉格党为了解决战争的庞大费用问题，曾推动议会在 1694 年通过了英格兰银行成立法案，规定首批募集到的 100 万英镑的公债的利息为 8%。这是一个相当高的利率，许多辉格党大贵族受益。这让托利党更加厌恶威廉与辉格党，托利党认为自己代表的中小土地阶层承担了大部分战争赋税，战争却没有让自己受益，托利党也曾成立"土地银行"与辉格党对抗，但没有成功。Geoffrey Holmes and W. A. Speck, *The Divided Society*: *Party Conflict in England 1694 – 1716*, London: Edward Arnold Ltd., 1967, p. 133.

④ Dennis Rubini, *Court and Country 1688 – 1702*, p. 132.

⑤ Lois G. Schwoerer, "The Literature of the Standing Army Controversy, 1697 – 1699", *Huntington Library Quarterly*, Vol. 28, No. 3 (May, 1965), pp. 187 – 212.

其不足以再发动一场战争的地步，九年战争尤其没有解决当时欧洲各国密切关注的西班牙王位继承人问题，因此，目前的和平只是短暂的休战，新的战争可能随时爆发。几乎在《赖斯韦克和平条约》正式签订的同时，威廉就写信给荷兰大议长安东尼·海因休斯，表达了这种看法："愿上帝保佑刚刚达成的和平，保佑其长久永存，但是，坦白地说，这次和平的实现方式总让我对未来感到担忧，我现在有非常重要的事情，需毫无拖延地对你说。"① "非常重要的事"就是西班牙王位继承人问题。根据与路易十四多年的周旋经验，威廉作出了这一判断：路易必然争夺西班牙王位，届时一场欧洲大战将不可避免。"如果很不幸，战争很快就爆发的话，法国肯定不会给我们哪怕是一丁点儿时间去准备……"② 基于此种外交研判，威廉主张和平时期应当保持一支相当规模的陆军以备紧急之需。

从随后双方论战的内容来看，和平时期是否保持一支陆军，"是对一个更加根本的问题的争议的前兆，即英国在欧洲和世界强国中的角色"，③ 其背后是欧洲大陆战略与英国传统海洋战略的交锋。

威廉三世的主张得到辉格党政府成员的支持。辉格党核心人物约翰·萨默斯以及为威廉效力的文坛巨匠丹尼尔·笛福等撰文论述了保持陆军的合理性。概括而言，保持陆军的合理性主要在于三点。首先，为了维护九年战争的和平，有必要保持一支陆军，英国应该与大同盟协同一致。笛福指出，英国和盟国的军队所获得的仍然需要强大的力量去保护，否则法国的野心不会屈服，"这个国家的实力是欧洲任何一国不可单独匹敌的，只有反法同盟可以"，"如果我们不信任自己的国王以至于不给他士兵，那么其他国家也不会花钱保持一支军队"，尽管我们有民兵，可是一旦海外战争爆发，"我们来得及将自己的民兵送到欧洲大陆去吗？"况且，民兵的素质经得起时下大规模的战争吗？因此，"为了保存和平，维持联盟"，

---

① Paul Grimblot ed., *Letters of William III and Louis XIV*, Vol. 1, London: Longman, 1848, p. 125.（后文缩写为 Paul Grimblot, *Letters.*）

② Paul Grimblot, *Letters*, Vol. 1, p. 349.

③ E. Arnold Miller, "Some Arguments Used by English Pamphleteers, 1697 – 1700, Concerning a Standing Army", *The Journal of Modern History*, Vol. 18, No. 4 (Dec., 1946), pp. 306 – 313.

英国需要一支陆军。① 而"要防止入侵，我们就必须保住佛兰德斯，保护边防地区以及在战场上与盟国协同一致"。② 其次，萨默斯指出，当前条件已经发生变化，"在过去，英国控制海洋就可以保护自己的国家，但是现在，法国的海军已经发展到足以挑战我们的海上优势"，英国容易受到入侵，陆军成为保卫和平、维护安全必不可少的力量。③ 再次，当下外交局势也需要保持一支陆军。在西班牙王位继承人问题上，"法国波旁家族图谋将法国与西班牙合并……仅考虑这一点，我们就有必要保持一支陆军以保卫佛兰德斯这一天然屏障不被法国侵吞，（否则）一旦法国拥有西属尼德兰，我们在各处的贸易将受制于她且会遭到入侵……"。④

反对和平时期保持一支陆军的一方则认为：首先，英国并不需要欧洲联盟，上一场战争本身就是一个错误。"过去八年，我们一直在征收巨额税款以帮助邻国，我们因此变得虚弱不堪……（在上一场战争中）如果我们不去保卫佛兰德斯，法国也不会进攻我们……如果法国未来要入侵我们，荷兰出于自身的安全考虑也不会允许法国这么做。"⑤ 其次，英国的战略重点是控制海洋。在托利党的支持者看来，法国不足为忧。"英国不会受到法国的任何伤害，因为这个国家已经因战争与创伤而筋疲力尽，她需要时间恢复，而在此之前，我们可以整顿民兵与军舰……法国国王已经年迈，现在又被打败，不会再有冒险行为……如果西班牙国王去世，法国谋其王位，这种情况下我们需要军队，但是，我们在此类对外战争中的角色是控制海洋。"⑥

需要特别注意的是，托利党的观点格外强调陆军即常备军，和平时期

---

① Daniel Defoe, *A brief reply to the History of standing armies in England*, London, 1698, pp. 8 – 12.

② Daniel Defoe, *An argument shewing*, *that a standing army*, *with consent of Parliament*, *is not inconsistent with a free government*, London: Printed for E. Whitlock, 1698, p. 6.

③ John Somers, *A letter ballancing the necessity of keeping a land-force in times of peace*, *with the dangers that may follow on it*, London, 1697, pp. 2 – 5.

④ Anon, *The Argument against a standing army rectified*, *and the reflections and remarks upon it in several pamphlets*, *consider'd*, London, 1697, pp. 7, 10.

⑤ Thomas Orme, *The late prints for a standing army and in vindication of the militia consider'd*, *are in some parts reconcil'd*, London: Printed for the author, 1698, pp. 6 – 7.

⑥ Andrew Fletcher, *A Discourse concerning militia's and standing armies*, London, 1697, pp. 15 – 16.

保持一支常备军将摧毁英国的宪政与臣民的权利和自由。"在任何时代以及世界上任何地方，常备军总是奴役民族的强有力的工具"，像丹麦、波兰以及英国自己的历史经验已经证明过这一点，英国必须避免它的出现，"否则将和欧洲其他地方的命运一样"。①

二 威廉与议会关于裁军的冲突

相较而言，威廉与辉格党的论点主要立足于外交局势需要以及欧洲大陆战略的合理性，托利党及其支持者的论点主要立足于陆军会威胁英国人的自由与权利，因为从外交局势来看，英国没有保持一支陆军的需要。从随后西班牙王位继承战争的爆发来看，托利党的判断显示了他们在外交事务中的无知，威廉三世的研判则是合理的。然而，议会最终解散了陆军。这一事件暴露了革命后国王与议会在外交事务领域尚未建立起有效的合作机制，致使托利党主导的议会下议院，在不了解外交局势迫切性的情况下，因"常备军会威胁英国人的权利与自由"的煽动性言论解散了陆军。

17 世纪末，外交事务是高层政治，属于国王的职权范畴，由国王及其大臣负责。国王掌握外交动态，熟悉外交事务，拥有外交知识与经验。议会在外交事务中没有正式的权限，议会的自由辩论权与建议权适用于所有事务，但这两项权利在外交事务领域中的作用高度依赖于议员们对外交事务的掌握程度，而 17 世纪末的议员们"在外交事务领域的知识是有限的，获知外交事务动态，要么通过商船带来的消息，要么通过偶尔流传的小册子，欧洲大陆正在发生什么，他们知之不多"。② 尽管九年战争期间议会开始监督国家战争事务，但在主观上，议会认为自身是在监督钱款的使用，并没有主动"掺和战争与和平的事情"，③ 这些仍然属于国王的职权范畴。这种情况下，如果国王的外交立场与议会的外交立场显著对立，

---

① John Trenchard and Walter Moyle, *An argument, shewing that a standing army is inconsistent with a free government and absolutely destructive to the constitution of the English monarchy*, London, 1697, pp. 17, 28.

② Mark A. Thomson, "Parliament and Foreign Policy 1689 – 1714".

③ *Grey's Debates*, Vol. IX, p. 110.

国王想让议会接受其外交政策，那么国王只能通过不断向议会解释其政策的合理性，否则，议员们无法作出正确的判断。

从 1697 年 12 月 3 日召开的议会进程来看，威廉确实没有向议会解释其要求和平时期保持一支陆军背后的具体的外交缘由。当时的威廉意识到要实现这一目的充满了困难，他在议会召开前向海因休斯坦露，保持一支陆军"会遇到比我们预期的更强大的阻力"，威廉也拥有实现这一目的的决心，"没有什么能阻挡我的决心"。① 但是，在威廉面向议会准备的演讲稿中，他仅仅重复了九年战争时期不断提出的要求，那些体现欧洲大陆战略的要求："自我登基以来，英国的海军数量已经翻了一番，这需要提高相关费用，为了英国的利益和声誉，总是很有必要保持一支强大的海上力量。我认为，目前的海外局势不容乐观，我必须告知你们我的看法，那就是，如果没有一支陆军，英国的安全就无法得到保障，我希望我们不要给那些对我们心怀恶意的人这样一个机会——他们打着和平的旗号，却实现了通过战争都未能实现的目的。"②

威廉的辉格党政府也并未向议会具体解释保持一支陆军背后的外交缘由，此时的所谓的"政府"实际上并未承担英国对外政策的决策与管理。如前所述，自威廉成为英国国王以来，英国外交事务由常年在海外的威廉亲自负责，内政则由国内的政府负责，国内的大臣们时常不知道国王的外交事务。政府不知晓国家外交与战争事务的情况给他们管理议会带来了不便。早在 1694 年，曾建议威廉组建辉格党内阁的桑德兰还建议威廉：成立一个由七人组成的"小内阁"（inner council），由他们负责战争事务管理，同时，国王应该主动把与战争相关的信息告知他们，以让他的大臣们在议会辩论时拥有更多的"弹药"。③ 这样，政府可以在辩论中向议会作出可靠可信、有理有据的解释，从而确保议会多数的支持。但是，威廉并未完全照做。因此，1697 年的辉格党政府实际上并不比议会更加熟悉英国对外事务。有一个事例为证。在 1697 年 7 月 12 日海牙举办的和平会议

---

① Paul Grimblot, *Letters*, Vol. 1, pp. 139 – 140.

② *Cobbett's Parliamentary History of England*, Vol. V, col. 1166.

③ Portland MSS, PwA, 1238, 1237, 1241, 转引自 Robert Duncan McJimsey, *The Englishman's Choice*：*English Opinion and the War of King William III 1689 – 1697*, p. 250.

上，英国全权大使写信告知国内主政的什鲁斯伯里公爵，"法国代表马歇尔·布夫莱尔与波特兰公爵商谈，我被告知其与和平有关，但是我不知道细节"，[1] 事实上，什鲁斯伯里公爵的意见也很少被问及。[2] 辉格党政府对外交事务的不了解使得他们无法在议会中为威廉的政策进行有效的辩护。他们向议会指出："国事未定，詹姆士二世威胁犹存……如果解散军队，我们用鲜血和巨大代价换来的和平将付之东流，不只是英国，整个欧洲都将受制于法国的野心。"[3] 这种说辞显然难以让议会信服。

相反，托利党的主张具有极强的煽动性。在经历过革命的英国的政治语境中，常备军是一个易燃易爆的话题。尽管威廉一方辩解，"陆军不是常备军"，[4] 在和平时期，一支经过议会批准而存在的陆军本身属于宪政的一部分，不会损害政府安全。[5] 然而，正如有学者指出的："诉诸历史经验，使得反对常备军拥有很大的权重，胜过支持国王的一派所主张的外交需要。"[6] 托利党的主张不仅造成下议院中辉格党与宫廷派多数的瓦解，还最终让议会通过了解散陆军的决议。在新乡村派领袖罗伯特·哈利的领导下，议会下议院于 12 月 11 日作出决议，"自 1680 年 9 月 29 日以来征召的所有陆军应当解散"，于 12 月 17 日再次决议，"由若干议员组成委员会，起草一项整顿民兵的法案"，最终在 12 月 18 日决议，"1698 年保持一支 1 万人的军队用于防御"。[7] 这样，九年战争期间英国膨胀至 10 万人的陆军被裁减至仅剩十分之一，这一数字的确没考虑到英国的外交需求。

议会下议院的决议没有被威廉与辉格党政府逆转。对于议会的决议，

---

① Paul Grimblot, *Letters*, Vol. 1, p. 26.

② Paul Grimblot, *Letters*, Vol. 1, pp. 24 – 107.

③ *Cobbett's Parliamentary History of England*, Vol. V, col. 1167.

④ John Somers, *A letter ballancing the necessity of keeping a land-force in times of peace, with the dangers that may follow on it*, p. 3.

⑤ Daniel Defoe, *An argument shewing, that a standing army, with consent of Parliament, is not inconsistent with a free government*, pp. 9 – 10.

⑥ Lois G. Schwoerer, "The Literature of the Standing Army Controversy, 1697 – 1699", *Huntington Library Quarterly*, Vol. 28, No. 3 (May, 1965), pp. 187 – 212.

⑦ *Cobbett's Parliamentary History of England*, Vol. V, cols. 1167 – 1168.

威廉极度气愤，无法接受。威廉在给海因休斯和波特兰的信中反复提到：
"你无法理解他们无视我们现在考虑的所有外交事务，这里的人仅痴迷于
异想天开的自由"；① "这里的人一点儿也不关心其他国家正在发生的事，
人们要么会说地球的表面只有不列颠岛，要么会说他们和这个世界的其他
地方没有关系"；② "他们是如此糊涂，以至于除非真地遭到了入侵，否则
他们无所畏惧"。③ 因此，威廉解散了议会，宣布重新选举，准备推翻决
议。但是，1698 年选出来的议会下议院，不但没有支持威廉与辉格党政
府，反而进一步决议裁减陆军。他们不知道国王和政府坚持保持一支陆军
的缘由，疑心加重的议会最终决议："原有的 1 万人应当裁减至 7000 人，
而且这些人必须是英国人。"④ 这意味着威廉的荷兰禁卫军也必须被遣返
回国。

　　至此，议会对威廉的不信任已达到顶点，愤怒至极的威廉打算退位。
国务大臣弗农在信中记录到："国王已经作出了决定，他将离开英国，让
其自求多福。"⑤ 1699 年 1 月 4 日和 2 月 1 日，威廉又告知议会，他曾在
英国的请求下来到英国，为了英国，他已经做了他所能做的一切，但这个
国家现在"无视我的建议，也没有采取任何保护你们的安全的措施……
我本人无法做任何事，我没有权力防御和保护你们，而这本是我到这个国
家来的唯一目的。因此，我建议你们向我推荐出你们认为最适合管理这个
国家的人，当我不在英国时，我将把政府交给他们管理……"⑥ 威廉还表
示："我会通过你们为我准备好的法律（裁军法案）……但我直白地告诉
你们，我通过它们的唯一理由，是我认为我现在可以卸下你们给予我的信
任了……在我的治下没有出现任何不幸的事情，这个民族已经将自己过度
暴露在危险中了。"⑦

---

① Paul Grimblot, *Letters*, Vol. 1, p. 148.

② Paul Grimblot, *Letters*, Vol. 1, p. 184.

③ Paul Grimblot, *Letters*, Vol. 1, p. 182.

④ *Cobbett's Parliamentary History of England*, Vol. V, col. 1191.

⑤ G. P. R. James Vernon, Esq., *Letters Illustrative of the Reign of William III from 1696 to 1708*（后文缩写为 *Vernon's Letters*），Vol. 2, London：Henry Colburn, 1841, p. 242.

⑥ *Cobbett's Parliamentary History of England*, Vol. V, col. 1192.

⑦ *Cobbett's Parliamentary History of England*, Vol. V, col. 1193.

国王基于外交局势的需要，希望保持一支陆军，最终因未向议会充分解释政策的合理性而失败。议会基于对威廉持久的不信任，对外交事务的不了解，以及对常备军的恐惧，最终解散了陆军。从随后发生的事件来看，议会本应该支持国王审慎的判断。革命之后英国的政体已经不同于革命之前，其要求国王与议会彼此信任、保持一致。但是，在外交事务领域，国王与议会保持一致的机制始终没有建立起来。辉格党一党政府是实现二者一致的第一步，但辉格党政府对外交事务的了解有限，使得国王实际上缺乏一个在议会中为其外交政策进行有效、有力辩护的政府。如果这种机制一直无法建立，国王在外交事务中的权力将被持续削弱。

三　不利于国王的政府

裁军之后，威廉深陷内政外交困境，孤立无援。在外交方面，1698—1700 年，威廉与法国国王路易十四就西班牙王位继承人问题进行谈判，签署了两份瓜分西班牙帝国的条约。在第二份条约谈判过程中，威廉失去了强大的陆军作依靠，在谈判中处于被动地位，"谈判的主动权总是在法国手里"。[①] 这份条约的内容不利于英国。1700 年下半年，条约不利于英国且会让英国卷入又一场欧洲大战的消息被四处散播，其在国内引发了一场危机，不仅指出威廉签订条约的方式"违宪"，而且厌恶英国再次卷入欧洲大陆的战争。[②] 在内政方面，辉格党小集团政府开始瓦解。"第一个从这艘沉船上跳下去的人是奥福德伯爵（爱德华·罗素）。面对议会的攻击和国王的轻视，他在 1699 年 5 月 1 日辞去了海军第一大臣的职务"。[③] 辉格党政府在下议院中的管理人查尔斯·蒙塔古，眼见着管理一个易怒的议会下议院"烦琐而无用……便放弃了他在下议院中的责任，于 1699 年 11 月辞去了他在财政部的主要工作"，本届政府的核心人物约翰·萨默斯则在 1700 年 4 月 27 日被威廉解职，"萨默斯的解职意味着所有辉格党领袖都出局了"。[④] 英国历史上的第一届政党内阁就此瓦解。

---

① Paul Grimblot, *Letters*, Vol. 2, p. 349.

② "瓜分条约事件"参看第五章。

③ Craig Rose, *England in the 1690s: Revolution, Religion and War*, pp. 98 – 99.

④ Craig Rose, *England in the 1690s: Revolution, Religion and War*, pp. 98 – 99.

辉格党小集团政府瓦解后，威廉再次面临无法建立稳定的政府的局面，无奈之下，威廉建立了托利党政府。1700 年底又选出了一届由托利党主导的议会下议院。托利党是自九年战争以来稳定且持续反对威廉欧洲大陆战略的一派，现在，托利党把持内阁又控制议会多数，可想而知，"他们要让他们对威廉的态度一清二楚"①。

四　立法限制君主宣战权

托利党对威廉的外交政策的不满以及因此对君主外交特权的限制，借助对英国王位继承问题的安排得以实现。英国王位继承问题出现在 1700 年夏。威廉与玛丽没有留下子嗣，玛丽已于 1694 年去世，这种情况下，一旦威廉三世去世，英国王位将传到詹姆士的二女儿安妮公主。安妮公主已经 35 岁，身体健康欠佳，她生育的十余名子女中唯一存活的儿子格洛斯特公爵（Duke of Gloucester）不幸于 1700 年 7 月 30 日去世，这样，安妮之后的王位继承人出现不确定。威廉早在 1694 年提出的建议再次提上了议程，即一旦自己没有留下子嗣，王位应传给新教的汉诺威选侯一方。彼时，威廉的考虑是，汉诺威是新教国家，其对法国的扩张抱有深深的敌意，在九年战争中也与英国、荷兰结成反法联盟，将王位传给汉诺威选侯可以保证英国在威廉去世后仍然站在反法阵营一边。②

托利党并未明确表达由汉诺威王室继承英国王位可能给英国外交带来的不利，然而，根据当时托利党对威廉三世的外交政策的强烈不满，我们不难猜想，托利党对来自汉诺威的继承人也会有同样的怀疑。汉诺威是一个德意志邦国，其外交重点是北欧和中欧国家，外交网络、目的和实现方式十分不同于英国。一旦由汉诺威王室继承英国王位，外来的君主很可能像威廉一样为了母国的发展而牺牲英国的利益。基于对威廉三世过去的外交政策的不满，对威廉即将制定的政策的怀疑以及对未来汉诺威王室可能采取的不利于英国的外交政策的防范，托利党把对君主外交特权之宣战权的限制写入 1701 年的《王位继承法》中。

---

① Jeremy Black, *Parliament and Foreign Policy in the Eighteenth Century*, p. 15.

② Naamani Tarkow, "The Significance of the Act of Settlement in the Evolution of English Democracy", *Political Science Quarterly*, Vol. 58, No. 4 (Dec., 1943), pp. 537 – 561.

1701 年《王位继承法》的形成过程并不复杂。1701 年 2 月 6 日，新一届议会召开，威廉在议会演讲中请两院考虑英国王位继承问题。听完国王演讲后，托利党主导的议会下议院迅速作出决议：成立全院委员会，商讨王位继承问题。这次的委员会有近 400 名议员参与，是"参与人数最多的一次"，在商讨之后，托利党与辉格党"基本没有任何分歧地通过了决议"。①

议会的决议总共包含 11 条内容，分为两大类。一是规定在威廉及安妮之后，英国王位将由汉诺威女公爵及其后代继承。二是对王权、议会和臣民权力/权利的进一步说明。例如，"外国人不得担任枢密院官员""国王不得向本国臣民之外的人授予土地""议会所弹劾之人不得特赦"等，其中针对外国人的条款均是议会对威廉偏宠荷兰人的回应。

决议内容对君主外交特权的限制具有极强的针对性。在第二类进一步限制王权的内容中，议会总结过去、防患未来，对君主的宣战权予以限制，"一旦本王国王位及尊号由任何非英国本土出生的人享有时，不经议会同意，本民族不承担任何防御非本王国领土及属地的战争义务"，并附带规定："今后，任何继承英国王位的人，不经议会同意，不得随意离开英格兰、苏格兰或爱尔兰。"② 可以看出，这两条规定针对的正是威廉常年身居荷兰，只在议会召开期间返回英国，以及威廉借助英国国王的身份去捍卫荷兰安全的行为。尽管法案看上去针对的是未来的汉诺威王室继承人，但当时的人们都知道议会所指是谁。

3 月 12 日，法案在议会下议院毫无悬念地获得通过。下议院通过的理由显而易见——托利党占主导。对于此时的托利党来说，尽管该党在起源之际对王权持有被动服从原则，但是，过去九年里，该党作为议会反对派的经历已经使他们的被动服从原则转向了捍卫英国国教。5 月 22 日，法案在上议院也获得通过。此时的上议院中辉格党占多数，"他们更加支持国王的欧洲大陆战略"，但是，辉格党在其教义上主张限制王权。6 月 12 日，法案经威廉确认后成为正式的法律文件。威廉通过这项法律的原

① Henry Horwitz, *Parliament, Policy and Politics in the Reign of William III*, pp. 283 – 284.

② *History and Proceedings of the House of Commons*, Vol. 3, p. 129.

因在于，该法案实现了他主张的汉诺威继承。尽管议会限制了国王的外交权力，但是，"他仍然通过了法案，因为他已经学会了与现实相处，他与英国人不是为彼此而生"。① 这也折射出威廉在捍卫英国王权方面的一个致命弱点——他的根本目标是借英国之力实现外交诉求，只要能实现这一点，他愿意作出妥协，哪怕是以牺牲英国的王权为代价。

1701 年通过的《王位继承法》对英国宪政演进具有重要意义。历史学家认为，"这是议会第一次对国王的外交权力作出立法的限制。"② 的确，1688 年革命确立了议会主权原则，决策与管理外交事务的权力在理论上不再是国王的特权，而成为一项须在议会内行使的权力。然而，1688 年的非常议会并未对国家外交权的具体行使作出明确说明。因此，尽管本法律规定仅针对君主外交特权中的宣战权，但这一规定首次以法律的形式初步明确了革命后国家外交权的行使。更重要的是，这一法律规定还彰显了君主与议会在外交事务中的总体的权力地位，即君主的外交特权并非绝对的，其在一些情况下需要征得议会的同意，议会是国家主权所在。这条法律在一定程度上也限制了随后继承英国王位的汉诺威君主们在外交领域的活动空间。来自汉诺威的乔治一世和乔治二世非常关心汉诺威的利益，"理所当然，他们寻求英国的外交政策能够支持汉诺威的发展"，③ 然而，每当乔治国王们难掩其心思时，"这一条规定总是被大力倡导"。④

---

① Wout Troost, *William III*, *the Stadholder-King*, p. 235.

② David Ogg, *England in the Reigns of James II and William III*, p. 468.

③ Jeremy Black, *A System of Ambition? British Foreign Policy 1660 – 1793*, p. 14.

④ David Ogg, *England in the Reigns of James II and William III*, p. 468.

第五章　君主外交特权的变革

　　议会对君主发动对外战争权力的监督与限制不是革命后君主外交特权变革的全部内容。九年战争期间，威廉三世签订的一系列外交条约都是按照君主外交特权的方式签订的。国王独自决策与签订，既不征询英国内阁大臣的建议与同意，更不征得议会的建议与同意，1697 年签订的《赖斯韦克和平条约》是"最后一份未征询议会建议和同意且未招来议会反对的条约。"①

　　不过，在威廉三世统治末期发生的"瓜分条约事件"中，君主的外交特权发生了变革。"瓜分条约事件"起因于威廉三世与路易十四在1698—1700 年签订的两份瓜分西班牙帝国的条约。条约披露后，条约的签订方式、内容、结果及影响在英国引发了一场政治危机。这场危机又因为1701 年初威廉三世没有建立起有助于国王的政府而最终推动了君主外交特权的变革。在 1701 年初召开的议会中，威廉三世、辉格党与托利党从不同立场出发，共同促成了君主外交特权的变革，使得内阁开始承担外交决策，议会有权核准外交决议，外交权威则仍然由君主享有。

第一节　《瓜分条约》签订始末

一　西班牙王位继承问题

　　《瓜分条约》是英法两国干预西班牙王位继承问题的产物。自 17 世

---

① David Bayne Horn，*Great Britain & Europe in the Eighteenth Century*，p. 3.

纪后半叶起，辉煌的西班牙帝国的辉煌开始衰落，荷兰、英国、法国分别在海洋和欧洲大陆逐渐领先西班牙。西班牙仍然在欧洲大陆、美洲和非洲拥有大片属地，其中，西属尼德兰、地中海各港口及岛屿、意大利米兰以及西印度群岛，是各国垂涎之地。各国的争夺因西班牙王位继承人的不确定性变得日益复杂。由于西班牙王室哈布斯堡家族长期近亲通婚，4 岁登上帝国王位的卡洛斯二世患有多种遗传病。卡洛斯是西班牙国王腓力四世的小儿子，自幼身体孱弱，没有留下子嗣。卡洛斯的四位兄长在他出生时已故，卡洛斯本人虚弱得随时可以死去。这意味着西班牙帝国没有了名正言顺的继承人。可能的继承人存在于法国波旁家族、巴伐利亚公国、奥地利哈布斯堡家族。但是，任何一方的继承权又都是可以被挑战的。法国的继承权来自路易十四的妻子玛利亚·特蕾丝。特蕾丝是腓力四世的长女，原本可以在没有男性继承人的情况下继承西班牙王位，但特蕾丝在与路易十四结婚时放弃了继承权。奥地利的继承权也来自奥皇利奥波德一世的妻子。她是特蕾丝的妹妹，因姐姐宣布放弃继承而享有了继承权，此继承权还可以传给他们的后代。利奥波德夫妇所生唯一女儿嫁给了巴伐利亚选侯，选侯认为他的妻子在其母亲去世后享有继承权，而一旦他的妻子去世，他们的儿子可以继承西班牙王位。

颇富争议的西班牙王位继承问题成为欧洲各宫廷密切关注之事，各国都想从腐朽又庞大的西班牙帝国中分得一杯美羹。自 17 世纪 70 年代以来，各方已经开始盘算如何瓜分西班牙帝国遗产。九年战争结束后，各国立即聚焦西班牙王位继承问题。路易十四充分利用妻子的继承权，试图重新安排欧洲格局。利奥波德一世为了挣脱东邻土耳其与西邻法国的两线压制，也希望得到西班牙王位，如果不是全部的话，至少应该分得西班牙在低地国家及意大利地区的领土。巴伐利亚是一个小公国，难以独自匹敌法、奥。至于荷兰与英国，尽管两国都没有任何继承权，但由于法国波旁家族有可能获得西班牙王位，而遏制法国称霸欧洲是威廉三世毕生的事业，因此，威廉也十分关注西班牙王位继承问题。从当时各国的力量对比来看，决定西班牙王位继承问题如何解决的最大的两股力量是威廉三世与路易十四。

在欧洲流行的均势外交理念下，巴伐利亚选侯的继承权最有可能得到各国的支持。一方面，由巴伐利亚选侯一方继承，可以避免法国与西班牙合并，也可以避免奥地利与西班牙联合，防止欧洲出现一个超级强国。另一方面，这一方案有可能得到威廉三世与路易十四的支持。对于威廉来说，支持巴伐利亚选侯一方的继承权，可以防止法国与西班牙合并，实现遏制法国的目的。对于路易来说，法国的继承权暗含一场潜在的战争，一旦法国要求继承西班牙王位，出现法国与西班牙合并的局面，极有可能招致欧洲各国的新一轮反对，而刚结束九年战争的法国无力即刻发动一场新的战争。

因此，为了应对卡洛斯二世随时去世而造成的严峻局面，威廉与路易都有意提前就西班牙王位继承问题作出某种安排，正如法国大使所说："人人都想从肢解西班牙帝国中获益，如果不提前作出安排，那么，等到卡洛斯去世时再谈判，一切就将来不及，那时只能诉诸武力，破坏和平，而刚刚走出战争的各国目前无法负担战争开销。"①

二 威廉三世签订第一份《瓜分条约》

在此背景下，1698 年，威廉三世与路易十四签订了第一份《瓜分条约》。第一份条约的决策、谈判及签订体现了英国君主仍然以特权的方式订立外交条约的做法，国王既不征询英国内阁大臣的建议与同意，更不征求议会的建议与同意。

由于在西班牙国王尚且在位的情况下，英法若就西班牙王位继承问题进行正式谈判，将使双方在外交上陷入被动，因此，威廉与路易首先试探彼此的意图。在试探阶段，作为英国国王的威廉任命了荷兰亲信波特兰执行这一任务。此时，威廉已经亲身感受过了英国议员对荷兰人的不满，但威廉坚持认为，英国人自 17 世纪后半叶以来深陷革命和内政冲突之中，对于欧洲大陆正在发生的事务并不熟悉，更为重要的是，许多英国大臣仍与流亡在法国宫廷的詹姆士二世有联系，而驻法大使这一职务决定了其不可避免地要在法国宫廷遇见詹姆士，② 因此，他仍然决定任命波特兰而非

①　Paul Grimblot, *Letters*, Vol. 1, p. 459.

②　泽西伯爵在 1698 年担任驻法大使时，就在法国宫廷看见路易十四和詹姆士参观了凡尔赛宫。他向英国国务大臣汇报：如果法国宫廷不改变行事方式，我总会不可避免地被他（詹姆士）看见，除非威廉国王下令告诉我绝不可去詹姆士出没的地方。见 Historical Manuscripts Commission, *Buccleuch MSS*, Vol. 2, pp. 614 – 615.

英国贵族执行这一任务。1698 年 1 月，波特兰前往法国，名义上督促《赖斯韦克和平条约》落实，实则试探法国对西班牙王位的看法。1698 年 3 月，路易十四派唐纳德伯爵（Count Tallard）担任驻英大使。路易十四给唐纳德的指示中尤其强调："试探威廉三世对西班牙王位的看法和可能的安排。"①

1698 年 3—8 月，围绕路易十四提出的四个方案，威廉与路易及其代理人展开谈判。在此期间，威廉只与荷兰大议长安东尼·海因休斯频繁交换意见，波特兰则根据他们的意见负责谈判。值得注意的是，在这一阶段，我们看到威廉实际上意识到了任命波特兰的做法不符合英国的宪政。1698 年 4 月，身在巴黎的波特兰告知威廉，谈判很快会有结果，威廉回复到："你或许已经猜到，如果先前的谈判已经进展到现在要签订条约了，那么，在以合适的形式向你下发命令方面，我将身陷困窘之境，而由你来签署这种性质的条约是一件很难处理的事情，原因你也知道，我们的宪政。"② 为了不引起不必要的麻烦，威廉在表面上采取了符合英国宪政的措施，即任命英国贵族泽西伯爵担任驻法大使。泽西伯爵于 7 月底到达巴黎，此时实际的谈判已经结束，但泽西对此一无所知。波特兰临走前还告知法国大使，"如果泽西伯爵向您谈及此事，或者您对他谈及此事，不能告诉他太多"。③

1698 年 8—10 月，在条约签署阶段，威廉采取的方式及结果，成为日后议会批评君主外交特权行使方式的主要依据。在谈判完成后，正式签署条约需要英国枢密院下发全权大使委任书。此时，枢密院仍然是英国正式的行政中枢，尽管其核心功能逐渐由内阁承担，但内阁还不是一个有法律地位的正式的机构。全权大使委任书上须封盖英国国玺，而国玺的使用事由需要在枢密院进行登记。这意味着，威廉必须将条约事宜告知彼时主政的辉格党内阁。威廉的处境是，条约内容已经达成，不可能再改动，但威廉又不得不征求辉格党内阁的意见以令其办理全权大使委任书。

在这一环节，威廉佯装征询辉格党内阁的意见，没有真正考虑内阁提

---

① Paul Grimblot, *Letters*, Vol. 2, pp. 267 – 268.

② Paul Grimblot, *Letters*, Vol. 1, p. 416.

③ Paul Grimblot, *Letters*, Vol. 2, p. 164.

出的建议，而且造成约翰·萨默斯违规使用了国玺。这件事的具体过程如下：威廉令波特兰告知国务大臣弗农，英法就西班牙王位"可能"达成某种协议，弗农应将此事转告萨默斯，"萨默斯可决定应该咨询哪些人"，并告知国王他们的建议。① 萨默斯在与辉格党大臣奥福德伯爵（爱德华·罗素）、什鲁斯伯里以及蒙塔古商议后，就条约内容提出一些异议，例如担心法国不会遵守条约，英国最关注的几处商业利益未得到满足等。② 但威廉没有在意，他只是为了获得委任书。③ 随后，威廉以时间紧迫为由，敦促他们即刻下发盖有国玺的委任状。而按照规定，国玺的使用首先需要由国王向大法官颁发使用令状，登记使用事由，但威廉并未向时任大法官的萨默斯颁发该令状。萨默斯提醒国王要尽快发给他使用令状，而威廉则告诉萨默斯："时间非常紧迫，应尽快将盖有国玺且不写被委任者姓名和时间的全权委任书发给我。"④ 萨默斯还提醒威廉，"全权委任书必须写两名英籍大臣的姓名"，⑤ 但威廉并未采纳。萨默斯最终遵从了威廉的意愿，将国玺盖在空白的委任状上。

条约最终于10月在海牙由英、荷、法三方代表签署，此时英国议会正在休会，不知晓英国签订条约一事。到了12月议会开会时，威廉也只字未提该条约，只说海外局势所需，应该保留一支陆军。

以上述方式签订的条约，内容基本是威廉个人判断的产物，英国大臣的意见未能得到正视。第一份《瓜分条约》的基本原则是三分西班牙帝国。主要内容：（1）巴伐利亚选侯之子继承西班牙王位称号，领有西班牙本土、大部分海外殖民地和西属尼德兰；（2）作为补偿，法国皇太子的次子安茹公爵获得西班牙在地中海的各个港口，包括那不勒斯（Naples）、西西里（Sicily）、吉普斯夸（Guipuscoa）以及意大利中部的托斯卡纳沿岸及各个港口（例如芬那儿 Final）；（3）利奥波德一世的次子查

---

① Paul Grimblot, *Letters*, Vol. 2, p. 120.

② Paul Grimblot, *Letters*, Vol. 2, pp. 143 – 146.

③ 对此，法国大使评论说："威廉不会让英国大臣知道，在咨询他们之前，这份条约其实已经达成，这才是全权委任书没有立即送来的真正原因。"Paul Grimblot, *Letters*, Vol. 2, p. 149.

④ Paul Grimblot, *Letters*, Vol. 2, p. 121.

⑤ Paul Grimblot, *Letters*, Vol. 2, p. 146.

理大公则领取米兰地区；（4）荷兰还将扩大其与法国之间的屏障地带；
（5）签约各国相互保证条约的落实。①

　　如果不考虑英国利益，这份条约的确有可能维持欧洲的均势与和平。
条约不仅满足了法国在无法即刻发动战争的情况下分割西班牙帝国的要
求，也照顾到了利奥波德一世对意大利米兰地区一直以来的垂涎，还通过
扩大屏障地带确保了荷兰的安全。然而，一旦考虑到英国的利益，这份条
约则可能威胁到英国最重视的地中海的商业贸易利益。早在第一次条约谈
判初期，威廉就意识到，要调和各方相互冲突的利益，"困难非常大"；
他也观察到，"英国人认为，他们与法国在地中海的利益不可调和，可英
国人又十分惧怕新的战争"；威廉在谈判过程中尽量为英国"争取地中海
商业贸易利益"，但各方利益的不可调和最终还是让威廉牺牲掉了部分英
国的利益以换取欧洲的均势与和平。② 当威廉请萨默斯及其他辉格党大臣
就条约提出建议时，萨默斯也强调了英国利益所在。他说，"如果西西里
在法国人手中，他们将彻底掌控英国黎凡特公司在地中海的贸易"，如果
法国占有芬那儿及沿海港口，米兰将被彻底隔离于英国的贸易圈之外，
"其在谁手中已无足轻重"；同时，"英国国内极度厌战，不可能接受与自
己无关的军事责任"。③ 由于萨默斯提建议时这份条约实际已经达成，威
廉没有在意他的建议。

　　不过，第一份条约因巴伐利亚选侯之子的去世而很快失效。这份条约
也因威廉三世与路易十四的高度保密而鲜有人知。在英国国内，除了主事
大臣外，基本不为人知。西班牙和奥地利虽然听闻英、法签订了瓜分西班
牙王位的条约，但并未坐实。巴伐利亚选侯之子去世后，这份条约也再无
公开的必要。

三　威廉三世签订第二份《瓜分条约》

　　第一份条约失效后，威廉不得不与路易十四签订第二份条约。威廉谈
判与签署第二份条约时处境十分被动。原本，按照第一份条约，巴伐利亚

---

①　*Treaties Collection*，Vol. 2，pp. 305 – 312.

②　Paul Grimblot，*Letters*，Vol. 2，pp. 321，324，345，390，414.

③　Paul Grimblot，*Letters*，Vol. 2，pp. 131 – 132.

选侯之子去世后应该由选侯本人继承，但路易以"父亲不能继承已经去世的儿子尚未继承的遗产"为由，① 要求重新议定。此时的英国议会已经裁减了陆军，威廉缺乏武力后盾，被迫接受重议。

1699 年 2 月，威廉与路易开始商谈第二份《瓜分条约》，至 1700 年 2 月下旬正式签订，也经历了三个阶段。第一阶段从 1699 年 2 月开始，双方就路易提出的两个方案进行协商和修改后，于 6 月基本达成一致。在这一阶段，进行决策的仍然是威廉与荷兰大议长海因休斯，波特兰负责具体谈判，泽西伯爵不过是威廉为了符合宪政而做出的"装饰"。第二阶段从 6 月到 9 月，按照条约草案，威廉与路易负责将第二份条约告知荷兰、奥地利以及洛林公国，请三方加入。奥地利在知晓条约后拒绝加入。第三阶段从 1699 年 9 月到 1700 年 2 月，由于条约已经泄露，威廉正式将已经达成的条约告知英国枢密院，② 英法代表于 21 日在伦敦正式签署，随后荷兰与洛林公国相继加入，保证条约实施。在该阶段，英国议会正在开会，威廉未向议会提及该条约。③

第二份条约的主要内容如下：（1）法国安茹公爵仍然领有第一份《瓜分条约》中规定的西班牙的属地，包括那不勒斯、西西里、吉普斯夸以及意大利中部的托斯卡纳沿岸及各个港口，此外，法国可以拿洛林公国换取意大利米兰地区；（2）奥地利查理大公继承西班牙王位，可领有除上述已划归法国之外的其他西班牙领地，奥皇应在条约签订之日起三个月内同意该条约，如不接受，条约各国自行处理应享有的份额；（3）条约两国以及荷兰保证以武力落实条约。④

第二份条约对英国更加不利。条约在法、奥之间不对等地瓜分了西班牙帝国。法国不仅主宰了地中海地区，而且通过拿洛林换米兰的方式，实现了未来主导意大利地区的计划。米兰向来是奥地利的必争之地，奥地利与法国已经展开多年的较量。条约将这一地区划归法国，奥地利不太可能

---

① Paul Grimblot, *Letters*, Vol. 2, p. 279.

② Bishop Burnet, *The History of My Own Time*（后缩写为 *Bishop Burnet's History of His Own Time*）, Vol. 4, Oxford: Oxford University Press, 1833, p. 417.

③ *Bishop Burnet's History of His Own Time*, Vol. 4, p. 418.

④ *Treaties Collection*, Vol. 2, pp. 319 - 326.

接受，而一旦奥地利不接受，英、法需要用武力保证条约落实。对于英国来说，这份条约让英国将地中海的贸易拱手送给了法国，英国怎么可能以武力落实一份不利于自身的条约呢？事实上，这份条约的弊害就连荷兰都难以接受。来自阿姆斯特丹的反对尤其强烈，"他们坚决拒绝加入该条约"，① 但阿姆斯特丹最终被迫妥协，加入了该条约。② 由于威廉没有告知英国议会，条约签订时没有遇到阻力，但这只不过是延迟了议会强烈反对的到来。

第二份条约在谈判过程中即泄密。消息可能经荷兰不胫而走，这里向来是欧洲情报散播地。这一次，西班牙确认英、法正在背地里商议瓜分西班牙帝国，于是命令驻英和驻法大使向两国提出正式抗议。1699 年 9 月，西班牙驻英大使向英国大臣说，如果不即刻停止谈判，"本大使将在英国议会开会时，向议会说明抗议的正当性……"。③ 威廉得知后，下令将西班牙大使驱逐出境，在离境之前还限定该大使"不得离开其府邸"，④ 但这份条约仍然就此泄露。这一事件还使得英国大臣从威廉那里正式确认了威廉与路易达成了第二份《瓜分条约》一事。到了 1700 年 4—5 月，欧洲各国已经知晓该条约，英国国内也已经知晓条约。

不过，第二份《瓜分条约》最终却被法国撕毁。这份《瓜分条约》公开后，各国多持反对立场。奥地利因未得到米兰地区，拒绝接受条约，并在西班牙宫廷坚持要求继承西班牙王位。西班牙为了避免被瓜分，倾向于确立王位继承遗嘱。支持奥地利继承和支持法国继承的两派正在做最后的较量，其中支持法国的一方日益占据上风。1700 年 10 月 21 日，欧洲各国挂记了三十多年的事终于发生了——西班牙国王卡洛斯二世病逝。闻此消息，法国国王告诉英国驻法大使曼彻斯特公爵（Duke of Manchester），"法国准备执行条约"，法国宫廷也坚决支持这一决议。⑤ 具有讽刺意味的是，就在这时，西班牙公布了王位继承遗嘱，其中规定：西班牙王

---

① Paul Grimblot, *Letters*, Vol. 2, p. 375.
② Paul Grimblot, *Letters*, Vol. 2, p. 387.
③ Paul Grimblot, *Letters*, Vol. 2, p. 356.
④ *Vernon's Letters*, Vol. 2, p. 357.
⑤ *Bishop Burnet's History of His Own Time*, Vol. 4, p. 462.

位将由法国皇太子次子安茹公爵全部继承，条件是法国与西班牙永不合并在一个君主统治之下，如果法国不接受该条件，则由奥地利查理大公继承。① 此时，欧洲的命运全部系于路易十四的决定。而路易认为，签订《瓜分条约》的初衷是为了维持欧洲和平，但这份条约现在不会带来和平，相反，如果不接受西班牙王位继承遗嘱的话，一场战争将不可避免，② 于是在 11 月中旬宣布接受遗嘱，安茹公爵成为西班牙国王菲利普五世，路易撕毁了条约。

第二节 《瓜分条约》引发的危机

一 《瓜分条约》引发的外交与君主外交特权问题

在西班牙王位继承问题尘埃落定后，威廉签订的两份《瓜分条约》给英国统治阶层带来的难题开始浮现。

第一个难题是海外局势问题，即是否承认法国波旁家族继承西班牙王位。尽管遗嘱规定法、西不得合并在一个君主统治之下，但是，路易在宣布接受遗嘱后的种种行为似在推进两国合并的步伐。英国驻法大使曼彻斯特公爵向国务大臣弗农汇报："西班牙有意让法国国王成为西班牙实际上的国王，安茹公爵只徒有其名。"③ 1701 年 1 月 26 日，法国军队还占领了西属尼德兰，法、荷之间的屏障地带消失，荷兰面临入侵危险，而一旦荷兰遭到入侵，英国将直面法国的威胁。

第二个难题是君主外交特权问题，即光荣革命后，作为立宪君主的英国国王能否继续行使君主外交特权，并管理国家对外事务。具体而言，国

---

① Narcissus Luttrell, *A Brief Historical Relation of State Affairs from September 1678 To April 1714*, Vol. 4, p. 698.

② Anon, *A Memorial from His Most Christian Majesty presented by the Count de Briord, his Ambassador Extraordinary to the States General of the United Provinces at the Hague, December 4, 1700 containing his reasons for accepting the late King of Spain's will in favour of the Duke of Anjou*, London: Printed and sold by J. Nutt, 1700.

③ "Earl of Manchester To Mr. Secretary Vernon", Jan. 12, 1701, in Christian Cole ed., *Historical and Political Memoirs*, London: Printed for J. Millan, 1735, p. 279.

王是否仍然可以依据其偏好制定国家外交政策而无需任何制约？大臣是否可以在对外事务中唯国王命令是从？议会是否可以被排除在对外事务管理之外？

从君主外交特权的视角看，两份《瓜分条约》的签订方式并无不妥之处。外交事务是国王的特权领域，由国王研判、决策与执行。国王可以任用本国人承担外交任务，也可以任用外国人；国王可以咨询大臣的意见，也可以不咨询；国王可以按照正常程序使用国玺，也可以在特殊情况下采取非常措施，毕竟大臣与政府都向国王负责。国王也的确没有必须征询议会建议和同意的义务，斯图亚特王朝的君主们经常无视议会。

然而，考虑到革命后英国确立的立宪君主制，两份《瓜分条约》的签订方式就存在明显的违规与欠妥之处。在任用外国人秘密承担英国重大外交任务这一点上，就连威廉本人也知道其可能不符合英国的宪政。威廉似乎也知晓应该征询辉格党大臣的建议，毕竟枢密院仍然是英国正式的行政中枢，负责向国王提供建议，乃至"条约的批准"。① 然而，威廉仅仅是佯装咨询辉格党内阁的意见。考虑到内阁扮演着国王与议会之间的"连接点"的重要作用，不征询内阁的建议与同意，意味着国王缺少了这一"连接点"——国王与议会没有就外交政策达成一致。萨默斯违规使用国玺的做法可能也不妥。对此，正如后来的坎贝尔勋爵评论的："萨默斯的做法是非常不符合宪政的……威廉可以将任何人的名字填写在空白处，命令他们签订任何他期待的条款……如果政府的运转依托于国王个人特权的行使，那么革命（指光荣革命）到底实现了什么呢？"② 此外，国王签订的外交条约是否需要征询议会的建议与同意？应该以何种方式征询？以及在何种程度上征询议会的建议与同意？这的确是个新问题。但完全无视议会的做法，显然也不符合革命确立的议会主权这一现实。

这些问题的影响不仅限于外交层面，而且涉及革命后英国宪政的发

---

① Godfrey Davies, "Council and Cabinet, 1679 – 88", *The English Historical Review*, Vol. 37, No. 145 (Jan., 1922), pp. 47 – 66.

② Lord Campell ed., *The lives of the lord chancellors and keepers of the Great Seal of England, from the earliest times till the reign of King George IV*, Vol. 5, Frederick D. Linn & Co., 1880, pp. 31 – 32.

展，也关乎国家的安危，因此引发了统治阶层的激烈争吵。

二　威廉三世与英国两党对外交局势的看法

在对《瓜分条约》（指第二份《瓜分条约》，此时第一份《瓜分条约》还未被揭露）及条约被法国撕毁后的海外局势看法上，辉格党与托利党均认为，条约不利于英国利益，但辉格党支持威廉对法采取强硬措施，托利党则反对。

当路易撕毁条约时，威廉立即意识到一场新的大战即将到来，当务之急是确保英、荷以及欧洲反法盟国做好战争准备。威廉并不确定英国是否会向法国宣战，他准备向此方向引导英国的外交决策。在给荷兰大议长海因休斯的一封信中，威廉写道："我从未完全相信过与法国的约定，但必须承认，我也没料到他们会在这个时候当着全世界撕毁一份庄严签订且尚未落实的条约……不得不承认，我们被骗了……一旦这份遗嘱被落实，英国和荷兰可能将被彻底毁灭……在这项重大问题（反对法国）上，我未能以应有的魄力采取果断的行动，没有树立一个良好的榜样，但是荷兰必须做到，而在这里我将只能谨慎行动，一步一步地让这里的人民不知不觉地卷入其中。"①

辉格党一方面表达了对《瓜分条约》的强烈不满，认为其损害了英国的利益，不是一份考虑周全的条约，另一方面则表示愿意付诸战争以应对危机。据伯内特主教（Bishop Burnet）记录："条约受到广泛的批评，一些人认为，我们将交出地中海，将我们在此处的贸易拱手让与法国；另一些人认为，从法国为未来半个世纪设定的方案来看，这只不过是法国的阴谋……英、法两国宫廷现今保持友好关系，这使得我们国内的不满者从那里（两国宫廷）找不到支持……法国国王看上去打算落实条约，对他来说，为了确保所得，他将与英国及荷兰保持友好关系，我们只能希望西班牙国王可以再活几年，等我们的债务还清了，届时进入一场战争就会容易些，从而决定欧洲的命运。"② 一直为辉格党效力的丹尼尔·笛福则撰

---

① Paul Grimblot, *Letters*, Vol. 2, pp. 477 – 478.

② *Bishop Burnet's History of His Own Time*, Vol. 4, pp. 450 – 451.

文指出，"假设法国随后撕毁条约，安茹公爵继承了西班牙王位，那么，英格兰与荷兰就必须阻止法国国王占领西班牙，尤其是佛兰德斯"，英国"不仅要派舰队进入地中海，而且要派出八千或一万人的陆军"。[1]在法国宣布接受遗嘱后，辉格党更加着急，认为"西班牙人担心自己卷入一场由奥皇联合英国及荷兰发动的战争，由于无力自我防御，他们便投向法国的怀抱，于是，法国的军队开进了西属尼德兰和米兰公国，法国的军舰驶向了加地斯（Cadiz），还去了西印度，法国没有花一兵一卒就得到了整个西班牙帝国……西班牙国王很快将继承法国王位，这一联合将会导致一个世界君主（universal monarchy）出现。"[2]战争看来在所难免了。

托利党也认为《瓜分条约》牺牲了英国在地中海的利益，其基本立场正如威廉在信中所抱怨的那样，"法国接受遗嘱比履行条约更对英格兰有利"，[3]托利党也不打算让英国再卷入一场战争，"不会为落实条约而征税，哪怕是一便士"。[4]不难发现，托利党的这一看法与其长期持有的海洋战略有关。托利党认为，英国外对战略的重点是控制海洋，厌恶英国卷入欧洲大陆的战争，他们也不愿意再次看到辉格党靠战争发财并长期执政。因此，在法国宣布毁约后，托利党反而认为，毁约更有利于英国。托利党在议会下议院的管理人罗伯特·哈利（Robert Harley）坦言："法国放弃执行《瓜分条约》，这很意外，比我们预计得要好，显然他（路易十四）并不喜欢战争，这样西西里等地也不会落入法国。"[5]在托利党看来，谁当西班牙国王都一样，因为"一旦路易的皇孙继承了西班牙王位，围绕着他的都将是西班牙幕僚，他将很快像一个西班牙人而非法国人那样进行统治"。[6]

---

[1] Daniel Defoe, *The Two Great Questions Considered*, *I. What the French King Will Do*, *With Respect to The Spanish Monarchy*, *II. What Measures the English Ought to Take*, London: Printed by R. T. for A. Baldwin, 1700, pp. 22 – 23.

[2] *Bishop Burnet's History of His Own Time*, Vol. 4, pp. 465 – 466.

[3] Paul Grimblot, *Letters*, Vol. 2, p. 477.

[4] Marion Grew, *William Bentinck and William III*, New York: Appleton, 1924, p. 375.

[5] HMS, *The Manuscripts of His Grace the Duke of Portland*, Vol. 3, London: Printed by Eyre and Spottiswoode for H. M. Stationery office, 1894, p. 634.

[6] Henry Horwitz, *Parliament*, *Policy and Politics in the Reign of William III*, p. 278.

在此逻辑中，法、西也不会合并。而假如真的出现两国合并之事，托利党的立场就会像1697年他们已经表示过的那样，"如果法国谋取西班牙王位，这种情况下，我们需要军队，但我们在此类对外战争中的角色是控制海洋"。①

三　威廉三世与英国两党对君主外交特权的看法

在对君主外交特权问题的看法上，威廉、辉格党与托利党虽然站在不同立场上，但都预示着这项特权变革的可能性。

威廉并不关心君主外交特权问题，也缺乏捍卫英国王权的强烈动机。威廉成为英国国王的目的是确保英国在对外政策上与荷兰保持一致。为此，他最好能保持外交特权，但如果反法政策的实现必须以他接受对君主外交特权的某种限制为代价，他或许也是愿意的，至少不会像查理二世那样去捍卫特权。威廉曾在1698年告诉过议会，和平时期维持一支陆军，"不是为了个人私利，也不是为了国王权威，更不是为了让自己成为主宰，如果他有子嗣或英国王位仍然由他的家族成员继承，他也许会这么考虑，但他只身一人"。② 这其中虽然有威廉劝服议会之嫌，但其的确是一个事实。

辉格党显然意识到了君主外交特权问题，意识到内阁与议会应该在外交事务中承担相应的职责。如前所述，辉格党组建了英国历史上第一届政党内阁（1694—1700），这时的内阁正在从对国王负责向对议会负责的转变中。由于威廉很少在外交事务上征询内阁意见，也不告知内阁大臣外交事务进展，内阁在面对议会有关外交事务的质询时处境被动。1694年，桑德兰伯爵（Earl of Sunderland）建议，威廉应主动将战争事务信息告知大臣，让他们在议会辩论时拥有更多的"弹药"，但威廉并未完全照做。可以说，辉格党已经意识到了内阁应该充分参与外交事务的决策与管理。此外，辉格党还意识到议会也应该具有某种权力。在《瓜分条约》被披露后，弗农曾在信中担忧地写道："达文南特博士正在写一本反对《瓜分条约》的书，我丝毫不怀疑，到时我们的很多记录会被翻出来，证明条

---

① Andrew Fletcher, *A Discourse Concerning Militia's and Standing Armies*, p. 16.

② Paul Grimblot, *Letters*, Vol. 2, pp. 31 – 32.

约的签订未经议会的同意。"① 这样的看法也体现在一些匿名作者的政论小册子中，其中指出："虽然宣布战争与和平的权力在国王，但是根据我们的宪政，国王应该在他的大议会（Great Council）［指议会］开会时就瓜分条约咨询他们的意见。"② 可见，他们认为，国王签订条约应该首先征得议会的同意。

不过，辉格党并未公开谴责君主外交特权，这与其政治处境有密切关联。《瓜分条约》是在辉格党内阁任内签订的，根据英国古老的"国王不会犯错"的政治原则，国王的任何过失都是辅佐其统治的大臣所提供的错误建议所致，这意味着《瓜分条约》的责任将完全由辉格党承担。这显然是他们不愿意面对的，毕竟，萨默斯等人曾对条约提出了反对意见，只是威廉没有采纳。

相较威廉与辉格党在君主外交特权问题上的缄默，托利党不仅抨击了君主外交特权问题，而且认为，辉格党应该为此负责。

托利党原本对王权持被动服从立场，光荣革命造成托利党"在意识形态上出现了混乱"。③ 革命之后，他们很难像辉格党一样，自然而然地将革命看作自己的胜利，托利党内部还陷入了分裂，一些大贵族甚至与逃去法国的詹姆士有秘密联系。不过，随着辉格党长期执政、垄断各类军政职位以及制定各种有利于自身的政策，刺激托利党不得不实现党派的重塑。托利党逐渐"联合对辉格党政府不满的老辉格党人"，"审慎地进入反对派"，④ 将"光荣革命"也视作自己的胜利，反对辉格党操弄王权，为其一党服务。托利党维护王权的教义也逐渐蜕变为，他们仍然维护王权，但这个"王权"不再是光荣革命之前专制君主的王权而是立宪君主的王权。

托利党反对君主外交特权的观点主要集中于查理·达文南特（Charles Davenant）撰写的《论战争、和平与盟约》一书。达文南特被誉为托利党

---

① *Vernon's Letters*, Vol. 3, p. 132.

② Anon, *Letters to Parliament-men*, *In Reference to Some Proceedings in the House of Commons*, London: Printed and sold by A. Baldwin, 1701, p. 20.

③ H. T. Dickinson, *A Companion to Eighteenth Century Britain*, p. 60.

④ H. T. Dickinson, *A Companion to Eighteenth Century Britain*, p. 60.

经济学家，曾在1697—1699年间撰文捍卫托利党阶层的利益。达文南特在该书第二篇"战争、和平与盟约权"中提出，英国自古以来的法律和先哲们的著作中都没有"战争、和平与盟约是君主特权"这一明确表述，这一说法是由詹姆士一世的"阿谀奉承者为了提高自己的地位"并帮助詹姆士实现其违背英国利益的外交政策而发明的，"如今建议签订了《瓜分条约》的人（指辉格党）"显然继承了那些人的论调，[1] 导致威廉签订了有损国家利益的条约。达文南特还对两个关键概念即"君主的外交权威"与"君主的外交特权"作了区分。认为前者是"宪法赋予国王的权威"，"属于行政权的一部分"，其并不排斥立法机构的其他组成部分（议会两院）在必要时介入外交事务并提供建议，后者则意味着"宪法没有规定甚至与已知的法律相抵触的权力"，[2] 不受议会制约。

　　依据"光荣革命"之前君主外交特权的真实情况，达文南特的说法并不准确，但如果依据"光荣革命"所确立的立宪君主制原则，他的说法就有一定道理。事实上，达文南特正是站在"光荣革命"的立场上谴责君主外交特权的。他借助了"古代宪政"——"光荣革命"所诉诸的合法性——概念，认为君主的外交权从一开始就不是一项特权，指出，"君主外交特权"是詹姆士一世的阿谀奉承者所发明的（事实上是伊丽莎白一世首创），应该从"特权"状态"恢复"到法律所规定的"权威"的状态，"恢复"而非"革新"则是"光荣革命"变革英国王权的思维。他还认为，君主的外交权威是承认议会在外交事务中的地位的，"在那些重大事务上，议会两院有被征询建议的权利"，条约在签订之前应该交付议会查看，因为议会可以"审议"以让其更符合国家利益，[3] 这一点则体现了议会主权与立宪君主制原则。

---

① Charles Davenant, *Essays Upon I. The Balance of Power*, *II. The Right of Making War*, *Peace*, *and Alliances*, *III. Universal Monarchy*, London: Printed for James Knapton, 1701, pp. 129, 130, 136.

② Charles Davenant, *Essays Upon I. The Balance of Power*, *II. The Right of Making War*, *Peace*, *and Alliances*, *III. Universal Monarchy*, pp. 204, 205, 206, 208.

③ Charles Davenant, *Essays Upon I. The Balance of Power*, *II. The Right of Making War*, *Peace*, *and Alliances*, *III. Universal Monarchy*, pp. 221–222.

此外，达文南特强调辉格党应该承担《瓜分条约》的责任，显示出明显的党派斗争企图。此时，托利党已经在裁减陆军等一系列政策上使得辉格党小集团政府瓦解。为了彻底断送辉格党组建下一届内阁的前途，托利党正在寻找新的进攻机会，《瓜分条约》则为托利党送来了彻底扳倒辉格党的时机，托利党当然不会放过。

第三节　不利于国王的政府与议会

面临《瓜分条约》引发的君主外交特权问题与海外局势问题，威廉三世有必要成立一届能够实现其反法目的并最好能够维护王权的政府。但正是在这最关键的一点上，威廉无法如愿以偿，不得不最终选择托利党组建内阁，并选出了一届托利党占主导的议会下议院。

1700 年 4 月，辉格党小集团政府瓦解后，威廉面临的是正处在激烈斗争中的辉格党与托利党。下台后的辉格党不愿意就此罢手，迎来组阁希望的托利党不肯错失良机。两党各自的贵族代表桑德兰和罗切斯特分别建议威廉组建辉格党内阁与托利党内阁，但均遭到威廉的拒绝。[①] 此时，威廉希望两党能够团结，一致应对法国继承西班牙王位一事，试图再次组建两党混合政府。但此举"除了浪费时间，什么都没有解决"。[②] 辉格党因萨默斯被免职而拒绝担任要职，即便威廉许以丰厚的年金，托利党则因威廉没有完全转向他们也拒绝担任要职。两党贵族间难以调和的矛盾和彼此间的憎恶，让罗伯特·哈利预言，下一次议会将变成斗鸡场，弗农则估计除非将彼此彻底摧毁，否则狂热的双方都不会满意。[③]

无论建立辉格党政府，还是建立托利党政府，都不利于威廉。于威廉

---

① Clayton Roberts, *Schemes & Undertaking: A Study of English Politics in the Seventeenth Century*, Columbus: Ohio University Press, 1985, pp. 150 – 151.

② Clayton Roberts, *Schemes & Undertaking: A Study of English Politics in the Seventeenth Century*, p. 151.

③ Clayton Roberts, *Schemes & Undertaking: A Study of English Politics in the Seventeenth Century*, pp. 151 – 152.

来说，欧洲事务波谲诡异，一旦爆发战争，他需要辉格党的支持。然而，辉格党小集团政府已经在上一届议会下议院的攻击下瓦解，已经难以控制议会多数。虽然威廉可以解散议会，重新选出一届议会，但此时，议会选举时常会选出大量的上一届议会的议员，重新选举可能无济于事。而如果选择托利党组建政府，托利党对待法国继承西班牙王位的态度以及对君主外交特权的抨击，将不利于威廉目的的实现。此时的托利党还在英国的王位继承问题上态度暧昧。在 1700 年 7 月 30 日安妮公主的小儿子格洛斯特公爵去世后，英国王位继承人出现不确定性。威廉曾经提议由汉诺威选侯家族继承英国王位，但托利党的态度比较暧昧。英国大使曼彻斯特向国务大臣弗农汇报，议会中的马斯格雷夫等人派人前来拜见詹姆士国王，提议让威尔士亲王（1688 年革命前夕出生的詹姆士二世的小儿子）有条件地继承英国王位，曼彻斯特还提到，这些人声称，他们将在议会下议院中反对落实第二份《瓜分条约》。① 可见，托利党虽然有能力获得议会下议院多数的支持，但不会支持威廉三世的政策。

　　这种情况下，威廉选择了自认为不是最差的一种方案，即由托利党组建内阁。因为，由辉格党组建内阁，其很有可能无法控制议会，再次瓦解，而由托利党组建内阁，其至少可以获得下议院多数的支持，至于政策层面，则可以与托利党进一步协商。

　　早在"1700 年 6 月底，威廉差不多选择了托利党，只要对方保证一个稳定的政府和合理的政策。"② 到 1700 年 11 月 5 日，威廉比较明显地转向了托利党，但又没有完全信任他们。威廉任命托利党坦克维尔伯爵（Earl of Tankerville）担任掌玺大臣，查尔斯·亨吉斯（Charles Hedges）担任国务大臣，③ 而戈多尔芬、马尔伯勒和罗切斯特等托利党大贵族还没有得到职位。这给了辉格党希望，也给了托利党压力。托利党在下议院的管理人罗伯特·哈利开始劝威廉组建托利党内阁，他向威廉保证，议会下议院将通过由汉诺威选侯家族继承英国王位的法律，并且承诺议会对英国

---

　　① Christian Cole ed., *Historical and Political Memoirs*, pp. 234 – 235.

　　② Keith Feiling, *A History of the Tory Party, 1640 – 1714*, p. 341.

　　③ Narcissus Luttrell, *A Brief Historical Relation of State Affairs from September 1678 To April 1714*, Vol. 4, p. 704.

王权施加的新限制不会在威廉有生之年实行。[1] 至于对法国的立场，双方并未达成一致。威廉寄希望于欧洲事务的紧迫性能够让托利党最终转变态度。于是 12 月初，威廉任命戈多尔芬担任财政大臣并进入内阁，罗切斯特担任爱尔兰总督。[2]

在托利党内阁建立后，威廉决定解散议会，重新选举。作出这一决定的主要原因在于外交局势的发展。自宣布继承西班牙王位以来，法国在欧洲的行动让各国相信，一场战争已经不可避免。尽管如此，当威廉三世询问戈多尔芬和罗切斯特的意见时，二人依旧表示："他们不认为议会将支持一场反对西班牙或肢解西班牙帝国的战争。"[3] 不过，法国在欧洲的行动已经引起英国国内舆论的波动。这种情况下，威廉三世认为，重新选举有利于选出一届有利于威廉反法政策的议会。12 月的大选确实显示出选举受到欧洲局势的影响。一名居住在英国的荷兰人观察到，外交政策是本次选举的主要议题，人们不再谈论辉格党与托利党，而是战争与和平。[4] 不过，这其实仍然关乎辉格党与托利党，前者支持战争，后者则不情愿。

就本次议会选举的结果，无论是当时的人，还是历史学家，都难以作出准确的估算。整体来看，托利党没有获得预期中的"大获全胜"，辉格党仍然获得不小的胜利。若考虑到托利党和领有职位者的数量，那么毫无疑问，"托利党占了大多数，为了确保万无一失，他们还决定清除一些代表其他利益的人"。[5] 托利党候选人罗伯特·哈利以 249：125 高票当选下议院议长，[6] 托利党牢牢控制着议会下议院。仔细分析会发现，这届议会下议院中有 361 名是上届议会中的议员，其中 75% 曾经投票支持裁军，152 名是新选出的议员，其中有 108 名从未担任过议员，他们的态度不得而知，其中包含后来著名的辉格党人罗伯特·沃波尔和托利党人

---

① Brain W. Hill, *The Growth of Parliamentary Parties 1689 – 1742*, Winchester: George Allen & Unwin Ltd. , 1976, p. 83; *Vernon's Letters*, Vol. 3, p. 85.

② Narcissus Luttrell, *A Brief Historical Relation of State Affairs from September 1678 To April 1714*, Vol. 4, pp. 713, 717.

③ Henry Horwitz, *Parliament*, *Policy and Politics in the Reign of William III*, p. 279.

④ Henry Horwitz, *Parliament*, *Policy and Politics in the Reign of William III*, p. 279.

⑤ *Cobbett's Parliamentary History of England*, Vol. V, col. 1234.

⑥ *Cobbett's Parliamentary History of England*, Vol. V, col. 1232.

圣·约翰。① 简言之，这一届议会下议院中托利党占主导但蕴含不确定因素。

在 1701 年初的托利党政府与托利党主导的议会下议院形成后，君主外交特权变革的政治格局随即出现。一方面，托利党虽然从反对党变为执政党，有弱化对《瓜分条约》批评的可能，但他们发现，"国王周围围绕着辉格党且担心国王会更加偏向辉格党"，② 因而对辉格党更加憎恶。这意味着他们可能会在下议院借助"瓜分条约事件"加强对辉格党的攻击力度。另一方面，上届辉格党内阁成员全部进入议会上议院，出现了辉格党主导上议院的情况，他们尽管支持威廉的反法政策，但对国王青睐托利党感到不满，也"不准备默认托利党新近获得的王宠"。③ 这意味着辉格党可能会在上议院表达对君主外交特权的不满。此外，这届托利党内阁并不支持威廉的外交政策，尽管威廉寄希望于欧洲局势的恶化能够最终迫使托利党支持反法政策，但这还是一个未知数，尚无助于扭转威廉被动的处境。

总之，国王实际上没有一个致力于为国王获得议会多数支持的政府，托利党与辉格党分别控制议会下议院与上议院，均对《瓜分条约》暴露的君主外交特权不满，对英国的对外政策有不同看法，两党还彼此憎恶。正是在这样一届国王、辉格党、托利党各怀目的并且各自拥有英国政体的一部分权力的政府与议会中，君主的外交特权难以为继。

第四节　君主外交特权的变革

1701 年 2 月 6 日，新一届议会召开，威廉即请议会两院考虑"西班牙国王卡洛斯二世去世"引起的欧洲局势变动问题。④ 辉格党、托利党与威廉带着各自的目的，开始正式解决《瓜分条约》暴露的君主外交特权问题与条约被毁后的海外危机，在此过程中，君主外交特权的行使方式出

① Henry Horwitz, *Parliament, Policy and Politics in the Reign of William III*, p. 280.

② Stephen B. Baxter, *William III*, London: Longman, 1966, p. 383.

③ Henry Horwitz, *Parliament, Policy and Politics in the Reign of William III*, p. 281.

④ *History and Proceedings of the House of Commons*, Vol. 3, p. 127.

现了三项重要变革。

一 议会要求内阁承担外交建议职能

在国王的演讲结束后，辉格党主导的议会上议院首先采取行动，要求查看国王签订的条约。上议院在 2 月 13 日向国王致辞："请陛下将自上次战争以来，您与其他国家或王子签订的所有条约呈递我们知晓，当我们知晓了所有相关事务后，方能指导我们提出可靠的建议；我等请求陛下与所有致力于团结起来保存欧洲新教与均势的国家或王子结盟；我们将支持您采取有效保持英格兰的荣耀与安全、欧洲的新教与均势的措施。"① 这一态度表明，辉格党占多数的议会上议院，总体上支持国王的反法政策，但不满于国王在过去数年里签订条约的做法。

对于上议院的要求，国王作出了妥协。迄至此时，英国宪政中不存在国王必须将已经签订的条约或准备签订的条约交付议会查看的法律规定或先例，尤其是那些不涉及议会批准征税的条约，更无需征询议会的建议与同意。但是，威廉三世为了让议会尽快考虑欧洲局势的危险性，即便冒着不可避免要被谴责的风险，也满足了上议院的要求。2 月 26 日，威廉令泽西伯爵将 1678 年以来英国与荷兰签订的所有联盟条约以及第二份《瓜分条约》的部分内容呈递上议院。② 随后又于 3 月 4 日，令泽西伯爵将 1697 年的《赖斯韦克和平条约》以及 1677 年英国、瑞典、荷兰签订的《三国同盟》交付上议院查看，同时向上议院传信，"没有其他条约了"。③ 威廉当然没有告知上议院全部实情。上议院不满于此，于 3 月 12 日进一步要求国王："将条约谈判过程及签订过程中的所有相关文件呈递议会知晓。"④ 威廉意识到，如果不满足上议院的要求，那么他们不会罢手，也不会快速决议支持国王的对外政策。威廉决定再退一步，于 3 月 14 日，将与第二份《瓜分条约》的相关文件，包括第二份《瓜分条约》全文、批准条约文书、秘密条款批准文书及国玺使用令状，全部提

---

① *Journal of the House of Lords*, XVI, p. 597.
② *Journal of the House of Lords*, XVI, p. 608.
③ *Journal of the House of Lords*, XVI, p. 615.
④ *Journal of the House of Lords*, XVI, p. 620.

交上议院。①

　　审查上述文件之后，上议院对条约的内容和签订方式予以批评。3 月 15 日，由托利党贵族诺丁汉姆主持的上议院委员会首先陈列了第二份《瓜分条约》失当的 7 个理由：（1）条约将那不勒斯、西西里等地让给了法国；（2）作为此事直接相关方的奥皇却不是该条约的主要一方；（3）荷兰没有派出与英、法等同的全权大使签订该条约；（4）没有授权签订条约的书面文件，若是以口头形式下发的，枢密院并不知晓；（5）条约在谈判后、正式签订之前没有征询枢密院的意见；（6）其中一名全权大使重复签名；（7）条约谈判、签署及封盖国玺之际正值议会会期内。②

　　随后一周左右的时间里，上议院对上述 7 条逐一讨论，认为条约的主要问题在于没有征询枢密院的建议与批准，以及内容不符合英国利益，因此决议删除第 2、3、6、7 条，它们并不是条约不当的主要理由。此外，由于法国已经撕毁了这份条约，声名显赫的辉格党人托马斯·沃顿提议："以后国王再与法国国王签订条约时，当万分谨慎，确保英格兰真正的安全。"虽然这一条遭到托利党人的反对，他们认为"真正的安全"用词模糊，实际则是不想招致新的战争，但辉格党贵族认为，鉴于目前外交事态恶化，必须向国王说明此事，而辉格党在上议院的优势最终让这一条通过。③

　　这里需要注意上议院删除第 7 条"条约谈判、签署及封盖国玺之际正值议会会期内"的举措。这一条暗含国王在谈判、签署条约时，应该征询正在开会的议会的建议与同意，其余被删除的 3 条不涉及君主外交特权的行使。对此，现有史料不利于我们准确理解这一点。议会史料并未记录上议院删除第 7 条的理由。上议院贵族手稿集虽然记录了上议院删除第 7 条的事，其没有遭到辉格党与托利党的反对，但手稿集并未记录背后的原因。④ 不过，如果从伯内特对"瓜分条约事件"的记录来看，我们或许

　　① *Journal of the House of Lords*，XVI，p. 622.

　　② *Journal of the House of Lords*，XVI，p. 623.

　　③ *Journal of the House of Lords*，XVI，pp. 626 – 627.

　　④ Historical Manuscripts Commisson，*The Manuscripts of the House of Lords*，Vol. 4，London：His Majesty's Stationery Office，1908，p. 222.

可以做出这样的推测。当时，上议院贵族可能同意萨默斯的一个看法，"可以肯定，根据我们的宪政，所有外交事务的谈判权被赋予了国王"，因此，萨默斯"不能拒绝将国玺封盖在国王要求他盖的文件上，因为他有来自国王的命令，否则这件事情将有违法律"。① 换言之，从政体的角度看，处理外交事务仍然是国王的权力，议会在外交事务中不具备正式的批准权。

因此，上议院在 3 月 20 日公布的调查结果中，主要陈述了第 1、4、5 条的不当之处，而没有谈及第 7 条。上议院还邀请下议院一同向国王就《瓜分条约》一事致辞。下议院虽然有议员认为："如果第一份《瓜分条约》签订时，国王咨询了当时的议会，这份条约就不会出现这么多现在正在威胁着英格兰和欧洲的麻烦了。"② 但下议院并未要求国王在签订条约时必须征询议会的建议与同意。最终，两院向国王致辞的具体内容如下：

> ……我们悲痛地发现，这份条约的内容对欧洲的和平与安全十分有害，其不仅导致西班牙已故国王将安茹公爵确立为继承人，而且，一旦该条约落实，其因将地中海大量领土和港口给予法国而损害了陛下及其臣民甚至整个欧洲的福祉，法国将上述地方联合起来，这会让她过分强大……
>
> 根据目前的相关文件，我们在枢密院中找不到任何您向全权大使下发过的口头命令或书面指示记录；条约的草案也从未呈送枢密院知晓，更不用说其得到了枢密院或下属任何委员会的建议与批准了。
>
> 因此，我们有责任和义务恳请陛下：在未来，陛下您需要并接受您的本国臣民的建议……为此，应当建立一个由这些人组成的委员会，陛下可向他们告知所有国内和国外的重要事务……本国人因为利益攸关以及对本国的天然感情，会比其他没有这种纽带的人更渴求国家的福祉和繁荣，他们对本国深厚的了解和丰富的阅历，能让他们比陌生于此的人更能向陛下提供真正有利于本国利益的建议……

---

① *Bishop Burnet's History of His Own Time*，Vol. 4，pp. 479 – 480.

② *Journal of the House of Commons*，XIII，p. 419.

既然法国已经接受了遗嘱，违背了条约，我们恳请陛下，在未来与法国国王签订条约时，当万分谨慎，将真正的安全常记心间。①

两院致辞的内容涉及君主外交特权的第一项重大变革。可以看出，这份致辞的内容针对的正是过去数年威廉在对外事务中主要咨询荷兰亲信，任用外国人承担英国重大外交职务，以及不征询英国行政中枢的建议与同意的做法。上议院要求国王改变君主外交特权的行使方式，明确要求国王此后既要征询本国大臣组成的委员会的意见，也要获得枢密院的同意。考虑到这一时期内阁的发展，这一建议在实际操作层面的含义就是，由已经承担了内政事务管理的内阁承担外交建议甚至决策。

对于议会的谴责与建议，国王既没有接受，也没有拒绝。他回复上议院，"这份致辞包含紧要关头的事务"，② 对下议院也不正面表态。③ 这表明威廉其实默认了议会的谴责与建议。

二 弹劾事件与大臣向议会负责的兴起

对于议会上议院的处理结果，托利党并不满足，该党的目的是让辉格党承担威廉三世签订《瓜分条约》的责任，断送辉格党在未来的执政前途。

托利党试图让议会下议院介入《瓜分条约》事件的审查中。在上议院处理《瓜分条约》事件的过程中，托利党曾提议，条约签订过程中"波特兰与国务大臣弗农之间的一些交涉尚未查清楚……在调查尚不清楚的问题上，下议院比我们更能胜任"。④ 言下之意是，让托利党占多数的下议院进一步调查该事件。不过，这一带有明显的党派攻伐的提议被辉格党贵族以 45∶27 的票数优势压制下去。⑤ 托利党贵族并不甘心，他们决定让下议院的党羽自行发起。于是，下议院决议成立一个委员会，组成人

---

① *Journal of the House of Lords*，XVI，p. 628.

② *Journal of the House of Lords*，XVI，p. 633.

③ *Journal of the House of Commons*，XIII，p. 441.

④ *Journal of the House of Lords*，XVI，p. 629.

⑤ Historical Manuscripts Commission，*The Manuscripts of the House of Lords*，Vol. 4，p. 223.

员中托利党占据主导，其中包括三名能干的托利党议员，一名在宫廷任职的议员以及两名辉格党议员。他们的任务是核查上议院日志中对《瓜分条约》的处理记录。① 审查一周后，下议院决定弹劾涉嫌签订《瓜分条约》的大臣。下议院的弹劾权就是托利党贵族所说的"下议院更能胜任"，这是非常适合究责的一项权力。

托利党首先选择弹劾波特兰伯爵。托利党有两方面的考虑：其一，波特兰是一名荷兰人，辉格党与托利党都对国王重用外国人怨愤已久，因此，弹劾波特兰很容易获得通过；其二，波特兰和国务大臣弗农的书信中可能包含托利党最大的政治敌手萨默斯失职或违法的信息。托利党的目的——应验。4月1日，下议院决议："波特兰伯爵因签订损害本王国贸易与欧洲和平的《瓜分条约》而被视为有罪，本院以重罪和轻罪（Crimes and Misdemeanours）对其进行弹劾。"② 当时，只有一名不知名的议员站出来反对。

托利党在弹劾波特兰的过程中意外发现了第一份《瓜分条约》的存在。由于上议院拥有审判权，下议院在决议弹劾波特兰后，派代表去通告上议院："英格兰下议院将以重罪和轻罪对波特兰伯爵发起弹劾……本院将如期呈递其罪状并说明理由。"③ 闻此消息，波特兰前往上议院进行辩护。此时的波特兰已经因为威廉对另一名荷兰大臣的器重而退出了威廉的核心圈子。根据伯内特的记载，他的辩护词如下："他（波特兰）说，自己已经（第二份《瓜分条约》商谈时）退出英国事务，闲居荷兰，但国王写信让他负责谈判，对此，他又写信询问了国务大臣弗农，问他以及他的朋友们（辉格党贵族）的意见——作为一个外国人是否适合参与到这样的事务中？弗农回复说，他所有的朋友们都认为他是最适合的谈判人选，因为他知道所有那些条约的谈判进程以及相关人员，他还说萨默斯勋爵也建议他这么做。"④

波特兰的辩护牵扯出了萨默斯等人，托利党试图寻找更多的证据。托

① *Journal of the House of Commons*, XIII, pp. 425–426.

② *History and Proceedings of the House of Commons*, Vol. 3, p. 133.

③ *Journal of the House of Lords*, XVI, p. 641.

④ *Bishop Burnet's History of His Own Time*, Vol. 4, pp. 485–486.

利党主导的下议院首先要求上议院将他们知晓的信息全部告知下议院，协助下议院调查。[1] 上议院则将条约签订的官方文件和波特兰的辩护词交付下议院查看。[2] 紧接着，下议院要求波特兰和弗农将他们之间关于《瓜分条约》的所有信函提交下议院。对此，前者以"书信全部在荷兰为由而拒绝"，后者则表示书信属于国王，自己无权决定。调查陷入僵局。

这时，威廉三世敏锐地意识到，如果不作出妥协，下议院的矛头将直接对准国王。威廉告诉弗农，"如果拒绝提交，这会招致下议院反对你本人的一场风暴，到时我也保护不了你"，[3] 命令弗农把相关信函交予下议院，"否则他们会要求我亲自将所有信件交出，从信件所展示的内容来看，我将无法否认"。[4] 随后，弗农将他与波特兰以及萨默斯之间的相关通信提交给下议院。这些信件不仅暴露了第一份《瓜分条约》的签订，而且涉及威廉伴装询问萨默斯及辉格小集团政府意见、萨默斯等人对条约内容提出异议、萨默斯听从国王命令违规使用国玺并签发了空白的全权大使委托书等信息。[5]

鉴于萨默斯的事情过于复杂与严重，下议院决定成立委员会进行深入调查。调查之后，下议院指出，萨默斯的罪行有两点：其一，萨默斯向国王建议签订了第一份《瓜分条约》，条约内容十分不利于英国；其二，萨默斯严重违规使用国玺。不难发现，下议院列出的这两点正在挑战大臣向国王负责的传统做法，涉及一个更加严肃的问题——在外交事务领域，大臣需要对自己的行为负责，而不能只向国王负责，这显然挑战了君主在外交决策与执行过程中的至高无上的权威。

不过，下议院要据此对萨默斯发起弹劾是非常困难的。萨默斯是光荣革命以来的权臣、枢密院大臣且担任过大法官，深谙英国宪政和法律。在得知下议院准备发起弹劾之前，萨默斯来到议会下议院为自己作了辩护。萨默斯说："陛下写信告诉他，西班牙国王命在旦夕，除非接受法国提议

---

① *Journal of the House of Lords*，XVI，p. 642.

② *Journal of the House of Lords*，XVI，p. 642.

③ *Bishop Burnet's History of His Own Time*，Vol. 4，pp. 486 – 487.

④ *Bishop Burnet's History of His Own Time*，Vol. 4，pp. 486 – 487.

⑤ *Bishop Burnet's History of His Own Time*，Vol. 4，p. 487.

的瓜分方案，否则陛下认为没有任何方式可以阻止一场新的战争；陛下将条约方案告知我，让我与其他大臣提出建议并以十分保密的方式将全权大使委任书寄送给他；但是陛下又说，如果条约不能在那一方案上达成，那么所有的事都将无果，因为法国国王不可能再提出更好的方案了。"萨默斯继续说："如果因为他的阻止而未能签订该条约，其后果不是他能承担的，如果西班牙国王在此之前去世，所有的罪责都将落在他身上，仅仅是因为他没有收到国王下发的正式使用国玺的令状！事实上，国王的信件与该令状具有同等效力，因此他认为他应该听从国王的命令。"最后，萨默斯说："他向国王写信阐明了大臣们对条约内容的反对意见，而条约签订后他的职责让他不得不封盖国玺……他作为枢密院大臣已经向国王提出了最好的建议，他尽责了，作为大法官他也执行了命令，他也尽职了。"①

萨默斯辩护的主要依据是长期以来英国政治制度中的传统惯例——大臣向国王负责。这一惯例在1688年革命前已经露出弊端，向国王负责的大臣们一味听从国王的命令，推行令议会反感的政策。议会虽然以"国王不会犯错"的古老原则，试图惩治向国王提供了建议的"邪恶的"大臣们，但这个问题始终难以解决。因为，大臣总是以"服从了国王的命令"为由，请求国王的庇护。正如查理二世的财政大臣丹比伯爵在被下议院弹劾后所说："如果我有罪，那么服从是我唯一的罪。"② 议会并不能让国王承担责任。而一旦遭遇弹劾，大臣又总是请求国王使用"特赦权"。这一问题在1688年革命中也悬而未解。《权利法案》讨论过程中，议员们曾将"国王无权赦免议会下议院弹劾的大臣"写入草案，但在随后的讨论中，这一条又被删除了。因此，革命之后，大臣们的责任地位依旧如故，"服从了国王的命令"和"特赦权"仍然是大臣向国王负责、免受议会指责的两道护身符。威廉三世与英国大臣都十分清楚这一点。前文所述的威廉三世命令弗农交出信件一事即是最好的证明，只要弗农交出信件，就可以以"服从了国王的命令"为由，免脱责任，而议会拿

---

① *Cobbett's Parliamentary History of England*，Vol. V，col. 1245.

② *Memoirs Relating to the Impeachment of Thomas*，Earl of Danby，London，1710，p. 55.

国王没有办法。

可以说，萨默斯的辩护有理有据，迄今为止，英国法律与政治惯例并不支持议会下议院弹劾萨默斯。不过，托利党在党派斗争的驱使下，最终意外突破了大臣向国王负责的传统惯例。在萨默斯作完辩护后，下议院的氛围一度转向有利于萨默斯。直到晚上10点左右，托利党下议院议长罗伯特·哈利又扭转了局势。"他没有问议员们，萨默斯大人是否建议签订了第一份《瓜分条约》——这一问题必然得出他无罪的结论……相反，他问的是，萨默斯大人是否因建议签订了将大量西班牙属地划归法国的第一份《瓜分条约》而犯有重罪和轻罪？"结果，下议院以198∶188票认为他有罪，决议对他进行弹劾。[1] 随后，下议院又以193∶148票决议对奥福德发起弹劾，以186∶163票决议对哈利法克斯（查尔斯·蒙塔古）进行弹劾。[2] 这些人皆是1698年"提出建议"的辉格党小集团政府成员，他们不过是"被知道"了威廉签订的第一份《瓜分条约》的存在而已。这里，托利党的党派私利暴露无遗。同样卷入瓜分条约签订的弗农和泽西伯爵并未遭到弹劾，前者因为位卑言轻而被忽视，后者则是一名托利党。正如弗农在信中所写："显然，这些激烈的行为不是因为事件本身而起，而是为了将那些他们十分厌恶的政治敌手彻底排除在重新掌权之外而采取的措施。"[3]

于是，下议院在4月25日就弹劾决议向国王致辞："……约翰·萨默斯勋爵、奥福德伯爵以及哈利法克斯等，向您建议签订（第一份）《瓜分条约》，该条约是如此有害于我国的贸易和福祉；他们为了逃避责任，借口说陛下您没有采取他们的建议，并以您神圣的名义为他们自己寻求保护……我们恳请陛下您永远不再任用约翰·萨默斯勋爵、奥福德伯爵、哈利法克斯以及波特兰伯爵……"[4]

下议院的这一决议带来了君主外交特权的第二项重大变革，其突破了大臣在外交事务领域向国王负责的传统惯例，使得大臣此后无法从国王那

---

① Clayton Roberts, *The Growth of Responsible Government in Stuart England*, Cambridge: Cambridge University Press, 1966, p. 311.

② *Cobbett's Parliamentary History of England*, Vol. V, col. 1246.

③ *Vernon's Letters*, Vol. 3, p. 145.

④ *History and Proceedings of the House of Commons*, Vol. 3, p. 138.

里寻求保护，须对自己的行为负责。这一变化的实质是大臣向议会负责。正如丹比伯爵早在 1678 年预见到的那样："议会否定他的理由（服从国王的命令）会让未来的大臣寻求议会对他们所有行为的批准。"① 这一变化也促进了内阁向议会负责制度的发展。此前的内阁主要负责英国内政，已经开始从对国王负责转向对议会负责，此后的内阁将承担国家内政外交事务，内阁在所有事务上都需要向议会负责。

对于下议院的决议，威廉依旧采取既不正面接受，也不直接拒绝的态度。威廉深知："如果有错的话，那也只是判断失误，而且这个错误是他自己犯的，与他任用的人没有关系，不过国王还是隐忍着没有发脾气。"② 因此，他对下议院作了这样的回复："先生们，你们可以相信我，我将只任用那些有利于提高我与议会之间信任的人……"③ 这意味着，威廉也默认了下议院的建议。

国王默认大臣向议会负责的原则还不能彻底改变大臣对自身责任地位的认知，其有待大臣们自身意识到向议会负责的重要性。弹劾事件的进一步发展，充分暴露了党派斗争的意图，其激烈程度足以让国务大臣弗农劝告什鲁斯伯里："如果能在国外，那么明智之举就是不要回到这个吵闹不安的国家，这个国家已经被党派与敌对撕成了碎片。"④ 这严重损害了贵族的声誉，起到了改变大臣们的责任意识的作用。

在下议院呈递上述决议后，辉格党主导的议会上议院以下议院侵犯了上议院的审判权为由，反对下议院弹劾萨默斯等人。上议院向国王建议："……下议院虽然告知上议院，他们将对波特兰伯爵、约翰·萨默斯大人、奥福德伯爵以及哈利法克斯伯爵进行弹劾，但是，到目前为止，下议院没有按时呈递弹劾上述大臣的罪状书和理由，我们恳请陛下不要通过对上述大臣的任何决议，直到他们被审判后，根据议会惯例和本国之法，对

---

① Clayton Roberts, "The Growth of Ministerial Responsibility to Parliament in Later Stuart England", *The Journal of Modern History*, Vol. 28, No. 3 (Sep., 1956), pp. 215 – 233.

② *History and Proceedings of the House of Commons*, Vol. 3, p. 138.

③ *History and Proceedings of the House of Commons*, Vol. 3, p. 138.

④ *Vernon's Letters*, Vol. 3, p. 149.

他们作出裁决。"① 由此开始，上议院和下议院陷入无休止的争吵中。下
议院不断催促国王作出正面回复，上议院则建议国王不要采纳下议院的任
何建议。迟至 5 月 8 日、5 月 16 日、6 月 14 日，下议院最终提交了波特
兰之外的三名辉格党大臣的罪状书。② 但是，上议院又认为，提交罪状书
的规定日期已过，因而决定择期自行审判。下议院则坚决反对，坚持要与
上议院一同审判。然而，"下议院的托利党很清楚，他们其实拿被弹劾的
大臣没有办法，因为他们（的党派）在上议院不占多数。"③ 上议院中也
不乏一些转变了立场的托利党贵族，他们站在捍卫上议院审判权的一方，
他们担心，一旦此先例一开，未来上议院贵族个人的荣誉和安危将掌握在
下议院手中。上议院贵族哈弗莎姆男爵（Baron of Haversham）还戳穿了
下议院的真实意图："以全权大使身份签订第一份《瓜分条约》的泽西伯
爵没有被弹劾……国务大臣弗农没有被弹劾……在同等条件下，两个人做
了同样的事，不能只弹劾这一个而不弹劾另一个……"④ 弹劾案最终以上
议院判定辉格党大臣无罪而结束。

在两院的争吵中，签订了《瓜分条约》的贵族们的声誉被反复揉搓，
他们从未被如此冒犯过。这种局面无疑强化了国王以及所有卷入或见证
"瓜分条约事件"的人们的认识，提醒那些在乎声誉的贵族：切勿再犯此
类过错，日后要对自己的行为负责，向议会负责。

三　威廉三世承诺赋予议会核准外交事务权

在"瓜分条约事件"中，君主外交特权的第三项变革源于国王的主
动放权，其不仅肯定了议会的建议与同意权，还让议会获得了核准外交决
议之权。

威廉三世与英国王权的关系受到其反法的外交政策的直接影响，威廉
在捍卫英国王权方面的确缺乏坚实的理由。威廉自始至终的目的是确保英

---

① *History and Proceedings of the House of Commons*, Vol. 3, p. 139.

② Chester Kirby, "The Four Lords and the Partition Treaty", *The American Historical Review*,
Vol. 52, No. 3 (Apr., 1947), pp. 477 – 490.

③ *Bishop Burnet's History of His Own Time*, Vol. 4, p. 493.

④ *Cobbett's Parliamentary History of England*, Vol. V, cols. 1318 – 1319.

国站在反法阵营。为此，威廉发动 1688 年革命、独自控制英国的外交决策与管理、反复要求英国议会在和平时期保持一支陆军、秘密签订两份《瓜分条约》，并以君主外交特权的方式处理英国的一切对外事务。然而，此时，为了实现反法的目的，威廉三世不得不改变君主外交特权的行使方式。

1701 年初，英国的内政与外交局势要求威廉改变国王独自控制英国外交事务的做法。自法国宣布接受西班牙王位继承遗嘱以来，安茹公爵已经顺利成为西班牙国王菲利普五世。欧洲局势正在发生迅猛的变化，《赖斯韦克和平条约》达成的欧洲均势正在被打破。尤其是，尽管遗嘱规定，法国与西班牙不得合并在一个君主统治之下，但路易十四向菲利普提供了一支军队，帮助其驱逐驻扎在西属尼德兰的荷兰的卫戍部队，菲利普则任命一名法国人为指挥官。这意味着"法国军队可能肆意占领各个地方……荷兰的军队将遭受不幸"。[1] 1701 年 1 月 26 日，法国军队果然占领了西属尼德兰，似乎预示着法国与西班牙在未来联合的可能性。在严峻的外交局势下，英国议会上议院却专注于审查《瓜分条约》，下议院则专注于弹劾签订条约的大臣。国内政治的重心朝着党派斗争的方向愈演愈烈，托利党政府与议会两院对外交局势漠不关心。这种情况下，如何让沉迷于党派斗争的议会关注外交事务，意识到外交局势的严峻性，继而支持反法的对外政策，成为威廉的首要任务。威廉在 1700 年底写给海因休斯的信中也透露过他的计划，即在反法这件事上，他将谨慎行动，"一步一步地让这里的人民不知不觉地卷入其中"。[2] 这需要国王放开对英国外交事务的独自掌控，让议会参与到外交事务的研判、决策与管理中。

试图让议会参与英国外交事务的目的，可以通过议会的建议权实现。就国家事务向国王提供建议，既是议会的一项传统权利，也是议会的一项职责。这项职权在外交事务领域表现得比较被动，其依赖于议员对外交事务的熟悉与掌握程度，以及议员对外交事务感兴趣的程度。1701 年初，议会沉迷于党派斗争，难以主动提供外交建议。不过，如果国王主动请议

---

[1]　Christian Cole ed. , *Historical and Political Memoirs*, p. 279.

[2]　Paul Grimblot, *Letters*, Vol. 2, pp. 477 – 478.

会考虑外交事务，甚至请议会提出外交建议，那么，议会必须作出回应，这是议会的职责。鉴于此，威廉三世可以凭借国王在外交事务中的主动地位，通过向议会提供特定的外交信息，即能够引导议会提出国王所期待的建议的信息，从而有可能让议会逐步支持国王的外交政策。

本届议会一召开，威廉三世就"心安理得地放弃他控制外交事务的权力"，[①] 不仅主动告知议会外交事务进展，请议会考虑国家外交事务，让他们自行判断应该采取何种措施，而且就外交政策征询议会的建议乃至同意。

可以看到，国王首先在议会开幕演讲中主动请两院考虑西班牙国王去世引发的海外事务变动。上议院因辉格党贵族占多数，积极回复了国王，下议院因托利党占多数，只回复："支持国王及其政府，采取有效措施保护英格兰的利益与安全、新教以及欧洲的和平。"[②] 国王对下议院的回复并不满意，于是在国王回复两院致辞的环节，再次告诉了议会一条有可能改变议会态度的外交信息：昨日截获一封关于法国密谋支持詹姆士入侵英格兰的信，请两院考虑并提出建议。[③] 紧接着，国王又派人传信议会两院，陛下收到一封来自荷兰全权大使的备忘录。这份备忘录显示，荷兰出于"保护军队、赢得时间、积极备战"的考虑，承认了法国安茹公爵为西班牙国王菲利普五世，同时，他们已经开始与法国就欧洲和平进行谈判，但是，"他们不会采取任何决议，除非与英王陛下以及欧洲其他致力于和平的国家协同一致"。此外，考虑到和解条件不太可能达成，"荷兰面临着法国的突然袭击，因此请求英王陛下根据两国援助条约对荷兰进行支援"。[④] 国王请两院考虑备忘录里的内容以及"要不要协同荷兰一起与法国谈判"，"要不要给予荷兰援助"。[⑤]

由于这两条信息涉及国家安全与签订对外盟约重大事宜，国王请议会

---

① ［英］布朗伯利编：《新编剑桥世界近代史》第6卷，中国社会科学院世界历史研究所组译，第539页。

② *History and Proceedings of the House of Commons*，Vol. 3，p. 128.

③ *Cobbett's Parliamentary History of England*，Vol. V，col. 1236.

④ *Journal of the House of Lords*，XVI，pp. 603 – 604.

⑤ *Journal of the House of Lords*，XVI，p. 603.

考虑的内容十分具体，要求议会提供建议的任务十分明确，两院均严肃对待。上议院不仅请国王进行谈判，而且提出整顿海军的建议。下议院则首先要求国王将英荷之间的全部条约交付其审查。威廉命令国务大臣照做。对于国王的表现，"下议院是如此满意，以致做出决议：请国王陛下与荷兰以及其他国家一起进行上述谈判，采取有利于各国安全和欧洲和平的措施，下议院保证支持国王，协助国王落实 1677 年的英荷条约以援助荷兰"。威廉对这一次的回复比较满意，立即回复两院，强调议会建议与同意的重要性："感谢你们提供的建议以及你们一致同意支持和协助我，我将即刻命令我在海牙的大臣加入谈判……对于我国安全来说，没有什么比你们的一致同意和支持更为重要了，我将一直致力于保持和提高我们之间的信任。"①

在按照议会的建议开展外交谈判后，国王就外交事务的发展与英国应有的对策，持续征询议会的建议与同意。1701 年 3 月，在海牙谈判的法国、英国与荷兰代表，未能就维持欧洲和平的基本条件达成一致，谈判宣告失败。同时，法国正在联合德意志一些邦国，对付奥地利皇帝对西班牙王位发起的挑战。"3 月底，在尼德兰和下莱茵区，从事态的发展中，明显可以看出，法国人已经决定发动一次进攻性的战争。"② 3 月 31 日，威廉即刻传信两院，法国拒绝了英、荷大使提出的要求。荷兰已经采取了应对措施：一方面，他们派出舰队与英王陛下的舰队汇合；另一方面，他们希望英国根据 1677 年的条约尽快援助荷兰，"陛下认为有必要将此告知议会，以让议会完全了解现在的海外局势……陛下请议会严肃考虑这一紧急问题，希望你们给出建议……"。③ 此时，下议院正准备弹劾签订了《瓜分条约》的大臣，比较简单地回复了国王："我等恭请陛下与荷兰协同一致、继续谈判，采取有利于本王国安全的措施，我等保证按照 1677 年的条约援助荷兰。"④ 威廉则回复："陛下根据你们的建议，已

① *History and Proceedings of the House of Commons*, Vol. 3, p. 129.

② ［英］布朗伯利编：《新编剑桥世界近代史》第 6 卷，中国社会科学院世界历史研究所组译，第 538 页。

③ *History and Proceedings of the House of Commons*, Vol. 3, p. 132.

④ *History and Proceedings of the House of Commons*, Vol. 3, p. 132.

经命令海外大使继续谈判……感谢你们保证援助，陛下将继续采纳你们的
建议……"①

可以说，国王主动征询议会建议与同意的做法，在某种程度上肯定了
议会在外交事务中的建议与同意权。如前所述，在两院就《瓜分条约》
审查结果向国王致辞之际，两院均未将"条约签订之际正值议会会期内"
作为《瓜分条约》签订方式失当的理由。议会大体认可外交事务属于国
王的权力范畴，并未正式要求其在外交事务中的建议与同意权。然而，革
命之后，英国的立宪君主制政体尚未发展成熟。国王实权在握，政府介于
国王与议会之间，议会不总是支持国王或政府，国王、政府与议会时常出
现不一致。这种情况下，如果不发挥议会在外交事务中的建议与同意作
用，国王的外交政策很难得到支持。

议会在外交事务中的建议与同意权，主要在实践层面改变了君主的外
交特权。这一点从国王与议会关于"国王征询议会建议与同意"的做法
的态度中可以看出。1701 年 3 月 18 日，国王派人传信议会两院，表示国
王已经"根据议会的建议"，命令英国在海牙的大使斯坦厄普（Stanhope）
进行议会建议的"那一谈判"，以及国王认为有必要将谈判备忘录告知议
会下议院，并指出"陛下将谈判进展一次又一次地告知你们是陛下的圣
意仁厚。"② 下议院则回复国王，"感谢陛下一次又一次地将他的圣意告知
我们，让我们知晓陛下根据我们上一次的致辞所开启的谈判的进展。"③
国王将外交事务告知议会是国王"圣意仁厚"的表现，议会则对国王的
"圣意仁厚"要恭谦地表示感谢。关于这一点，有学者已经指出，"圣意
仁厚"与"感谢"这样的交流术语代表着国王与议会在外交事务中实际
的权力/权利关系，表面上看，外交仍然在法理层面属于国王的权力范畴，
但"表象掩盖了事实"。④ 国王不得不"圣意仁厚"地向议会分享他的外
交权，而议会则以感谢的方式掩饰其实际上"强行"分享了国王外交权
的情况。可以说，议会在外交事务中的建议与同意权，其实践意义大于法

---

① *History and Proceedings of the House of Commons*，Vol. 3，p. 133.

② *History and Proceedings of the House of Commons*，Vol. 3，p. 131.

③ *History and Proceedings of the House of Commons*，Vol. 3，p. 131.

④ Gibbs，"Laying Treaties before Parliament in the Eighteenth Century"，p. 119.

律意义，法理上，外交仍然属于国王的权力范畴。

　　议会的建议与同意权主要适用于议会会期之内，当议会闭会时，无法履行相应职责。对此，国王还承诺议会可以核准非会期内的外交决议。

　　在本届议会结束之际，威廉三世已经通过不断告知议会外交事务进展，持续征求议会的建议与同意，以及在议会外反法舆论的推动下，实现了让议会支持其反法的政策。6月24日，下议院将其通过的批准征税的法案交付国王确认，下议院议长向国王表态：议员们给予国王的钱款足够多，其超过了和平时期的任何一个数字，这能够让陛下在海外支持我们的联盟，无论是获得一个持久的和平，还是通过必要的战争以维持欧洲的自由。① 不过，直到本届议会结束之际，两院仍在争吵。这届议会中上议院与下议院的斗争，托利党与辉格党的斗争，让国王深刻吸取了不征询议会建议与同意的教训。为了确保反法政策能够稳定持久的得到议会的支持。威廉三世最终回复下议院："……我必须特别感谢议会下议院，既因为你们给予我必要的钱款供应，也因为你们支持我谈判一个维护欧洲自由的联盟并支持这一联盟……我向你们保证，在休会期间，无论我采取了哪些致力于这一共同目的的措施，我都将在冬季议会再次开会时，让你们来核准（Approbation）。"② 这样，在议会休会时国王采取的外交措施需要在议会再次召开后由议会核准。这虽然不是一项正式的权力，但性质等同于议会的建议与同意权，其在外交事务中的实践意义大于法律意义。

四　公共舆论影响外交决策的兴起

　　除以上三项重要变革外，在《瓜分条约》事件解决过程中，还出现了一个新现象——议会外的公共舆论影响议会内的对外政策立场。虽然这不属于君主外交特权变革的内容，却是未来影响英国外交决策的一个潜在因素，因而有必要略作交代。

　　在威廉三世多次告知议会外交动态后，尽管辉格党占多数的上议院支持国王的对外政策，但下议院迟迟不肯通过批准征税的法案以在实质层面

---

① *History and Proceedings of the House of Commons*, Vol. 3, p. 182.

② *History and Proceedings of the House of Commons*, Vol. 3, p. 183.

支持威廉援助荷兰以及可能的对法战争。而对于国王来说，"除非下议院支持他，否则他不打算向法国宣战"。① 国王于 4 月 17 日宣布承认法国安茹公爵为西班牙国王菲利普五世。这一情况对于辉格党来说是难以接受的。于是，在议会内的博弈失败后，辉格党开始"呼吁威斯敏斯特议会之外的声音，即英格兰各选区"。②

这一时期，诉诸议会外的力量——选区指示、利益集团游说、地方请愿、公共舆论——的确有可能改变议会内政治进程。一方面，选举政治的发展使得政党对议会外的意见比较敏感。1694 年通过的《三年法案》规定议会至少三年选举一次，实际选举频率远高于此，"1696—1715 年议会平均两年大选一次"，③ 1701 年则举行了两次大选，这段时期成为英国历史上选举最频繁的时期。尽管这一时期的选举经常被贵族操纵，许多议席不需要通过竞选就可以获得，但仍然有不少席位需要激烈竞争，1701 年底的大选中就有将近 100 个选区的席位需要通过竞争产生。④ 另一方面，议会外的意见不容小觑。1695 年《出版许可法》失效后，各类非官办出版物快速涌现，各种报纸和小册子大量刊行，⑤ 它们将议会内政治与议会外的大众连接起来，让越来越多的民众关心与理解议会政治。像笛福等知名作家的作品的发行量更大，有时可达 8 万册。⑥ 考虑到此时的议员共计513 名，选民不到 30 万，⑦ 上述数字意味着所有议员都了解报纸内容，七分之一到三分之一的选民可能会阅读报纸。实际受众群体可能更大。一名报人注意到，大部分人根本不识字，但他们总会聚集在一个能读懂报纸的

---

① M. A. Thomson, "Louis XIV and the Origins of the War of the Spanish Succession", *Transactions of the Royal Historical Society*, Fifth Series, Vol. 4 (1954), pp. 111 – 134.

② Clayton Roberts, *The Growth of Responsible Government in Stuart England*, p. 316.

③ H. T. Dickinson, *A Companion to Eighteenth Century Britain*, p. 57.

④ W. A. Speck, *Tory and Whig*: The Struggle in the Constituencies 1701 – 1715, London: Macmillan, 1970, pp. 126 – 131.

⑤ 据统计，现存的 9 种伦敦报纸，在 1704 年每周的发行量达到了 44000 份（包括发行到伦敦以外地区的数字）。James O. Richards, *Party Propaganda under Queen Anne 1702 – 1713*, Georgia: University of Georgia Press, 1972, p. 10.

⑥ 笛福在 1701 年写的讽刺诗《真正的英国人》至少刊行了 21 个版本，共计印发约 8 万册。James O. Richards, *Party Propaganda under Queen Anne 1702 – 1713*, p. 9.

⑦ H. T. Dickinson, *A Companion to Eighteenth Century Britain*, p. 98.

人的周围，听他大声朗读报纸信息。① 可见，议会外的力量的确不容小觑，尤其是其往往以代表公共利益的"人民之声"的超党派的面貌出现，能够对仅代表特定阶层的政党形成制约。

自安茹公爵继承西班牙王位以来，英国内的意见发生了显著变化，人们虽然厌恶战争，但更不愿意看见法国变得过分强大，越来越主张反对法国。但"议会下议院的争吵及其对外交事务的漫不经心让整个英格兰感到厌恶，尤其是伦敦。这里的人们对外交事务和海外贸易有着更好的了解……他们看到，一旦法国与西班牙联手，他们的贸易将首先遭到毁灭，随之而来的是整个国家的覆灭……议会下议院的恶劣表现和外交事务的紧迫性已经传遍英格兰各地……"②

1701 年 5 月 8 日，正当托利党沉迷于弹劾辉格党大臣之际，英国发生了肯特请愿（Kentish Petition），这次请愿有可能是辉格党组织的。③ 这一天，来自肯特的治安法官、陪审团成员以及其他在当地有影响的人（签名者共计 300 余人），向下议院递交了一份反对法国的请愿书。其中写道："我们十分关切本王国与欧洲现在面临的危险，其事关我们和子孙后代的命运，恳请尊贵的议会下议院尽早作出决议，对人民给予你们的信任做出回应……历史表明，除了团结一致民族不可繁荣富强，我们希望内部不要相互误解，绝不能不相信国王……我们恭敬地请求议会下议院聆听人民的声音……提交征税法案，让国王更加强有力地对盟国给予实际援助（指反法一事），否则一切都将来不及……"④

请愿书虽然体现了辉格党的立场，但也反映了公共意见的变化，而托利党则迟钝地认为其只是辉格党所为，因此，下令监禁了 5 名请愿者，⑤此举引发人们的强烈不满。5 月 11 日，笛福撰写了"军团请愿书"（The Legion Letter），呈递议会下议院。请愿书首先指出，"你们不能凌驾于人

① Tim Harris, *Politics under the Later Stuarts*, pp. 186 – 187.

② *Bishop Burnet's History of His Own Time*, Vol. 4, pp. 509 – 510.

③ Clayton Roberts, *Schemes & Undertaking: A Study of English Politics in the Seventeenth Century*, p. 160.

④ *Cobbett's Parliamentary History of England*, Vol. 5, Cols. 1250 – 1251.

⑤ *Cobbett's Parliamentary History of England*, Vol. 5, Col. 1251.

民的不满之上，人民选你们为议员，也可以让你们成为普通一员"；随后列举了下议院犯下的 15 项罪行，包括托利党不顾海外危机、执迷于弹劾辉格党大臣以及关押请愿者等；最后提出建议，"你们要严肃考虑法国权势日益上涨的危害……法国必须从佛兰德斯撤出，否则你们就该支持国王对法国宣战……向国王拨付款项以执行那些必要措施……先生们，我们希望你们认真考虑眼前的职责，如果你们继续无视这一点，你们可以想象一个受到侵害的民族的愤怒会如何对待你们……"。①

当时的报纸和小册子刊登了大量关于议会内政治进程以及请愿事件的内容，例如 1701 年的官报《伦敦公报》刊印了辉格党组织的各类请愿，另一份私人月刊连续 3 个月登载了托利党弹劾辉格党大臣以及处置"肯特请愿"的过程。②

逐渐地，英国内形成了一股反法的公共舆论。曾任国务大臣的詹姆斯·弗农（James Vernon，1646 – 1727）注意到："下议院之外的群情不满让我们的上层人士感到不安，他们正在努力压制请愿，但所用方式可能适得其反。"③ 很快，一些选区开始向他们的代表发出指示，一名托利党活跃分子收到的选区指示信中写着："要么投票支持战争，要么别想再被选为议员。"伦敦市政只以一票之差未通过请求议会反法的请愿。④ 5 月28 日，罗伯特·哈利还在下议院门口收到一封信，其中讽刺地写着："出售三个王国，有意购买者请咨询门内的人。"⑤ 根据伯内特主教的记录，当时"整个民族看上去愿意打一场战争，愿意诚心实意地支持国王"。⑥

反法公共舆论的形成给托利党带来不小的压力。笛福的"军团请愿书"在国内传开以后，戈多尔芬焦虑地告诉托利党大贵族诺丁汉姆伯爵（Earl of Nottingham，1647 – 1730），民众对本届议会下议院普遍不满，希

---

① *Cobbett's Parliamentary History of England*，Vol. 5，Cols. 1252 – 1256.

② R. B. Walker，"The Newspaper Press in the Reign of William III"，*The Historical Journal*，Vol. 17（December 1974），pp. 691 – 709.

③ *Vernon's Letters*，Vol. 3，pp. 145 – 146.

④ Clayton Roberts，*The Growth of Responsible Government in Stuart England*，p. 316.

⑤ BM，Add. MS 30，000E，f. 226 - v，转引自 D. H. Wollman，*Parliament and Foreign Affairs，1697 – 1714*，p. 218.

⑥ *Bishop Burnet's History of His Own Time*，Vol. 4，p. 511.

望转变立场，尊重国王和人们的意愿。[①]

最终，"全民族的意见极大地影响了下议院的立场，他们开始讨论战争的不可避免性。"[②] 基于选举政治的考虑，托利党占多数的议会下议院转变了态度，并试图"让自己成为反法的拥戴者"。[③] 下议院不仅通过了批准征税的法案，而且在 6 月 24 日将法案提交国王确认时再次明确支持国王可以发动必不可少的战争。

总之，议会外力量已经开始影响国王、政府与议会对国家对外事务的研判与决策，是未来监督国家外交权行使的一股潜在力量。

---

① Henry Horwitz, *Parliament, Policy and Politics in the Reign of William III*, p. 291.

② *Bishop Burnet's History of His Own Time*, Vol. 4, p. 511.

③ Clayton Roberts, *The Growth of Responsible Government in Stuart England*, p. 316.

第六章　君主外交特权的新行使方式

在安妮女王统治时期，英国统治阶层提出的改变君主外交特权行使方式的三项建议得以全部实践。这一时期，由于安妮女王自身的若干因素，君主在行使外交权方面呈现弱化趋势，尽管君主依旧拥有外交权威。拥有外交权威的主体与实践外交权的主体的逐渐分离，是这一时期国家外交权变化的最显著的特点。此外，政党政治日益兴起，推动政党内阁的发展，内阁全面承担外交决策职能。议会核准政府外交决议的做法也得到进一步发展，经议会核准的决议不得随意改变。英国外交权行使方式已经从君主的外交特权转变为君主具有外交权威、内阁决策、议会核准的新方式。

第一节　安妮女王外交权力的弱化

1702 年 3 月 8 日，52 岁的威廉三世在英国病逝，留下了两大内政外交遗产。内政方面，安妮公主顺利继承英国王位；外交方面，英国加入欧洲反法阵营。在安妮女王统治的 13 年里，英国作为反法同盟的头号主力，参与了西班牙王位继承战争（1702—1714）。女性君主不必然意味着在宣战、媾和及订立外交盟约事务方面缺乏才干或权力虚弱，然而，基于各种原因，这一点确实体现在安妮女王身上。

在继承英国王位之前，安妮一直缺乏治国理政的经验储备。安妮是詹姆士二世的二女儿，这一出生决定了她自幼没有被当作王位继承人培养，在其早年的教育与经历中缺少相关历练。1688 年革命之后，安妮继承王位的前景略微明朗，假如玛丽二世与威廉三世没有留下子嗣，那么安妮就有可能继承王位。尽管如此，在威廉三世统治时期，安妮一直被排除在国家事务管理之外，安妮甚至被禁止告知一切国家事务。只是在继承王位的前一两年，"安妮才每日花费数时用于阅读，知晓了一些英国历史知识，为她即将到来的女王生涯做准备"。① 这段时期的安妮，正如她的密友、马尔伯勒伯爵夫人萨拉评价："在她成为女王之前，戈多尔芬大人像一个父亲或监护人那样，带着关怀与体贴，引领她度过那令人绝望的无知状态。"②

安妮女王的健康状态极大地影响了她亲自料理国事。安妮在 18 岁时与丹麦王子成婚，随后经历了至少 15 次怀孕与小产，目睹了所有幸存的孩子的逐一离世，最后一位儿子格洛斯特公爵在她继承王位前一年死去。这些经历对安妮的身心造成巨大的创伤。屈威廉在《安妮女王时代的英格兰》一书中这样描写：安妮患有反复发作的痛风或水肿，"身体上的疼痛和精神上的折磨是她生活中的家常便饭"，她经常"缠着绷带"，"当她的臣民鞠着躬被带到她面前时，他们看到他们光荣的女王是一个非常痛苦的女人"；不仅如此，"安妮的思维像低地的河流一样缓慢"，"虽然能在公共场合很好地阅读演讲稿，却不能持续进行对话"；"以她的身体状况，她唯一能做的运动是驾驶一辆马车，还要靠两位绅士站在马头旁边，握住缰绳"。③ 可以说，健康问题成为安妮亲自处理繁杂的内政外交事务的最大障碍。

不过，作为斯图亚特王室最后一位继承人，安妮女王具备一些独特的统治优势。在 1688 年革命过程中，安妮是最早一批背弃詹姆士二世、倒向威廉与玛丽的王室及贵族成员之一，并在革命之后认可《权利法案》对王权的限制。相较威廉三世的外国人身份与加尔文派宗教信仰，安妮拥有斯图亚特王室血统，自幼信奉国教，是一位土生土长的英国人。这些条件使她更容易获得英国统治阶层的支持与信任，也使得她必然更加器重英

---

① G. M. Trevelyan, *England under Queen Anne*, Vol. 1, London：Longmans, 1932, p. 168.

② Lord John Russell ed. , *Private Correspondence of Sarah*, *Duchess of Marlborough*, Vol. 2, London：H. Colburn, 1838, p. 117.

③ G. M. Trevelyan, *England under Queen Anne*, Vol. 1, pp. 168 – 169.

国大臣。在继位之际，安妮女王告知枢密院和议会两院，"我有一颗纯正的英国心"，① 这让英国统治阶层十分受用。

对于这些不利的条件在多大程度上有利于或不利于安妮女王有效行使王权，学术界有不同看法。由于安妮女王较少吸引历史学家的注意，学术界对她的研究并不深入，并长期认为，安妮是一位"没有主见""性格软弱""易受摆布"及"犹豫不决"的君主。20 世纪 30 年代以来，学者们逐渐修正了对于安妮女王的传统历史形象。屈威廉在其著作中指出："这位斯图亚特王朝的最后一位女王拥有更多明智地统治一个国家所需的品质。在十几年的疲惫岁月中，这位病人每天都要面对她的日常工作。她没有把事务交给她的宠臣，甚至没有完全交给她的大臣。为了在教会和国家中做她认为正确的事情，她在政府的许多琐事上劳心劳力。"②《安妮女王》的作者爱德华·格雷格也指出："没有人会试图否认女王的健康很糟糕，在继位之际，她抱恙在身、行动不便，这自然而然会减少她参与宫廷的活动。"③ 但是，安妮女王仍然频繁参与国事活动，"花费大量的时间和精力以履行她的职责……不仅经常主持内阁会议，大约一周一到两次，而且每天会见个别大臣，听国务大臣汇报各种请愿和国外消息摘要"。④

不过，学术界对安妮女王历史形象的修正仅限于其在内政领域的表现，尤其是宗教事务领域。可以看到，在任命内阁大臣方面，安妮的确拥有鲜明的立场。安妮的君权观念，除摒弃了"君权神授"以外，可能与斯图亚特王朝以及都铎王朝的其他君主并无二致。继位伊始，她打算像伊丽莎白一世那样进行统治，通过任用效忠于女王的臣仆，统治国家。由于持有此种君权观念以及是一名虔诚的国教徒，安妮比较偏好托利党与温和的辉格党人，厌恶具有强烈的党派精神的辉格党小集团的主要人物，也厌恶任何表现出强烈的党派意图的托利党贵族。

安妮并不喜欢她的臣民分为对立的党派，更不喜欢自己只做某一个党派的女王。因此，在任命内阁大臣上，安妮并不接受"任何更现代的政

---

① *Bishop Burnet's History of His Own Time*，Vol. 5，pp. 2－3.

② G. M. Trevelyan，*England under Queen Anne*，Vol. 1，p. 169.

③ Edward Gregg，*Queen Anne*，Ark Paperbacks，1984，p. 137.

④ Edward Gregg，*Queen Anne*，p. 137.

治理论实践"，不认为女王必须从在下议院占多数的政党中挑选大臣，①
而倾向于任命两党混合内阁。但是，这种做法早在威廉三世统治时期就已
经被多次证明行不通，在安妮女王时期，依旧被证明是不可行的。因此，
安妮经常遇挫。她无法理解，她"一心为了国家，没有任何私心、其他
目的和想法"，但为什么要受到党派的控制，为什么她"一心为了臣民，
却不被信任？"② 不过，安妮虽然经常受制于政党而不得不建立政党内阁，
但情况并不总是如此。在统治后期，安妮确实显示出强势的一面，成功撤
换了内阁中所有令她厌恶的辉格党大臣，建立了一届托利党主导的混合内
阁。这就是安妮时期引起历史学家注意的所谓的"政府革命"事件。

　　在宗教事务领域，安妮表现得更像一位女王。安妮是一名虔诚的国教
徒，个人的不幸经历使她更愿意诉诸宗教慰藉，因此，在宗教领域总能坚
持己见，较少受到影响。这一情况在安妮继位之初即显示出来。爱德华·
格雷格指出："威廉曾经任命了一个包含两名大主教和四名主教的宗教事
务委员会，负责向他提供宗教人员任命的建议，但这个委员会在坎普敦主
教的建议下被安妮女王解散了，她决定自行掌管。"③ 解散之后，安妮选
择约克大主教作为她在宗教事务上的主要顾问，这使得安妮的密友萨拉以
及当时的财政大臣戈多尔芬自认为很难影响到女王。当1703年戈多尔芬
向女王推荐的两名宗教职务候选人遭到拒绝后，得出了这样的结论："我
觉得无论谁向女王推荐那些值得被推荐的人，都是白费力气，尽管女王不
会正面告诉我们她到底中意谁，但她很坚决地告诉我们她拒绝谁。"④

　　然而，在外交事务领域，安妮女王基本上处于"缺席"的状态。西
班牙王位继承战争比九年战争耗时更久、规模更大、涉及的外交关系更加
复杂，但战争、和平及盟约事务均不是安妮女王擅长与感兴趣的领域。作
为一名试图尽职尽责的女王，"安妮虽然密切关注外交事务，也被频频告

---

① G. M. Trevelyan, *England under Queen Anne*, Vol. 1, p. 175.

② Beatrice Curtis Brown ed., *The Letters and Diplomatic Instructions of Queen Anne*, London: Cassell, 1968, pp. 196 – 197, 258. （后文缩写为 *Queen Anne Letters*）

③ Edward Gregg, *Queen Anne*, p. 146.

④ Henry L. Snyder ed., *The Marlborough-Godolphin Correspondence* （后文缩写为 *The Marlborough-Godolphin Correspondence*）, Vol. 1, Oxford: Clarendon Press, 1975, p. 185.

知下发的秘密任务或内阁中的决议……但是，要从现有的文献记录中追踪到任何女王本人的外交看法是非常困难的"。① 这与叱咤欧洲外交舞台的威廉三世形成鲜明对比，安妮与她之前的两位女性君主也迥然不同。

安妮不亲自执掌外交事务的做法，使得她必须依赖她的大臣，甚至把外交决策、管理与执行完全交给她的大臣去处理。历史学家纷纷指出，安妮虽然"有自己的看法和一些能力，但她本人无法决议和管理外交政策，更不能讨论与法国的战争，绝大部分的外交决策实际上由大臣们承担"，②尤其是马尔伯勒公爵。在外交事务中，安妮确实"依赖她所信任的大臣的建议与指导，让他们进行决策和管理"。③ 从现存不多的有关安妮女王处理对外事务的史料中可以看到，即便到安妮统治末期，安妮依旧在各类外交事务上都严重依赖她的大臣。例如，1713 年，当一名法国大使前来拜会女王时，女王写信给主政大臣牛津伯爵："我必须请你给我写几句你认为适合讲给奥蒙特公爵的话，当他来拜见我时。"④

在统治的大部分时间里，安妮最信任的是马尔伯勒伯爵的夫人萨拉·丘吉尔、马尔伯勒伯爵以及戈多尔芬。他们在威廉三世统治时期，坚定地站在安妮一边，赢得安妮的信任并成为安妮最好的朋友。从现存安妮女王的书信中可以看到他们之间的关系的亲疏程度。例如，1703 年，安妮给萨拉写信："如果你背弃了我，我与这个世界也将不再有关系，只好退位，因为，当王冠失去了支持后，它还剩什么呢？而我将永不背弃你、弗里曼还有蒙哥马利先生，我永远是你们忠实的朋友，我们四人必须永不分离，直到死亡将我们带走。"⑤ 信中的"弗里曼"指马尔伯勒，"蒙哥马利"指戈多尔芬，安妮女王则自称"莫利"。由于马尔伯勒夫妇与戈多尔芬是姻亲关系，安妮女王得以将自己置于一个相对封闭的小圈子中。

---

① John B. Hattendorf, *England in the War of the Spanish Succession: A Study in the English View and Conduct of Grand Strategy*, p. 6.

② John P. Mackintosh, *The British Cabinet*, 3rd edition, London: Stevens & Sons Limited, 1977, p. 47.

③ *Queen Anne Letters*, p. vii.

④ Historical Manuscripts Commission, *Bath MSS*, Vol. 1, p. 225.

⑤ *Queen Anne Letters*, p. 125.

在外交事务上，直至 1710 年，安妮主要依赖以马尔伯勒伯爵为核心的小圈子。在威廉三世病逝之前，他意识到马尔伯勒的重要性。"这位伯爵不但是假定继承人安妮公主的宠儿，而且是一位颇有手腕的政治家，又是一位第一流的军事统帅"。因此，1701 年，威廉"提拔马尔伯勒担任能够代行国王本人权力的各种职位"，① 正是他在 1701 年 9 月代表英国与荷兰、奥地利谈妥了第二次反法大同盟条约。安妮继位后，马尔伯勒立即被任命为英军总司令和荷兰全权大使，负责英国对外战争与几乎一切外交事务。由于马尔伯勒常年在欧洲大陆领导战争与执行外交任务，为了确保他对国内事务，尤其是议会事务的掌控，他建议女王任命戈多尔芬担任财政大臣。戈多尔芬不仅是马尔伯勒的姻亲，支持马尔伯勒的对外政策，而且"具有杰出的理财能力和让议会投票批准征税的能力"，能够与常年在国外的马尔伯勒互通国内外事务。② 安妮则接受了马尔伯勒的建议。此外，由于罗伯特·哈利具有杰出的议会下议院管理能力，他继续管理议会下议院。历史学家将马尔伯勒、戈多尔芬和罗伯特·哈利称为"三巨头"，他们几乎垄断了安妮女王统治大部分时期英国的内政与外交的决议、管理与执行，控制着大量的各类各级军、政职位的任命，是最有权势的大臣。

安妮将外交事务几乎完全交给大臣管理的做法，削弱了君主亲自行使国家外交权的传统。正如布朗在收集、整理和研究了安妮女王的信件后指出，安妮女王"几乎没有意识到，当她把国家之船交给经验丰富的领航员之后，她自己就只剩下大体未受损害的君权。在这一点上，她与威廉完全不同，威廉知道自己的地位，但也通晓统治之术，他精明地统治着，尽可能地拒绝将哪怕是一丁点儿的权力交给他的大臣们，他也从不指望从国王这一地位获得至高无上的权威"。③ 安妮则正好相反，她表面上保持了君主的权威不受议会的侵蚀，但安妮女王保持君主权威的方式是通过实际上将权力转移给控制着下议院多数的大臣来实现的。霍恩也指出："在安妮统治的大部分时间里，重大外交决议由马尔伯勒与戈多尔芬做出，他们

---

① ［英］布朗伯利编：《新编剑桥世界近代史》第 6 卷，中国社会科学院世界历史研究所组译，第 547 页。

② G. M. Trevelyan, *England under Queen Anne*, Vol. 1, p. 186.

③ *Queen Anne Letters*, p. vii.

合作融洽。安妮习惯性地接受他们的建议，造成有效控制外交政策的权力从君主转移到她的大臣手里。"①

的确，考虑到安妮时期政党政治的日益发展，把外交事务交付大臣管理，将对君主亲自行使外交权造成不可逆转的变化。

第二节　内阁的外交决策职能

一　安妮时期的政党

在安妮女王时代，党派形态越来越稳定。一方面，党派突破了威廉三世时期宫廷派、乡村派与托利党、辉格党并存的局面，越来越以辉格党与托利党的划分为主导。在计算议员党派属性时，人们更看重辉格党与托利党的划分，乡村派与宫廷派变得越来越不重要。1702 年，伯内特主教估计"下议院中的托利党是辉格党的两倍"。② 1705 年，埃利斯先生（Mr. Eyles）告诉波特兰伯爵："即将召开的议会的议员名单还没有最终公布，但可以告知大人您，最新的计算是辉格党与托利党持平，因此，领有政府职位的人（Placemen）将改变平衡。"③ 另一方面，相较威廉三世时期贵族与议员比较容易变换党派立场的现象，安妮时代的贵族与议员较少改变自己的党派立场。这一点并不难计算，因为安妮时期的议会选举与议会投票均采取实名制。根据斯贝克的研究与统计，"安妮时期共计选出 1220 名议员，其中只有很少的一部分——大约 156 人——具有很不明确的党派属性"；仔细分析会发现，这些议员中有"495 名只投给托利党，有439 名只投给辉格党"，"还有 130 名则是时常变换党派立场的议员，这其中至少有 59 名托利党只发生过一次不投给托利党政府的行为，即 1713 年与法国的和平商约，该问题引起了托利党的分裂"。此外，"1702—1714 年，被重复选举到议会的议员中，只有 71 名议员是明确的既非辉

---

① David Bayne Horn, *Great Britain & Europe in the Eighteenth Century*, p. 6.

② *Bishop Burnet's History of His Own Time*, Vol. 5, p. 45.

③ N. U. L. Portland MSS. PwA. 410. Geoffrey Holmes and W. A. Speck, *The Divided Society: Party Conflict in England 1694 – 1716*, p. 29.

格党也非托利党的议员"。① 简言之，议员们稳定的站在辉格党或托利党一边。

辉格党与托利党的分歧体现在各个重大问题上。此时，两党在对待王位的态度上已经没有明显区分，均争相进入内阁，试图以君主的名义最大限度地行使政府权力，例如控制人事任命、奖赏、提拔以及封爵等行政大权。两党的分歧首先体现在当时最重大的问题上，即英国王位继承问题。辉格党坚定的支持汉诺威选侯家族的继承权，托利党则不够坚定，一方面支持汉诺威的继承权，另一方面又向流亡在海外的斯图亚特王室的后代"投保"，因此，被辉格党贴上"詹姆士党"的标签。在宗教上，两党也继续对立。辉格党对不服国教者持宽容态度，托利党则更加维护国教的地位，他们自称和被称为"国教党"（church party）。

辉格党与托利党在外交事务中的对立并未随着威廉三世的去世而消失。在安妮统治时期，辉格党与托利党在对外政策中的立场越来越清晰，"他们在对欧立场、与联盟的关系以及外交政策中的基本原则上，形成了十分不同的看法……托利党更加支持孤立主义和排外"，② 坚持立足海洋的战略，辉格党则认可威廉三世曾经推行的政策，成为欧洲大陆战略的继承者。需要特别注意的是，三巨头支持欧洲大陆战略，尽管他们是托利党。其中，马尔伯勒与戈多尔芬始终支持欧洲大陆战略，罗伯特·哈利至少在1708年之前大体上支持欧洲大陆战略。这实际上让英国政党政治变得更为复杂。

辉格党主张的欧洲大陆战略与托利党奉行的海洋战略之间的分歧在安妮时期有了新的表现。

首先是英国在西班牙王位继承战争中的身份定位。托利党认为，英国是协助国；马尔伯勒及辉格党认为，英国是主力国。这一分歧在1702年5月初内阁讨论对法国和西班牙宣战时就已暴露。罗切斯特伯爵是安妮女王的舅舅，托利党中最显赫的贵族之一，他指出，"对于英国人来说，更加安全的做法是只作为协助国参战"；马尔伯勒则坚持认为："履行先王

---

① W. A. Speck, *Tory and Whig: The Struggle in the Constituencies 1701 - 1715*, pp. 111 - 112.

② Geoffrey Holmes, *British Politics in the Age of Anne*, pp. 64, 66.

订立的盟约，不仅是英王和民族的尊荣，而且，除非英国作为主力参战，否则法国永远不可能被真正削弱。"① 安妮女王、辉格党贵族萨默塞特公爵、德文夏公爵以及温和的托利党彭布鲁克伯爵等，支持马尔伯勒的看法。这样，英国将按照欧陆战略推进西班牙王位继承战争，但托利党的异议并未消失。一年后，一位托利党议员描述了他们对西班牙王位继承战争的看法："我们正在打一场反对法国和西班牙的战争，这是上一位国王留给我们的，但是，我们按照他在位时期的削弱法国的旧方式进行。"② 可见，托利党认为，马尔伯勒与辉格党的对外战略就是威廉三世的战略，而这是他们一直反对的。

其次是英国在西班牙王位继承战争中的目的的定位。按照 1701 年 9 月签订的第二次大同盟条约之第 2、第 3 及第 8 条规定的内容，英国的战争目的是确保奥皇获得西班牙帝国公平且合理的一部分，确保英国与荷兰实现国家安全、海上航行以及商业贸易的必要保证，盟国必须协同一致、不可单独和平。③ 此外，由于法国承认詹姆士三世是英国国王，这使得英国将维护新教继承权列为英国的战争目的之一，即除非法国不再支持詹姆士三世，否则大同盟不可与法国和平。然而，除了维护新教继承权这一点，英国的战争目的是不清晰的，"公平且合理的一部分"是一个模糊的表述，它的范畴可大可小。1703 年，大同盟为了争取葡萄牙加入同盟国作战，签订了《梅休因条约》，将原有的战争目的改为除非大同盟将法国继承人赶出西班牙，由奥地利查理大公继承西班牙王位，否则大同盟不可与法国和平，这就是所谓的"不要没有西班牙的和平"。这一目的的主要支持者是辉格党。然而，战争目的的扩大造成英国不得不踏入西班牙本土作战，而征服西班牙又是一件耗时耗力的事情，据统计，1702—1712 年，欧洲大陆战场耗资比重持续上涨，1702 年，海军支出占 63%，陆军支出占 33%，其他占 4%；到了 1712 年，陆军占 59%，海军占 38%，其他占

---

① A. Boyer, *History of the Life and Reign of Queen Anne*, London: printed by J. Roberts, 1722, p. 14.

② Add. Mss. 22852, fo. 63, in Geoffrey Holmes and W. A. Speck, *The Divided Society: Party Conflict in England 1694 – 1716*, p. 92.

③ 条约原文参见 *Treaties Collection*, Vol. 1, pp. 326 – 329.

3%。而在欧陆战场上，低地国家最为重要，耗资也最大，其次是在葡萄牙和西班牙战场的开支。[1] 战争负担主要落在土地阶层身上，其中托利党居多，因此引发托利党严重不满，该党仅有诺丁汉姆支持新的战争目的，其余均反对。在托利党看来，英国的主要任务是利用海军保护本国安全、防止入侵，并保护对本国经济至关重要的沿海贸易，与此同时，英国还要保护她在海外的殖民地、贸易港口和海上贸易，这些是英国重商主义体系的核心。[2] 可以说，战争目的分歧成为两党对外战略分歧中另一个显著的方面，一直持续到战争结束，其甚至导致辉格党最终倒台。

再次，英国与盟国的关系。支持欧洲大陆战略的辉格党认为，由于英国的目的是帮助查理大公获得西班牙王位，非此不能削弱法国、维持欧洲均势，而法国又是一个欧陆国家，这要求英国在欧洲大陆保持强大的陆军，英国战略的核心就是在欧陆多个战场进行军事活动，分散法国的军队。这意味着英国需要盟国，英国应该与更多的国家结成联盟。西班牙王位继承战争期间，除了《大同盟条约》，英国还签订了一百多份条约，绝大部分条约是关于英国雇佣他国军事力量的，涉及国家包括丹麦、葡萄牙、瑞典、萨伏伊、荷兰、奥地利、普鲁士、黑森—卡塞尔、沃尔芬比特尔、布伦瑞克、明斯特、荷尔斯泰因等西欧主要国家和诸多德意志邦国。此外，盟国还要团结一致，否则"法国将利用我们的不一致"，[3] 总之，比起盟国需要英国来说，英国更需要盟国，这是英国的战争目的和岛国地位使然。坚持海洋战略的托利党则认为，英国虽然是大同盟的一员，但二者职责不同。大同盟的主要任务是在欧洲大陆进攻法国，英国的主要任务是控制海洋，即便英国需要陆军，但陆军并非用于欧洲大陆，而是用于英国的殖民地。英国与盟国是一种配合关系，英国需要盟国的程度不及盟国

---

① John B. Hattendorf, *England in the War of the Spanish Succession: A Study in the English View and Conduct of Grand Strategy*, appendixes B – D, pp. 401 –423.

② John B. Hattendorf, *England in the War of the Spanish Succession: A Study in the English View and Conduct of Grand Strategy*, p. 246.

③ PRO, S. P. 80/20, fo. 354, Stepney to Hedges 9 May 1703, 转引自 John B. Hattendorf, *England in the War of the Spanish Succession: A Study in the English View and Conduct of Grand Strategy*, p. 77.

需要英国的程度。

综合而言，欧陆战略是一种基于欧陆视域、耗资大且不易实现的进攻型战略，海洋战略则是一种基于岛国视域、成本较低且容易实现的防守型战略。欧洲战略是"英国人对这场战争认知的主要特征"，但海洋战略也一直被鼓吹，"英国仍然有必要保护本岛不遭遇袭击，保护本国至关重要的经济利益"。① 两者的分歧可能是相对的，正如18世纪军事外交史学者杰里米·布兰克指出的："在大臣们看来，它们并不是截然对立的，事实上，基于外交和政治原因，大臣们致力于让二者呈现出互补的一面。"② 然而，问题的关键在于，在战争资源有限、海战与陆战的任务不同、英国与同盟国承担义务不均等情况下，到底应该侧重于哪一方，优先哪一方？正是在这种情况下，欧陆战略与海洋战略的紧张关系才会发展到冲突层面，而这种冲突存在于整个西班牙王位继承战争中。

二　政党内阁的发展

历史学家用"党派的狂怒"（rage of party）形容安妮时期党派斗争的激烈程度，两党不仅尽可能地组织有利于自身的舆论宣传，控制和影响议会选举，要求本党议员在下议院按照本党立场投票，抓住一切机会攻击对手，而且争夺国家最重要的职位，要求完全控制内阁，从而实现以女王之名行使统治权的目的。两党争夺控制内阁推动了政党内阁的发展，并由此影响到外交决策。

内阁经过威廉三世时期的发展，已经成为政府权力中心，尽管其在威廉时期只负责内政事务，但经过"瓜分条约事件"后，内阁获得了就外交事务向国王提供建议的职能。这一职能随着安妮女王统治的开始，迅速朝着全面管理外交事务的方向发展。与此同时，内阁机制日益发展。内阁会议一般在每周日晚餐后召开，出席会议的人员通常包括女王、女王的丈夫及女王任命的担任政府要职的大臣，主要有英国海陆军总司令、大法官、财政大臣、掌玺大臣、枢密院院长、爱尔兰总督、南方及北方国务大

---

① John B. Hattendorf, *England in the War of the Spanish Succession：A Study in the English View and Conduct of Grand Strategy*, p. 246.

② Jeremy Black, *A System of Ambition? British Foreign Policy 1660 – 1793*, p. 91.

臣。从权力地位看，内阁会议商讨和决议国家内政外交，其最终决议均要得到女王的批准，这是内阁会议区别于其他会议的一个独有特征。作为内阁会议的补充，由少数几名主政大臣组成的上议院委员会也经常召开，其频率远远高于内阁委员会。J. H. 普拉姆认为，上议院委员会和内阁的唯一差别是前者没有女王及其丈夫丹麦亲王参加，后者则有女王及其丈夫参加，两者在处理的事务方面没有什么差别，但上议院委员会的决议必须在女王出席的内阁会议批准后正式生效。① 总之，无论内阁还是上议院委员会，一个由少数大臣组成的核心圈子统管英国内政外交，这个核心圈子主要通过内阁使其决议获得批准，而由于女王在大部分情况下都会批准内阁的决议，因此，这个核心圈子或者说内阁实际上可以自主决策。对于国家行政中枢的模糊又确定的特点，可以从安妮统治末期上议院的一次辩论中得到证实。当时，刚卸任的大法官库珀（Lord Cowper）指出，"'内阁'（cabinet）不为法律承认，'大臣们'（ministers）是一个不确定的说法"，也有贵族说，"'内阁'与'政府'（ministry）没有区别，内阁指的就是那些大臣"，有些则又说，"区分此二者没有必要，大家都知道是谁"。② 换言之，制定政策的大臣们大多为内阁大臣，内阁也因此被看作"政府"，即便其还不具备正式的法律地位。

内阁作为新兴的行政权力中心，是一个集体决策机构，这使其成员有必要就内政外交重大政策达成一致。而要实现这一点，要么通过一位亲自决策内政外交的强势君主领导内阁，例如威廉三世，要么通过内阁中一位处于核心地位的大臣主导内阁，例如后来出现的首相，要么通过内阁成员同属一个政党来实现。遗憾的是，这些在安妮统治时期均不存在。安妮无法像威廉一样强力压制内阁中的不同意见，彼时也不存在首相，至于由同一政党成员组成内阁则是安妮不愿意接受的，因此，安妮时期政党内阁机制的发展往往是在女王与政党的冲突过程中实现的。

如威廉三世一样，安妮也偏好组建两党混合政府，她曾表示，"如果我非常不幸地落入任何一党手中，我将沦为他们的奴隶，尽管我仍有女王

---

① J. H. Plumb, "The Organization of the Cabinet in the Reign of Queen Anne", *Transactions of the Royal Historical Society*, fifth Series, Vol. 7 (1957), pp. 137 – 157.

② 关于这次辩论详情参见 *Cobbett's Parliamentary History of England*, Vol. Ⅵ, cols. 970 – 971.

之名"，① 因此，在继位之初，安妮任命了一届以托利党贵族为主导但包括温和的辉格党贵族的政府。这届政府中，王夫丹麦亲王担任海军大臣，马尔伯勒担任英军总司令和荷兰全权大使，罗伯特·哈利继续管理议会下议院，戈多尔芬担任财政大臣，罗切斯特担任爱尔兰总督，诺丁汉姆和亨吉斯分别担任南、北方国务大臣，泽西和西摩主持宫内事务，南森·怀特（Nathan Wright）担任掌玺大臣，辉格党中只有亨利·波义尔（Henry Boyle）在财政部供职。可见，这基本上是一届托利党内阁，其核心是马尔伯勒、戈多尔芬及哈利组成的"三巨头"。然而，这届内阁在外交政策上的分歧体现了辉格党与托利党的分歧。马尔伯勒与戈多尔芬在内政问题上持有托利党立场，但在对外政策上持有辉格党的看法，即英国应该推行欧洲大陆战略；二人也缺乏党派精神，主要靠家族联姻保持团结。实际上，正是马尔伯勒请求安妮女王任命戈多尔芬担任财政大臣的，在马尔伯勒看来，戈多尔芬支持他的外交政策，有能力为他筹集战争所需经费，善于管理议会，且能在战时与海外的马尔伯勒交流国内事务。② 马尔伯勒只有确保了这一点才愿意前往欧洲领兵作战，否则，他认为，内阁中的托利党贵族，尤其是罗切斯特一定会阻挠他的外交政策与海外战争，以罗切斯特、诺丁汉姆为代表的托利党则坚决反对英国继续推行欧洲大陆战略。

内阁成员立场上的不一致容易导致内阁难以形成一致的政策，或者形成不利于马尔伯勒的对外政策，或者引发议会内的不满。为了解决这一麻烦，三巨头认为，有必要提前决议好，减少内阁中其他托利党贵族讨论政策的机会，从而确保女王在无争议的情况下通过决议。1703 年，财政大臣戈多尔芬给下议院议长罗伯特·哈利写信说："马尔伯勒、您与我三人必须例行见面，每周至少两次，或者更加频繁，对即将要讨论的所有事务提前做出建议。"③ 这就出现了历史学家们普遍注意到的一个现象，即主事大臣总是事先作好决议，让女王在内阁会议上直接批准。有时，提前商议的人还包括负责某项具体事务但不是内阁成员的人，他们召开的会议被

---

① *Queen Anne Letters*, p. ix.

② G. M. Trevelyan, *England under Queen Anne*, Vol. 1, p. 186.

③ Historical Manuscripts Commission, *Portland MSS*, Vol. 4, p. 75.

称为"上议院委员会"。这种会议比内阁会议召开得更为频繁。据统计，1705 年曾召开了 64 次内阁会议，平均每周一次，而在安妮统治末年，上议院委员会每年召开 106 次，平均每周两次。[①] 通过这种方式，主事大臣垄断了内政外交的决策，使决策变得高效，政策连续性强，并且使由女王主持的内阁会议容易通过"内阁"决议，内阁也越来越具有权威性。

不过，上述方式不足以解决激烈的党派斗争对内阁保持一致带来的挑战，除非撤换内阁中持不同意见的贵族，否则内阁一致仍然难以实现。由于罗切斯特等人反对三巨头的欧陆政策，在三巨头的要求下，安妮在 1703 年底迫使罗切斯特辞职，随后在 1704 年解除了诺丁汉姆、西摩以及泽西的职务，三巨头之罗伯特·哈利升任南方国务大臣。不过，这一做法使得内阁与下议院多数党出现不一致。1702 年选出来的下议院中托利党占 323 个席位，辉格党占 190 个席位，[②] 更重要的是，三巨头政府实际上依靠的是部分辉格党与部分托利党的支持，因为前者在"战争事务和对待不从国教者的态度上支持三巨头，后者则经常不能让三巨头满意，因此这样的多数是危险的，容易减少甚至失去"。[③] 解除托利党大臣职务使这一多数变得更加脆弱，三巨头不得不更加寻求辉格党的支持。"戈多尔芬开始转向辉格党小集团成员沃顿、萨默斯和哈利法克斯，只要辉格党支持战争政策且在次要问题上不刻意挑起事端。"[④] 于是，在 1705 年的议会大选中，辉格党获得 246 席，托利党获得 267 席，相较上次选举结果，辉格党新增了 56 席。[⑤] 面对这一情况，女王在马尔伯勒和戈多尔芬的建议下，不得不任命更多的辉格党贵族入阁，萨默斯出任枢密院院长，显赫的桑德兰伯爵担任驻维也纳大使，后起之秀沃波尔进入海军部。[⑥] 尽管如此，安

---

① J. H. Plumb, "The Organization of the Cabinet in the Reign of Queen Anne", *Transactions of the Royal Historical Society*, fifth Series, Vol. 7 (1957), pp. 137 – 157.

② Geoffrey Holmes, *The Making of a Great Britain: Late Stuart and Early Georgian Britain 1660 – 1722*, p. 423.

③ Brain W. Hill, *The Growth of Parliamentary Parties 1689 – 1742*, p. 99.

④ Brain W. Hill, *The Growth of Parliamentary Parties 1689 – 1742*, p. 101.

⑤ Geoffrey Holmes, *The Making of a Great Britain: Late Stuart and Early Georgian Britain 1660 – 1722*, p. 423.

⑥ Brain W. Hill, *The Growth of Parliamentary Parties 1689 – 1742*, p. 103.

妮并未将身居要职的托利党贵族全部换为辉格党，内阁仍然由两党混合组成。

不过，随着辉格党越来越意识到内阁的对外政策越来越依靠辉格党议员的支持，他们不再接受混合内阁。从1705年开始，辉格党不断要求内阁完全实现辉格党化，否则他们将不再支持政府，从而迫使安妮女王建立了辉格党内阁。1706年女王拒绝任命桑德兰后，辉格党让哈利法克斯和萨默斯去向戈多尔芬施压，表示："承诺的此事和其他事都要兑现，否则我们和财政大臣没有什么好商量的……我们也要让我们的朋友知道我们和财政大臣之间的关系，无论产生怎样的后果。"① 安妮不得不退让，即便她清楚地意识到她的权力受到严重削弱。安妮深知："只要辉格小集团成员中的任何一个人担任国务大臣，内阁将变成辉格党的内阁，而非服从于女王的内阁。"② 她也曾求助马尔伯勒，"请告诉我，如何才能不落入五大臣（辉格党小集团）之手"，但马尔伯勒反而劝安妮任命桑德兰为国务大臣。③ 1707年，辉格党小集团再次告诉戈多尔芬："假如辉格党还没有全部进入内阁或担任政府要职的话，以及如果哈利（此时开始主张和平）还担任国务大臣的话，他们不可能控制议会下议院。"④ 言下之意，政府应该完全由辉格党组成。为了确保战争顺利进行，戈多尔芬和马尔伯勒不得不退让，安妮则不得不接受戈多尔芬与马尔伯勒的建议，结果是，哈利被迫辞去国务大臣职务，安妮女王被迫任命桑德兰为南方国务大臣，辉格党人威廉·库珀（William Cowper）先是担任掌玺大臣，随后任大法官。⑤ 紧接着举行的议会大选中，辉格党获得327席，托利党获得231席。⑥ 据此，辉格党进一步要求女王任命辉格党贵族担任各类政府职位，安妮再一

---

① Brain W. Hill, *The Growth of Parliamentary Parties 1689 – 1742*, p. 113.

② G. M. Trevelyan, *England under Queen Anne*, Vol. 2, p. 168.

③ *Queen Anne Letters*, pp. 196 – 197, 258.

④ Brain W. Hill, *The Growth of Parliamentary Parties 1689 – 1742*, p. 113.

⑤ Clayton Roberts, *Schemes & Undertaking*: *A Study of English Politics in the Seventeenth Century*, pp. 166 – 198.

⑥ 1707年英苏合并后，苏格兰向英国议会选派45名议员，下议院议会总数从513名增加到558名。Geoffrey Holmes, *The Making of a Great Britain*: *Late Stuart and Early Georgian Britain 1660 – 1722*, p. 423.

次退让，至 1710 年内阁已经完成辉格党化。

三　内阁承担外交决策职能

伴随内阁机制的发展，尤其是一党内阁的逐渐形成，英国外交决策的新方式也逐渐形成，其最终代替君主行使外交决策权。

内阁决策的雏形在安妮统治早期即已出现，尽管此时是混合内阁时期。此处可举一例。早在第二次大同盟条约签订之际，威廉与马尔伯勒就意识到了葡萄牙的重要性，但葡萄牙因惧于法国的威胁而站在了法国一边。1702 年 11 月，马尔伯勒急需为盟国海军在欧洲南部寻找到过冬港口，他告诉戈多尔芬，"现在迫切需要葡萄牙的支持"。[1] 1702 年底，葡萄牙看到盟国在海上的力量优于法国，也有了结盟意向。[2] 这种情况下，英国、荷兰以及奥地利派驻葡萄牙的大使开始与葡萄牙国王谈判具体条件。葡方提出的加入大同盟的条件是，英国及荷兰必须承担葡萄牙本土及支援葡萄牙军队的绝大部分军事开支，在葡萄牙的盟国军队必须由葡萄牙国王本人指挥，争夺西班牙王位的奥地利查理大公还必须亲自前往葡萄牙并率军征服西班牙，而且，除非盟国将法国波旁家族继承人赶出西班牙，否则各国不可单独议和。这其实就将大同盟最初的"查理大公获得合理的份额"的战争目的变更为"不要没有西班牙的和平"。同盟各国普遍不能接受葡萄牙的条件，英国驻葡萄牙、荷兰以及维也纳的大使对妥协到何种程度难以达成一致，谈判多次中断。僵持之下，英国驻葡萄牙大使"约翰·梅休因（John Methuen）向内阁提交了葡萄牙提出的方案，结果内阁否决了该方案，随后内阁批准了梅休因提出的替代方案"。[3] 可是替代方案又被葡萄牙拒绝。梅休因决定作出更多让步，并向内阁提交了新的方案。"这（新的方案）虽然让他的同僚愤怒……但内阁最终同意了他的提议。"[4] 然而，到了条约正式批准阶段，诺丁汉姆又坚决反对由葡萄牙

---

① *The Marlborough-Godolphin Correspondence*, Vol. 1, p. 141.

② G. M. Trevelyan, *England under Queen Anne*, Vol. 1, pp. 297 – 299.

③ A. D. Francis, *The Methuens and Portugal 1691 – 1708*, Cambridge：Cambridge University Press, 1966, p. 168.

④ A. D. Francis, *The Methuens and Portugal 1691 – 1708*, p. 176.

国王指挥英国在葡萄牙的船舰，他说："如果他同意了这样的条款，议会将会让他去见上帝，因此决定立刻通知葡萄牙，英国决不允许任何外国人指挥英国军队。"[1] 身在海外的马尔伯勒得知此事后，写信给诺丁汉姆，反复劝说他同意该条约。[2] "戈多尔芬也解释了条约的有利之处，内阁最终达成一致，承诺未来对存在争议的几点找到解决措施，并向女王建议批准了该条约。"[3]

从这一事例中可以看出：一方面，马尔伯勒、戈多尔芬及梅休因等人承担了实际的外交决策工作，但其决议需要得到内阁批准，内阁具有了外交决策职权，女王则只发挥"采纳大臣建议"的功能。另一方面，内阁成员在对外立场上的不一致容易让决议流产，这一次的条约也只是在马尔伯勒和戈多尔芬的劝说下勉强通过。

在政党内阁形成之前，外交决策主要通过上述方式进行，而在辉格党内阁形成后，可以看到一个显著的现象，即辉格党内阁可以凭借下议院中的多数的支持，完全自主制定和推行外交政策，不顾戈多尔芬与马尔伯勒的意见，更不顾女王的态度，可以说政党内阁完全承担外交政策的制定与执行。这里也可以举一个例子，即 1709 年辉格党内阁与荷兰签订《继承与屏障条约》事件。

自 1705 年法国因财政和兵力难以抗衡大同盟而首次提出议和以来，承担了沉重税役且厌战的托利党越来越希望尽早实现和平，三巨头政府也着手与法国及盟国展开商议，但均因法国不愿意放弃西班牙王位而未果。1708 年的政治斗争中，罗伯特·哈利被迫辞去南方国务大臣，开始支持托利党的和平政策，[4] 此时的安妮急切渴望摆脱辉格党的"奴役"，而实现摆脱的最好办法是尽早实现和平，哈利也由此成为女王私底下最重要的谋臣。然而，辉格党仍然坚持除非战争打到法国放弃西班牙王位——这是他们反复告知议会并得到议会多数支持的政策，否则不议和，同时还要确保盟国不会被法国引诱而单独议和。

---

[1]　A. D. Francis, *The Methuens and Portugal 1691 - 1708*, p. 176.

[2]　*The Marlborough-Godolphin Correspondence*, Vol. 1, p. 169.

[3]　A. D. Francis, *The Methuens and Portugal 1691 - 1708*, p. 180.

[4]　Brain W. Hill, *The Growth of Parliamentary Parties 1689 - 1742*, p. 111.

法国在 1709 年提出的议和条件的核心是"同意交出荷兰指定的所有西属尼德兰重镇",但不同意交出西班牙王位。[①] 对此,荷兰决心要实现和平,英、奥则坚持法国交出全部西班牙帝国,这时,"辉格党内阁担心把荷兰推入法国的怀抱,表示愿意作出很大让步"。[②] 这一让步便是接受荷兰对西属尼德兰的领土要求,通过建立一道安全的屏障,缓冲法国对荷兰带来的威胁。然而,荷兰要求的要塞太多,辉格党内阁与戈多尔芬和马尔伯勒产生分歧。萨默斯认为,屏障条约具有重要价值,"英国应该适当妥协";戈多尔芬则认为,荷兰要求太高,"不愿意拿脑袋冒险行此事";马尔伯勒也比较犹豫,拖延屏障条约的谈判。与此同时,辉格党内阁还提出了备选方案,英国可以在法国放弃西班牙王位的条件上接受和平。于是,内阁任命在屏障条约上更加积极主动的辉格党贵族汤森德(Townshend)与马尔伯勒一起,根据内阁列出的和平条件和屏障条约草案去谈判,任务是要么让法国接受条件,要么与荷兰签订条约,关于后者,内阁还附上"女王已经考虑了现有方案并同意在合理范围内作出修改"的意见。[③] 在随后的谈判中,法国拒绝接受盟国开出的和平条件,荷兰则愿意接受法国的和平条件,但不愿意接受英国提出的屏障条约中的"查理大公继承西班牙王位"这一条。紧迫的局势让内阁意识到不得不删除这一条——这本是他们拒绝法国议和的理由,也是他们继续推进战争要实现的最终目的。于是,汤森德自作主张告诉荷兰代表:"女王同意条约中只包含继承和屏障的部分。"[④] 此时,除马尔伯勒反对外,包括戈多尔芬在内的内阁成员都认为,不得不签订这份条约。[⑤] 这样,汤森德根据内阁建议的"合理范围内的修改"权限,向荷兰作出了更多让步,以至于汤森德

① Roderick Geikie and Isabel A. Montgomery, *The Dutch Barrier 1705 – 1719*, Cambridge:Cambridge University Press, 1930, p. 114.

② [英] 布朗伯利编:《新编剑桥世界近代史》第 6 卷,中国社会科学院世界历史研究所组译,第 590 页。

③ Roderick Geikie and Isabel A. Montgomery, *The Dutch Barrier 1705 – 1719*, p. 125.

④ Roderick Geikie and Isabel A. Montgomery, *The Dutch Barrier 1705 – 1719*, p. 136.

⑤ 马尔伯勒认为将"查理大公继承西班牙王位"这一条删除,盟国的战争目的将无法实现,一旦这一目的不能实现的话,他们拒绝法国和平条约也就没有意义了。

认为，他"超越了内阁赋予他的权限而有必要向女王解释一番"；① 马尔伯勒则认为，这份条约可能招致议会反对而拒绝签字。的确，在 11 月 8 日召开的内阁会议上，条约遭到辉格党内阁成员的激烈反对，但他们最终无奈接受，毕竟这是辉格党不得不推行的政策，临近会议结束，"国务大臣宣布了女王同意的决定"。②

从这一事例中可以看出，女王的内阁已经"脱缰"，辉格党内阁坚持自己的外交立场，无论选择和平还是继续战争。主事大臣和辉格党内阁负责从局势研判到政策抉择再到执行与落实的全部过程，即便认为条约十分不利，但为了继续推进他们的战争政策，辉格党内阁仍然通过了条约。在此过程中，戈多尔芬与马尔伯勒虽有反对，但只能无奈接受，因为他们不得不依赖辉格党控制的议会多数，而希望和平以摆脱辉格党制约的女王则只能表示同意，她没有自己的外交见解，也无法反对辉格党内阁的决策。

随着女王在外交决策中的持续缺席，内阁全面掌控外交决策，到安妮统治末期，人们普遍相信女王虽有权威，但实际的权力由控制着内阁的大臣们自主行使。这种自主程度有时可以达到"假传圣旨"的地步。辉格党为了推行战争政策如此行事，托利党为了推行和平政策亦如此行事。此处可以再举一个例子。

1710 年，就在辉格党继续推进战争政策时，英国发生了被时人和历史学家们反复琢磨的"政府革命"，③ 即安妮女王在罗伯特·哈利的支持下撤换掉马尔伯勒与戈多尔芬及辉格党内阁，任命了一届以托利党为主

---

① Roderick Geikie and Isabel A. Montgomery, *The Dutch Barrier 1705 – 1719*, p. 156.

② Roderick Geikie and Isabel A. Montgomery, *The Dutch Barrier 1705 – 1719*, p. 162.

③ 安妮时期著名的政府换届事件引发很多历史学家的讨论。从现有研究看，这次政府换届由多个原因促成，概括起来至少有四点。第一，安妮女王对辉格党政府的专权已到了严重不满的地步，希望早早摆脱。第二，托利党对辉格党穷兵黩武式的战争政策感到不满，他们自威廉时期以来一直主张海洋战略，反对在欧洲大陆参与耗资巨大的军事战争。第三，辉格党政府坚持的战争目的看似已经无法实现，而如果辉格党一直坚持的话，辉格党就必然要继续执掌政府，这是女王和托利党不能继续忍耐的。第四，辉格党政府在处理 1709 年萨谢弗雷尔（Sacheverell）事件时引发全国不满，导致托利党提出的"教会在危险中"成为人们普遍称赞的口号，这成为托利党政府有能力掌控议会下议院的基础。E. S. Roscoe, *Robert Harley, Earl of Oxford, Prime Minister 1710 – 1714, A Study of Politics and Letters in the Age of Anne*, London: Muthuen & Co., 1902; G. M. Trevelyan, *England under Queen Anne*, Vol. 3, pp. 61 – 75.

导但混合了温和的辉格党大臣的内阁。在 1710 年底举行的大选中，辉格党仅获得 198 席，托利党则获得 360 席。① 紧接着，托利党新任北方国务大臣圣·约翰要求实现内阁的托利党化，"圣·约翰想清除剩余的两名辉格党大臣，想让自己成为极端托利党的领袖并且控制托利党，他的方式则是尽快地实现和平，即便这意味着要放弃大同盟"，新任财政大臣"哈利则希望继续战争，直到他劝服大同盟加入和平或强迫他们认清现实。"②

1710—1711 年，罗伯特·哈利主持与法国的和谈事务，随后圣·约翰接手和谈事务，并与法国达成初步协议。③ 1712 年初，在英国提议下，大同盟在乌得勒支开会，商讨和平之事，但是，同盟各国不支持英国提出的方案，认为英国为自己索取太多，没有顾及盟国的利益，他们拒绝议和，选择继续作战。这种情况下，圣·约翰主张放弃盟国，单独与法国议和。④ 圣·约翰认为："我们在战场上表现不佳，会让法国在和会上不易受到控制，我们在战场上表现出色，则会让同盟各国不易受到控制。"⑤ 基于这一认识，圣·约翰决定不让英国军队在战场上积极表现。5 月初，他向接替了马尔伯勒职位的托利党前线总指挥奥蒙德（Ormonde）下发命令："女王明确命令阁下您，避免卷入任何围攻，直到您收到来自女王陛下的进一步指示，同时，我受令告知您，您当假装没有收到这份命令……我差点忘了告诉您，我已经将此命令告知法国（以方便你们沟通）。"⑥ 奥蒙德收到此命令时，正值盟国在战场上占据优势，希望英国助攻之际，然

---

① Geoffrey Holmes, *The Making of a Great Britain: Late Stuart and Early Georgian Britain 1660 – 1722*, p. 423.

② Brain W. Hill, *The Growth of Parliamentary Parties 1689 – 1742*, pp. 129 – 130.

③ B. W. Hill, "Oxford, Bolingbroke, and the Peace of Utrecht", *The Historical Journal*, Vol. 16, No. 2 (Jun., 1973), pp. 241 – 263.

④ 托利党的和平方案放弃了大同盟一直追求的目标——查理大公成为西班牙国王。[英] 布朗伯利编：《新编剑桥世界近代史》第 6 卷，中国社会科学院世界历史研究所组译，第 594—596 页。

⑤ G. M. Trevelyan, *Bolingbroke's Defence of the Treaty of Utrecht*, Cambridge: Cambridge University Press, 1932, p. 139.

⑥ Henry St. John Bolingbroke, *The Works of Lord Bolingbroke*, Vol. 2, Philadephia: Carey and Hart, 1841, pp. 320 – 321.

而英国拒绝了。法国人则欣喜地表示："圣·约翰是我们的国务大臣，奥蒙德是我们的将军。"[1] 10 天后，奥蒙德询问罗伯特·哈利："我收到国务大臣圣·约翰传于我的女王的命令已经有 10 天了，现在，我无法再借口延迟加入盟国的行动了。"[2] 财政大臣事实上不知道这份命令，但既然事情已经有利于和平，且不用他负责任，因此，他就没有回复奥蒙德。屈威廉对此事做了考证后指出，这份命令其实是"圣·约翰在没有咨询任何内阁成员的情况下"，借口"女王"之名，私自下发的命令。[3] 这就是臭名昭著的假传禁止交战令事件。

从这一事例中可以看出，内阁大臣们毫无疑问承担了全部外交决策任务，无论是哈利还是圣·约翰，他们在英国与法国单独议和还是携盟国一起议和这一重要问题上，均不在乎女王的态度，更不会咨询她的意见，圣·约翰还总结出"越晚询问女王的意见，她就越容易同意"[4] 的经验，他甚至为了个人权力，以假传女王命令、滥用君主权威的方式加快和平进程，这的确见证了安妮时期"有效控制外交政策的权力从君主转移到她的大臣手里"，[5] 而这一转移正是通过安妮持续不参与外交决策、习惯性接受大臣的建议、内阁决策机制不断发展以及一党化内阁加固最终形成的。

第三节　议会核准权的发展

安妮统治时期，议会在"瓜分条约事件"解决中获得的核准外交决议之权也得到了进一步的发展。议会的核准权是一种被动性的权力，即内阁决定要不要请议会核准，请议会核准哪些决议，何时请议会核准以及如何向议会呈现需要核准的决议等。这使得议会的核准权看上去不够稳固，

① G. M. Trevelyan, *England under Queen Anne*, Vol. 3, p. 218.

② Historical Manuscripts Commission, *Portland MSS*, Vol. 5, pp. 176 – 177.

③ G. M. Trevelyan, *England under Queen Anne*, Vol. 3, pp. 216 – 217.

④ *Queen Anne Letters*, p. 323.

⑤ David Bayne Horn, *Great Britain & Europe in the Eighteenth Century*, p. 6.

容易被内阁操弄，安妮统治时期也的确出现过这一类情况。但总体来说，这一时期议会的核准权获得了极大的发展，并最终发展到议会核准权威至上的地步。

尽管议会的核准权是一种被动性权力，但在涉及钱款的事务上，政府必须寻求议会的批准，这一点容易理解，其也早在威廉时期就已出现，不同的是，安妮时期的核准具有新的特征，不再是单纯地核准内阁提供的战争经费的数字，而是核准其背后的政策。例如，1705 年 10 月底议会召开时，来自女王的演讲中提到，盟国一致同意的这场战争总是需要我们及时做好各种准备，"过去的经历告知我们，如果给了法国离间盟国的机会，让他们集中优势攻击其中某几方，那么我们不会与法国有持久的和平，我们都必须清楚知晓这就是实际的情况，为此应该采取加固同盟的措施……因此，我希望下议院的先生们给予我执行下一年海、陆战争的供应……我必须告知你们，普鲁士的军队有助于这一目的的实现，你们上次核准了与普鲁士的条约，并通过了相应款项，你们的支持让我决定将这份条约延长一年……"① 下议院听完演讲后，表示他们认可女王的政策，决定"拨付357000 英镑用于卫戍部队，其中包括 5000 名海军的支出，886233 英镑 18 先令 6 便士用于 4 万人的军队，177511 英镑 3 先令 6 便士用于另外 1 万人的支出，222379 英镑 5 先令 10 便士用于葡萄牙 10210 人军队的支出，96729 英镑 11 先令 4 便士用于加泰罗尼亚 5000 陆军的支出，414166 英镑 13 先令 6 便士用于女王陛下其他盟国的支出，48630 英镑用于德意志盟友的军队，7047 英镑用于汉诺威和策尔军队的支出……"② 可以说，内阁在伸手向议会要钱时必须解释背后的政策，据统计，整个战争期间"英国与其他国家签订的协议共计 130 项，虽说这些国家有各种各样的理由参与战争，但他们总是以这样或那样的方式关联到英国的战争计划"，③ 因此，核准战争经费，其实就是在核准内阁签订的诸多条约的合理性，这是议会核准的一个新特征。

---

① *Cobbett's Parliamentary History of England*，Vol. V，col. 451.

② *Cobbett's Parliamentary History of England*，Vol. V，cols. 456 - 457.

③ John B. Hattendorf, *England in the War of the Spanish Succession：A Study in the English View and Conduct of Grand Strategy*, pp. 98 - 99. 关于这些条约的具体信息请看本书的附录 B。

　　事实上，除了涉及钱款的外交决议，内阁的其他外交决议也不得不交付议会核准，议会核准权的被动性并没有限制这项权力的发展。这一点得益于大臣所处的尴尬境地，这也是"瓜分条约事件"解决的另一个结果，即大臣既不能借口服从了君主的命令而逃脱责任，也不能在遭到议会弹劾后寻求君主的特赦，他们需要为自己的行为承担责任，而大臣在法律上仍然是在君权的名义下为君主效劳，没有独立的法律地位，也当然无法独自承担责任，这使得他们不得不寻求新的权威的保护。这个权威就是议会，只要是议会核准的政策，议会就不能谴责甚至弹劾执行了议会决议的大臣，议会的核准权由此得以发展。

　　在这一点早在"瓜分条约事件"解决后就显现出来，马尔伯勒的表现尤其明显。例如，1701 年 8 月 9 日，身在海牙的马尔伯勒将商谈的第二次大同盟条约草案寄给戈多尔芬，并附信说："两国（帕拉丁和普鲁士）的大臣们不停催促我即刻与他们的主人签订条约，而我认为要签订的话还需要其他（程序）。您知道这些条约涉及钱款，因此我一直向（荷兰）大议长反复声明，在我看来，除非国王召集了议会，否则不会签订条约。"① 与此同时，马尔伯勒还写信给国务大臣，请他将条约草案告知内阁中主要大臣以及其他极具权势却又不在内阁中的成员。② 当 9 月份条约草案被修改以及签订了其他条约后，马尔伯勒再次写信给戈多尔芬，"我会让国王直白地向他们（议会）说明并告知他们自上次议会闭幕以来的所有事情，我指的是与丹麦、奥地利以及瑞典签订的条约……我可以向您保证，国王将遵循这种方式"。③ 马尔伯勒的坚持也最终让威廉三世在 1701 年底召开的议会中明确告诉两院："根据议会两院给予我的鼓励和支持，我已经签订了诸项条约，我将令人将它们呈递你们查看，我相信你们会支持这些条约。还有一些条约尚在谈判中，等到最终达成之后我也将交付你们查看。"④ 这种情况在安妮统治时期则愈加明显，整理了马尔伯勒故居所藏书信的亨利·施耐德（Henry Snyder）总结到，终其任职始终，

---

① *The Marlborough-Godolphin Correspondence*, Vol. 1, p. 13.

② *The Marlborough-Godolphin Correspondence*, Vol. 1, p. 14.

③ *The Marlborough-Godolphin Correspondence*, Vol. 1, pp. 28 – 29.

④ *Journal of the House of Lords*, XVII, p. 6.

"他极度小心地为自己采取的每一个行动获取权威的认可，从而避免被指控或者更为糟糕的弹劾"。①

　　随着安妮不参与外交决策这一点越来越被政治精英们知晓，大臣的责任地位就变得更加突出，人们都知道外交政策出自某几位大臣之手，是他们而非女王应该为政策负责，1711 年，罗切斯特在议会上议院就直言不讳地指出这一点："在过去，人们一直被告知女王对一切事情负责，但是他希望这个时代已经结束了，根据本王国之法，大臣要对所有事情负责，因此他希望任何人都不要再在讨论中提及女王。"② 由于制定外交政策的大臣均为内阁成员，内阁迄至此时还是一个没有独立法律地位的机构，请议会核准外交决议从而寻求议会权威的保护，其实也就成为内阁的行为。事实上，安妮的第一届内阁在她即位之初，就表达了他们尊重议会地位和权利的态度。他们将自己的态度写入女王的演讲中，③ 于是安妮在威廉去世的当晚就向枢密院表示："我时刻准备着寻求你们和议会两院的建议。"④ 再如，1703 年 11 月议会开会之前，女王还在巴斯疗养，戈多尔芬随她出行，随着议会会期临近，戈多尔芬写信给罗伯特·哈利，希望哈利"清列议会开会时女王演讲应该包含的事务"。⑤ 收到信后，哈利认为，有一件事情必须告知两院，这就是 1703 年英国及盟国与葡萄牙签订的条约，该条约是在议会非会期内签署，其涉及英国承担新的军事责任以及盟国战争目的的改变，因此必须向议会说明。结果，这份条约被安排在 11 月 9 日女王向议会两院演讲时首要说明的事务中，其中指出，希望议会下议院，"不仅为我们先前签订的条约提供供应，而且要特别供应我们与葡萄牙国王最近订立的联盟义务，早日从波旁家族手中收回西班牙王位，将其还给奥地利"。⑥ 再如，1706 年 2 月议会召开前，戈多尔芬写信提醒哈利：

---

① *The Marlborough-Godolphin Correspondence*, Vol. 1, p. xxiii

② *Cobbett's Parliamentary History of England*, Vol. VI, cols. 972 – 975.

③ 这份演讲是戈多尔芬与哈利所作，事后戈多尔芬曾写信给罗伯特·哈利："感谢您告知我女王在议会中演讲的内容应该与她在枢密院中所讲的一致……我希望您可以先拟定一份讲稿，并让我们几位在明天晚上前来您的府邸过目，我认为女王在议会的正式演讲不能晚于本周二。" Historical Manuscripts Commission, *Portland MSS*, Vol. 4, p. 34.

④ *Cobbett's Parliamentary History of England*, Vol. VI, col. 3.

⑤ Historical Manuscripts Commission, *Portland MSS*, Vol. 4, p. 72.

⑥ *Cobbett's Parliamentary History of England*, Vol. VI, col. 150.

"禁止荷兰与西班牙通商一事应在下议院讨论。"① 像这样的事例遍布安妮统治始末，内阁频繁地将海上护航、各类条约、同盟关系、战争目的、突发事件、和平进展等决议交付议会核准。

频繁地将外交决议交付议会核准也与这一时期恶劣的政治环境有关。如前所述，安妮时期的党派竞争十分激烈，辉格党又与托利党持有不同的外交立场，此时的一党化内阁又尚未完全形成。这种情况加重了内阁请议会核准的必要性，否则很容易遭到反对派的攻击，政府大臣很难在党派攻讦中幸免。

安妮组建的首届内阁以三巨头为核心、以托利党为主导但混合了辉格党。1702 年议会选举结果是托利党占主导，"辉格失去了未来三年控制议会下议院的希望，他们被迫加强他们已经在上议院取得的努力，上议院变成他们反对托利政策的堡垒，也成为他们在安妮大部分时期攻击对手的平台"。② 由于混合内阁在议会中的多数是辉格党加温和的托利党，这样的多数需要小心翼翼地维护，否则容易遭到两党的同时攻击。将外交决议交付议会核准则不仅有利于维护这一多数，而且可以通过加盖议会的权威让内阁大臣免除自己的责任。

的确，党派的激烈竞争、两党在对外政策上的对立以及混合内阁容易失去议会多数的危险性，促使内阁不得不频繁地将各类外交决议交付议会核准。1707 年底召开的议会中，马尔伯勒甚至将作战计划直接交付议会核准，因为这一次，"混合内阁遭遇议会中两党袭击的噩梦正在成为现实"。③ 由于1707 年盟国在西班牙战场吃了败仗，"阿尔曼萨（Almanza）战役是同盟国在西班牙遭到的最严重的一次挫折"。④ 到年底议会开会时，调查失败缘由和借机攻击政府政策就成为托利党的首要目标。1707 年的内阁是三巨头与辉格党占主导，议会下议院由温和的托利党与辉格党构成多数，上议院则是辉格党占多数。12 月 19 日，上议院展开了对此

---

① Historical Manuscripts Commission, *Bath MSS*, Vol. 1, p. 80.

② Brain W. Hill, *The Growth of Parliamentary Parties 1689–1742*, p. 94.

③ Brain W. Hill, *The Growth of Parliamentary Parties 1689–1742*, p. 113.

④ ［英］布朗伯利编：《新编剑桥世界近代史》第 6 卷，中国社会科学院世界历史研究所组译，第 584 页。

问题的讨论，女王也出席了会议，大部分人主张继续在西班牙采取行动。至于如何实现，一贯宣扬海洋战略的罗切斯特建议，应该抽调马尔伯勒在佛兰德斯的军队前去援助，马尔伯勒则认为，这种做法无异于拆东墙补西墙。① 罗切斯特则说，支援西班牙是必须之事，否则请作为盟军总统帅的马尔伯勒提出补救之法。相逼之下，马尔伯勒说："尽管在这样一个人数众多的集会（议会）中不适合泄露任何秘密计划，因为其会被透露给敌国，但是，为了回答这位伯爵的质疑，可以肯定的是，目前已经与奥地利达成一致，组建4万人的军队，由萨伏伊公爵指挥，援助查理国王（查理大公），欧根亲王（奥地利名将）将亲自前往西班牙指挥作战……这一计划中唯一的困难是奥地利一方向来行动迟缓……希望奥地利皇帝能够准时兑现承诺。"② 马尔伯勒的发言扭转了自己的不利处境，也扭转了上议院中的局面，上议院最终在讨论后决定向女王致辞："我们诚挚地感谢陛下与奥地利皇帝决定采取的措施，派遣欧根亲王和大量军队前去解救西班牙……但我们看到奥地利一方经常让我们失望……我们有职责请陛下敦促奥地利皇帝及时和有效地援助他的兄弟西班牙国王……"③ 这份建议在得到下议院一致认可后正式呈送女王，女王则表示："我与你们意见一致……感谢你们批准我的措施。"④

　　这种情况发展到安妮统治末年时更甚，政治精英们已经充分意识到，请议会核准可以在党派激烈竞争的议会中免除自己的责任，议会的核准权威如同旧时君主的权威一样，起到保护大臣的作用。例如，1714年，已经主导了内阁和议会两院的托利党大臣，不断地请议会核准英国与西班牙的和平与商业条约。对于托利党刻意寻求议会核准的举措，曾经担任过大法官的辉格党贵族库珀说："千方百计地为他们自己寻求本院的批准是极其厚颜无耻的企图，大人们，我对这些条约没有异议，大臣们是在为他们自己的行为小心谨慎地寻求本院的批准吗？如果不是，他们为什么竭尽所能地要发起一个致辞，从而让他们的行为变成本院的

---

① *Cobbett's Parliamentary History of England*, Vol. VI, cols. 606 – 607.

② *Cobbett's Parliamentary History of England*, Vol. VI, cols. 607 – 608.

③ *Journal of the House of Lords*, XVIII, pp. 398 – 400.

④ *Journal of the House of Lords*, XVIII, p. 402.

行为？"①

议会核准权的被动特征不可避免地会被内阁利用，尤其是当内阁形成了一党内阁且他们在议会中的多数主要由本党构成或者内阁的某一决策很可能引发议会激烈反对以至于失去多数支持时，内阁会刻意隐瞒，也会欺骗议会。例如1709年辉格党内阁与荷兰签订的《继承与屏障条约》，这份条约并没有交付议会核准。可能的原因是这份条约容易引发议会反对，该条约在内阁通过时甚至遭到了辉格党自身的反对，马尔伯勒自始至终不愿意在条约上签字，他曾直白地告诉戈多尔芬："我不认为议会会批准这样一份条约。"② 再如，1710年托利党内阁一边在表面上继续推行战争政策，一边在背后与法国秘密谈判，他们不敢在议会中公开和平决定的原因是显而易见的，即战争目的尚未实现，而那一目的是议会反复核准过的，因此戈多尔芬在信中写到，一旦哈利的政府公开改变政策，"马尔伯勒可据议会意见摧毁他们"。③

这看上去让议会的核准权有被亵渎之嫌，然而，经过安妮时期的发展，没有人可以否定议会的核准权威，议会的核准权是至高无上的。这在英国从战争转向和平以及和平引发的议会冲突中体现得十分明显。

1709年法国在提出议和后，除了不接受盟国开出的由奥地利一方继承西班牙王位这一条外，其余全部接受，④ 但辉格党政府认为，英国在这一条上不可妥协，其是辉格党自1703年以来反复与议会核准的战争目的，"战争必须打到奥地利获得西班牙王位为止"。⑤ 但法国始终不肯接受这一条，这时辉格党意识到他们可能要作出妥协，毕竟法国接受了盟国提出的其他全部要求。戈多尔芬告诉马尔伯勒："内阁可能在'不要没有西班牙的和平'这一点上妥协"，但在与议会正式沟通前还需坚持现有条件，因此马尔伯勒"在尚未接到正式命令前，仍需坚持现有立场"。⑥

---

①　*Cobbett's Parliamentary History of England*，Vol. Ⅵ，col. 1344.

②　*The Marlborough-Godolphin Correspondence*，Vol. 3，p. 1305.

③　*The Marlborough-Godolphin Correspondence*，Vol. 3，p. 1611.

④　*The Marlborough-Godolphin Correspondence*，Vol. 3，p. 1253.

⑤　*The Marlborough-Godolphin Correspondence*，Vol. 3，p. 1304.

⑥　*The Marlborough-Godolphin Correspondence*，Vol. 3，pp. 1428 – 1430.

马尔伯勒也在回信中反复强调，"如果原有和平条件发生变动"，① "依我之见，绝对需要告知议会，如不告知议会，拒绝或接受法国的条件，恐将引来极大困难"。②

1710 年主张和平的托利党组阁后，他们受限于议会已经核准过的战争目的而难以找到实现和平的有效方式，已经辞职的戈多尔芬预言："如果哈利政府（在现有条件上）找不到实现和平的方式，那么他们只能与法国秘密串通，对此尚不能确定。"③ 事实上，托利党政府畏惧公开更改战争目的，他们只好表面继续推行现有政策，暗地里则背弃同盟，与法国秘密谈判，并最终在放弃了原有战争目的的条件下，在 1711 年与法国达成和平协议。不过，没有经过议会核准的和平协议还只是托利党内阁一厢情愿的产物，他们最终还是要面对议会。为此，哈利在议会召开前积极寻求辉格党贵族的支持。这时，他的同僚对他的做法嗤之以鼻，认为应该采取更加强硬与直接的措施。查尔伍德·劳顿（Charlwood Lawton）说："如果我是一个大臣，我将无视近些年辉格党在此方面使用的所有伎俩，我将（从议会中）收回君主宣布战争与和平的权力。上议院和下议院的投票不应该阻挡我。两院都应回以致谢，和平应得到一致拥护。"④ 这番话其实指出了过去十多年君主外交特权受到议会核准权威限制的事实，但经过这些年的实践，这一权力还能收回吗？哈利显然不这么认为。多年的议会经验让哈利相信，这一特权本身已经无法收回，唯有在议会开会前精心而周到地获取每一个人的支持才是切实可行的办法。随后，哈利不断寻求辉格党贵族的支持，希望他们不要在议会上议院反对和平决议。但哈利法克斯告诉哈利："上议院中反对法国议和条件的人将占多数。"⑤ 哈利甚至说服安妮女王出面劝说贵族们同意，希望"主教们不要反对和平"，但伯内特回复女王："这样的条约很快会让欧洲落入法国手中。"⑥ 他们不为女王的

---

① *The Marlborough-Godolphin Correspondence*, Vol. 3, p. 1436.

② *The Marlborough-Godolphin Correspondence*, Vol. 3, p. 1441.

③ *The Marlborough-Godolphin Correspondence*, Vol. 3, p. 1611.

④ Historical Manuscripts Commission, *Portland MSS*, Vol. 5, p. 94.

⑤ Historical Manuscripts Commission, *Portland MSS*, Vol. 5, p. 125.

⑥ *Bishop Burnet's History of His Own Time*, Vol. 4, pp. 77 –78.

意见所动。

到了 1711 年 12 月 7 日，上议院就和平决议正式辩论时，反对的意见的确占了上风，上议院以 62∶54 票否决了女王政府的和平决议，理由是"不要没有西班牙的和平"。① 女王本人虽然出席了上议院辩论，但显然她没有起到什么作用。眼看和平决议就要流产，托利党搬出"外交是君主特权"的陈词滥调，认为反对和平的致辞是"侵蚀了君主宣战与议和的权力"。② 一些托利党贵族还说自己没有准备好讨论这个问题。辉格党大贵族桑德兰则惊讶地说："什么？我的大人们！尊贵的上议院中有任何一员没有准备好辩论此事？这是过去十年里我们讨论的首要问题。难道我们现在不是坐在同一个上议院？难道我们不是那些不断建议女王陛下'除非从法国波旁家族夺回西班牙及西印度，否则不会有持久而光荣的和平'的贵族？"③ 支持和平的贵族对此无以争辩，只好再次搬出"外交是君主的特权"救急，一名刚从爱尔兰赶来的贵族说，"只要女王认为和平会惠及人民，那就应当由女王来决断"。④ 其他支持哈利政府的贵族继续说："既然和平与战争属于君主的特权，那么我们不适合就这类事情提出任何建议，除非被问及时。"⑤ 这些言语与光荣革命前詹姆士一世和查理二世所说如出一辙，但经过这些年的变化，外交早已不是君主的特权，否则他们为何现在要寻求议会的同意呢？因此，这样的辩解过于软弱无力而遭到辉格党的直接否定。反对和平决议的贵族直接说："在议会每次开会时，就外交事务提供建议已经成为惯例，没有高于议会的特权。"⑥

由此可见，议会核准权虽具有被动性特点，但大臣们基于政府稳定和免除自身责任的需要，频繁地将外交决议交付议会核准，出现了女王陛下的所有外交政策必须加盖议会的权威后才能生效的局面，经过十多年的实践，议会的核准权已经牢固确立，没有人可以否定这一点。

---

① *Cobbett's Parliamentary History of England*，Vol. VI, col. 1039.

② *Journal of the House of Lords*，XIX, p. 339.

③ *Cobbett's Parliamentary History of England*，Vol. VI, col. 1037.

④ *Cobbett's Parliamentary History of England*，Vol. VI, col. 1037.

⑤ *Cobbett's Parliamentary History of England*，Vol. VI, col. 1038.

⑥ *Cobbett's Parliamentary History of England*，Vol. VI, col. 1038.

第四节　内阁决策—议会核准的特点

"瓜分条约事件"解决后，如果说政治精英们已经预见到其将在国家外交事务管理中发挥更加积极的作用的话，他们无论如何也没有料到他们最终在外交事务中可以作为的空间是如此之大，不仅可以控制内阁、制定外交政策，而且可以控制议会多数、核准内阁外交决议，这与"光荣革命"前以及威廉三世统治时期的情况相比，不得不说是一个重大的变化。君主的外交特权已经从集决策、执行、权威且无需征询议会的建议与同意，演变成君主仍享有外交权威、实际决策则由内阁制定、以君权之名作出的决策还需议会核准通过的形态。

内阁决策—议会核准意味着议会主权下国家外交权的践行机制初步形成。本书一开始指出外交是国家主权者的一项权力，在君主主权时代，这项权力由君主享有，君主作为单一的主权体，垄断了政策的制定、执行及合法性。"光荣革命"造成国家主权从君主转移到议会，主权者的变更要求外交权也发生相应的变化，但基于种种原因，君主外交特权在光荣革命中没有在实践层面发生变化，议会主权内在要求的外交权践行方式并未即刻出现。然而，实践上的滞后很快在多方因素的作用下不断发展，并最终出现了内阁决策—议会核准的机制，这是议会主权下国家外交权的践行机制。

相比君主的外交特权，议会主权下的内阁决策—议会核准机制具有自身的特点。首先，君主仍然享有外交权威，这一点至今如此，但君主不再独自决断政策、参与执行，也不能独自赋予政策合法性。其次，以君权之名存在的内阁或说政府，负责决策，但其决议不能自然而然地成为国家合法有效的对外政策，他们不具有君主外交特权时代君主所具有的那种权威，他们也不能依据君主的权威而让其合法有效，因为君主的外交权威已经受限于议会的核准。再次，议会负责核准，但是，议会自己不制定政策，它是一个代议制的立法机构，不具备君主外交特权时代君主所具有的决策与执行职能。换言之，内阁拿走了君主外交特权中的决策部分，议会则拿走了实际的权威，只留给君主一个越来越有名无实的权威，内阁与议会分享了原本由君主垄断的外交特权。最后，内阁与议会在分享了君主的外交特权后还必须契合起来，否则国家将无合法有效的对外政策，毕竟内阁的决议只有得到议会核准后才能成为正式有效的对外政策，议会的主张则必须通过内阁才能落到实处。这就要求内阁与议会在外交政策中核准一致，二者核准一致是议会主权下外交权运作的关键，其作用相当于君主主权下君主独自发挥的作用。

然而，内阁与议会并不会自然而然地核准一致，在政治、宗教及外交等多个领域发生分歧的党派竞相垄断内阁和争夺议会多数的情况下，二者核准一致就变得更加困难。但反过来，只要某一党派完全控制了内阁和议会多数，即内阁与议会多数在党派属性上一致的话，二者核准一致将变得容易——某一党派在内阁中制定政策，然后在本党占多数的议会中核准通过他们的政策。一个高度团结一致的政党将同一意志注入内阁与议会，使二者发挥出类似于由君主一人执掌决策并赋予自身决策合法性的功能。

尽管这一机制在安妮时期尚未完全形成，但相同的迹象已经出现。例如，1705 年三巨头转向与辉格党合作后，他们在对外政策上的一致性确保了议会两院对他们的支持。1706 年，戈多尔芬高兴地说："在推进战争方面，我们的议会是如此一致，来年的战争仍会得到有力支持。"[①] 内阁与议会多数一致不仅让内阁的决议总能相对容易的在议会核准通过，而且在遭遇反对派攻击时，还能将反对意见转化为对内阁决议的再次核准。例如，1705 年 11 月 22 日，上议院托利党准备调查摩泽尔（Moselle）战役的失败，认为盟国没有积极配合英国，并将矛头指向马尔伯勒，试图请女王"将上一场战役的所有决议交付议会查看"，其中可能含有马尔伯勒失职的证据。[②] 上议院中占多数的辉格党则压制了托利党的企图，表示："上议院可以以任何合适的方式调查女王的大臣，但不能以调查女王的同盟为理由行此事，盟国可能配合不力，甚至未尽职责，但此类事情不适合上议院审查……毫无疑问，女王将采取所有办法纠补任何错误，应该信任

---

① Historical Manuscripts Commission, *Bath MSS*, Vol. 1, p. 136.

② *Cobbett's Parliamentary History of England*, Vol. VI, col. 475.

女王。"①　随后便决定向女王致辞："请求女王采取任何可能的办法,保持盟国间协同一致,尤其要保持与荷兰的紧密联系。"②

那么,当内阁与议会核准不一致时,结果将如何呢?答案其实是比较明确的,内阁与议会必须一致,否则国家将没有合法有效的对外政策,因此内阁要么想方设法让议会核准通过(这在贵族时代是容易实现的,例如通过敕封贵族、操控选举、收买议员等方式),要么接受议会的否决或修正,要么下台。

这些情况在安妮时期也已经体现出来。安妮时期最著名的一次内阁决策—议会核准案例是安妮女王为了让议会上议院通过和平决议而不得不创设十二名托利党贵族一事。上议院自威廉时期以来由辉格党持续占据多数,1711 年底他们以 62∶54 票否决了托利党内阁的和平决议,1710 年选出来的下议院则是托利党占多数,他们通过了和平决议。18 世纪的议会政治中,"上议院的重要性远远超过下议院",③　一旦上议院否决了和平决议,这也意味着政策很可能流产,辉格党也的确在上议院中"大呼胜利,就像赢得了比赛,每当有政府成员站出来说话时,辉格党大贵族沃顿就面带微笑并把手放在脖子上,暗示某些人的脑袋要不保了"。④　当时的辉格党贵族们肯定没有想到罗伯特·哈利这位口口声声说要维护女王独立地位的人竟然会自己动用君权——请女王敕封十二名托利党贵族以增加上议院主和派的比例。女王本人十分反感这样的做法,但是,哈利告诫女王非此法不可显示女王权威及和平计划通过时,女王只好被迫答应,她说:"与先祖相比,我创设的贵族要少得多,但现在马尔伯勒和辉格党人决心不遂我意,我必须做我所能的一切。"⑤　这样,上议院多了十二名托利党贵族,改变了两党比例,内阁与两院多数在党派属性上保持了一致。因此,1712 年 1 月 17 日女王向上议院传信,"和谈的地点与时间已

---

①　*Cobbett's Parliamentary History of England*, Vol. Ⅵ, col. 476.

②　*Cobbett's Parliamentary History of England*, Vol. Ⅵ, col. 475.

③　Geoffrey Holmes, *British Politics in the Age of Anne*, pp. 382 – 383.

④　Jonathan Swift, *The History of the Four Last Years of the Queen*, London: Printed for A. Millar, 1758, p. 29.

⑤　Dartmouth's note, *Bishop Burnet's History of His Own Time*, Vol. 4, p. 95.

经确立"，"女王的全权大使已经根据指示前往乌得勒支谈判和平条约"，"条约正式签订前女王会告知你们具体条款"，随后已经由托利党占据主导的上议院通过了感谢女王的致辞。① 而早已被托利党控制的下议院也通过了这项决议。托利党内阁的和平决议在他们控制的议会中核准通过。

　　另一个著名事例是1713年议会否决了托利党内阁的英法商约之第8、9条款，内阁被迫接受该结果。尽管内阁可以通过各种方式想方设法让议会核准通过其决议，但议会始终在某种程度上存在独立性，这就是当他们发现内阁的政策明显不符合国家的利益时，他们会毫不留情地否决内阁的政策，哪怕这个内阁是他们一直给予多数支持的内阁。1713年4月3日，圣·约翰将签订的英法和平条约及商业条约交付内阁审阅，四天后条约在内阁获得通过。② 接下来，条约将要见诸议会两院了。此时的上议院已经通过女王新敕封的贵族而被托利党控制，下议院则是1710年选出的由托利党占多数的一届，下议院议长托利党人威廉·布罗姆利（William Bromley）自信地说："我一点都不担心反对和平的人能在下议院给我们制造任何麻烦。"③ 为确保万无一失，内阁仍在做准备，斯威夫特记录到这段时间内，议会被不断地休会，他则经常和财政大臣吃晚饭，有时"一连六天"，他们反复商议如何确保和约在上议院通过，就在议会召开的前一天他们还在设法移除那些反对和平的人，他还帮助哈利起草和修改了女王的演讲稿。④ 当4月9日，来自女王的演讲将和平条约和商业条约告知两院后，两院也的确显示出了他们的服帖，尽管辉格党仍旧反对和平条约，尤其是与法国签订的商业条约的第8、9条款，但是5月14日，商业条约仍然以252∶130高票通过。⑤ 这时，托利党内阁以为可以高枕无忧了，但接下来发生的事让他们不得不屈服。由于辉格党坚持认为与法国签订的商业条约中的第8、9条款严重损害英国的贸易利益，他们便将条约内容公布于众。结果，"随后的一个月内，从事葡萄牙、意大利和土耳其纺织、

---

① *Journal of the House of Lords*，XIX，p. 358.

② *Cobbett's Parliamentary History of England*，Vol. VI，col. 1170.

③ Historical Manuscripts Commission, *Portland MSS*，Vol. 5，p. 116.

④ Jonathan Swift, *Journal to Stella*，London：J. M. Dent & Sons，1948，pp. 425 – 435.

⑤ *Cobbett's Parliamentary History of England*，Vol. VI，col. 1213.

丝绸贸易的商人、小贩们纷纷涌入威斯敏斯特大厅，给议会敲响警钟，伦敦的丝织工们发生了一次骚乱，他们的雇主因为担忧大批法国丝织品进入英国市场而解雇了他们，在动用了民兵力量后才被镇压。"[1] 于是，6月9日，下议院组成全院委员会再次讨论商业条约第8、9条款。这一次，黎凡特公司等公司的商业代表、各商业请愿团体和商人代表们均被邀请发言，下议院还审查了商业条约签署过程中的所有文件。[2] 经过数日讨论之后，一位曾经积极推动和平政策通过的托利党人托马斯·汉默（Thomas Hanmer）做了一个精彩发言。他说，在他没有充分调查现在正在讨论的问题之前，他投了支持的票，但是，在他全面周到、仔细审慎地思考了制造业者和商人们的诸多请愿书中的声辩后，他现在相信，如果通过这两条条款，将严重损害这个王国的毛纺织业和丝织业，其结果将会增加贫困人口的数量，并最终影响到土地阶层的利益。因此，既然他有幸坐在议会下议院，那么他就不能盲信任何一届政府，他也不会像某些人那样害怕下次不被选为议员（而屈从于某些政府大臣），他行动的所有准则就是为自己国家的利益考虑并相信自己的判断，因此，他反对。这样，英法商约第8、9条款在6月18日下议院再次投票时，以185：194票未能通过。[3] 这届原本坚定的支持托利党政府的议会下议院最终否决了托利党内阁的条约，托利党只能接受议会的建议，否则将难以继续执政，圣·约翰则不得不与法国再次商谈取消这两条的事宜。

内阁决策—议会核准除了意味着君主外交特权已经发生了根本变化，议会主权下的外交权践行机制已经出现外，也意味着立宪君主制获得了进一步发展。我们看到，内阁在威廉时期主要承担了国内事务管理，对外事务则由威廉独自掌控，经过"瓜分条约事件"，内阁获得了外交建议职权，其在安妮继位后迅速发展到全面管理外交事务的状态，承担实际外交决策。当已经管理了国内事务的内阁也接过了外交事务决策后，外交事务也就进入了从威廉时期就开始逐步形成的君主、内阁及议会之间的关系机制。该机制的核心就是政党内阁，这是白芝浩所说的君主与议会之间的

---

① G. M. Trevelyan, *England under Queen Anne*, Vol. 3, p. 257.

② *Cobbett's Parliamentary History of England*, Vol. VI, cols. 1222 – 1223.

③ *Cobbett's Parliamentary History of England*, Vol. VI, col. 1223.

"连接点"，是立宪君主制的核心。

不过，无论是威廉时期还是安妮时期，向议会负责的政党内阁并未完全成型，但它的主要特征已经出现。内阁决策—议会核准的关键是二者必须核准一致，否者这样的机制也就没有存在得必要了。因为它其实是要解决"光荣革命"后政治制度中行政与立法的对立关系。钱乘旦教授指出："光荣革命没有解决行政权与立法权的关系……一旦政府与议会意见相左，国事就立即陷入混乱……行政与立法其实处在一种双头状态下，双方各行其是，缺乏配合的机制。"① 这一配合机制首先需要内阁代替君主处理内政外交并向议会解释政府政策，继而需要双方核准一致。从安妮时期内阁与议会核准一致的方式来看，只要内阁能够控制议会多数，二者就能够核准一致，而内阁控制议会多数的最好办法就是内阁与议会多数在党派属性上一致，如果党派属性不一致，例如组建两党混合内阁，政府政策容易在议会中遭到两党的同时攻击，导致政府不稳定、政策不畅行。

进一步说，内阁决策—议会核准制只是立宪君主制的初步形成。一方面，虽说外交决策转向了内阁，但任何决策都需要在女王出席的内阁会议上通过，安妮因没有自己独立的外交见解，因而总能通过内阁的决议，但这不意味着安妮之后的君主也是如此。1714 年后，来自汉诺威的国王们在关心母国命运方面与威廉不相上下，内阁决策仍然给君主施加自己的影响留出了空间，尤其是 18 世纪的君主仍然掌握着任命大臣、敕封贵族、奖惩赏罚以及作为国教首脑而存在时，其影响就更大，君主还远不是后来意义上的"虚君"，只不过他必须通过内阁这一已经形成的机构发挥作用。另一方面，虽然政党内阁的主要特征已经出现，但还没有完全成型，君主往往先根据自己的偏好任命内阁成员，起到影响议会选举的效果，继而根据议会选举结果再决定是否调整内阁成员，最后则在议会内多数党的要求下不得不实现内阁的一党化。这一时期的一党内阁基本都是以这种方式出现的，即便是威廉时期的辉格党小集团政府也是因为威廉首先选择了他们。当然，这种方式越来越让位于根据议会选举结果再任命内阁的做法。最后，议会核准虽然是议会主权的必然产物，但

① 钱乘旦、许洁明：《英国通史》，上海社会科学院出版社 2007 年版，第 193—194 页。

频繁地核准其实意味着政党内阁的不成熟，这一时期，每当组建混合内阁时，内阁频繁地请议会核准，议会的核准也名副其实，而当出现一党内阁时，议会的核准显得流于形式和多此一举，因为一党内阁其实意味着政府即议会，议会即政府，除非重大决议以及可能引发分歧的决议，否则核准没有必要。

结语　英国近代政治制度转型中的例外变革

从较长时段看英国近代政治制度转型，我们会发现：斯图亚特时期是英国近代政治制度转型的关键时期，经过内战、共和、复辟、1688年革命，英国最终从专制君主制转型到立宪君主制。随后，在漫长的18世纪里，伴随政党政治的兴起以及议会每年定期召开，君主逐渐朝统而不治的虚君方向发展，责任内阁制度逐渐发展，议会制政府最终形成。自1832年第一次议会改革后，伴随选举权的不断扩大以及选举制度的日益完善，英国代议制民主制日趋成熟，至20世纪上半叶，英国的政治制度成为西方政治制度的典范。英国近代政治制度转型的主要内容大体包括：君主集合式的权力被分为行政权与立法权，君主拥有行政权，议会拥有立法权，前者服从后者；君主的行政权由首相领导的内阁行使，首相与内阁成员均为下议院多数党，即议会制政府；下议院多数党由选举产生，即代议制民主制；下议院少数党对政府政策起监督、批评与修正作用；下议院拥有至高无上的立法权、对政府事务监督权以及自由辩论权。

对英国近代政治制度转型的上述认知建立在将君主的对内治权与外交权统一看作行政权的基础上，但是，这种做法并不符合历史事实。一方面，英国近代政治制度转型主要针对斯图亚特早期君主的对内统治权力，内战、共和、复辟与1688年革命主要因君主与议会在国内事务中的激烈冲突所致，1688年革命解决方案旨在明确议会的定期召开以及议会立法权的至高无上性，君主必须依法统治。另一方面，君主的对内统治权力与其外交权存在差异，且这一差异是至关重要的，直指所谓的"行政权服从立法权"这一根本逻辑——对内统治权力可以通过议会立法权约束，外交权则很难通过议会的立法权受到约束，因为议会无法就如何处理外交事务进行立法。这是约翰·洛克提出外交权的根本原因，也是孟德斯鸠不得不以模糊处理的方式将外交权称为行政权的原因。

因此，在探讨英国近代政治制度转型时，有必要区分专制君主的对内统治权力与其外交特权，而一旦作出这一区分，我们会发现，斯图亚特时期君主外交特权的变革是英国近代政治制度转型中的一个例外变革。

首先，在英国近代政治制度转型中，君主外交特权的变革具有滞后性。由于 17 世纪的政治体制危机主要源于君主与议会在内政领域的冲突以及由此引发的二者关于国家最高权力的争夺，而危机的解决方案，无论是 17 世纪的政治理论还是 1688 年革命解决方案，均是为了限制君主对内统治权力，确立议会的至高无上的立法权，因此，1688 年革命解决方案并未改变君主外交特权，这一点已经得到学术界普遍承认。此为滞后性的第一个表现。由此而来的滞后性的第二表现是革命之后议会主权下国家外交权的新行使机制形成较晚。可以看到，在威廉三世统治时期，威廉三世将内政与外交分开管理，内政大体上交付由英国大臣组成的内阁处理，外交则由威廉三世独自掌控，这样，随着政党内阁的逐渐发展以及内阁向议会负责制的逐渐发展，君主的对内治权首先步入责任内阁制发展轨道，外交权则一直是君主的特权。直到威廉三世统治末期的"瓜分条约事件"中，君主外交特权才开始出现明显变革。

其次，在英国近代政治制度转型中国家外交权的变革具有实用主义的特点。可以看到，除 1701 年议会立法限制君主宣战权之外，君主外交特权的变革不是通过立法或正式确认议会在外交事务中的地位实现的。诚如洛克所说，外交权是一项难以受到立法权约束的权力，议会拥有的立法权是至高无上的，君主的外交特权也是至高无上的，前者相当于对内主权，后者代表对外主权，所以，尽管 1688 年革命已经确立了议会立法权至上原则，但仅依据这一点是无法完全实现君主外交特权变革的。从 1701 年议会两院解决"瓜分条约事件"的整个过程来看，统治阶层也并不是依据议会的立法权来启动君主外交特权变革的。上议院贵族曾将"条约谈判、签署及封盖国玺之际正值议会会期内"列为条约失当的一个理由，但在随后又将其删除；下议院也曾提议将"没有征询议会的建议"写入对国王的致辞中，但最后仍然没有提交。现有议会史料没有记载两院删除上述表述的原因，但可以推测到的是，当时的人们仍然普遍认为议会主要是一个由五百多人组成的代议制机构、立法机构、建议机构以及监督机构，其难以直接、高效管理国家外交事务。

君主外交特权的变革方式主要是在国王处理外交事务的迫切需要以及政党政治推动下实现的。正如前文所述，议会最终获得核准外交决议权是通过威廉的放权实现的。威廉要在英国推行反法政策，就不得不让议会参与外交事务，只有让掌握着国家钱袋的议会熟悉英国的外交事务，他们才能更好地支持国王。这种放权是被迫的，正如吉布斯所说，威廉被迫以一种体面的方式向议会分享了其特权。① 被迫又体面的背后则是政党政治的推动。1694 年出现的政党内阁只适用于国内事务管理，外交事务仍属君主特权范畴。这意味着英国同时拥有处理国内事务和处理外交事务的两个平行的行政中枢，二者之间缺乏沟通渠道。在政党政治演进的背景下，这是难以持续的。整个"瓜分条约事件"解决的过程就是向议会负责的政党内阁制度向外交事务领域扩张的过程。辉格党要求君主向内阁分享外交决策权，以便内阁更好地应对议会质询，托利党弹劾签订《瓜分条约》的辉格党大臣，要求大臣在外交事务中也要向议会负责，这两点正是向议会负责的政党内阁制度向外交事务延伸的证明。此外，托利党还在弹劾决议难以通过时，在党派斗争的驱使下意外突破了大臣在外交事务中唯国王命令是从的旧法。这些实用主义的做法在一段时期里遮盖了君主外交特权已经发生变革的事实。事实上，时至今日，在法理上，英国君主至今拥有外交权，即便其早已不自主行使这项权力。

再次，英国近代政治制度转型中君主外交特权的变革是有限的。毋庸置疑，在斯图亚特时期英国政治制度转型过程中，君主外交特权也发生了转型，从君主外交特权转变为君主享有外交权威、内阁决策以及议会核准的方式，而且由于统治阶层对"瓜分条约事件"引发的政治风暴记忆犹

---

① G. C. Gibbs, "Laying Treaties before Parliament in the Eighteenth Century", p. 119.

新，以及向议会负责的政党内阁制发展还不成熟，因此，安妮女王的政府比较频繁地将外交决议交付议会核准，议会也在许多重大决议上修正了政府的外交决议，明显体现出政府受到议会监督与制约的特点。然而，即便如此，相较行政权之对内治权，外交权受到的限制程度比较有限，某种程度上仍然带有特权的色彩。有关内政的法律及实行情况容易受到议会立法权的限制与监督，政府的国内政策容易被上议院的贵族与下议院的议员们理解，国内事务容易在议会中被充分辩论，并且国内事务与政策也经常是议会选举中的热点话题。简言之，行政权之对内治权更容易受到议会的限制，更能体现出英国近代政治制度转型所在。而外交事务由于涉及与他国的利害关系，外交动态与外交决议往往由政府最核心的部门所垄断与保密，这使得无论是上议院贵族还是下议院议员都难以知晓确切的外交信息，难以及时知晓外交动态，难以就外交事务进行深入与有效的辩论，并且因为缺乏外交专业知识而难以提出可靠的建议。此外，外交事务也不是民众最关心的。因此，行政权之外交权不容易受到议会的限制与监督，其在一定程度上仍然具有特权的色彩，只不过此时是内阁而非君主行使这项特权。这种情况在 20 世纪初已被明显感知到，正如自由党议员亚瑟·庞森比指出，外交领域最少受到议会监督。[①]

最后，如果将视野转向斯图亚特时期之后，尤其是经过 19 世纪的数次议会改革之后，我们还会看到转型后的国家外交权行使方式与代议制民主制存在张力。随着 18—19 世纪议会制政府的日益完善，政党政府集合行政权与立法权的趋势日益加强，外交事务越来越少得在议会中被辩论，外交决议也越来越少得征求议会的核准。到了乔治三世统治时期，公共舆论再次出现了要求议会参与外交事务的呼声。[②] 而从 19 世纪末开始，正如彼得·理查兹指出，议会在外交事务中"形同虚设"。这确实颇具讽刺意味，反而是在民主制有了明显发展的 20 世纪初——经过数次议会改革成年男子实现普选权，政府垄断外交事务的做法最为明显。

---

① Arthur Ponsonby, *Democracy and Diplomacy: a plea for popular control of foreign policy*, London: Methuen, 1915, p. 47.

② Ruffhead Owen, *Reasons why the approaching treaty of peace should be debated in parliament; as a method most expedient and constitutional*, London: Printed for R. Griffiths, 1760.

　　总之，在英国近代政治制度转型中君主外交特权也因之发生了变革，但相较于君主对内统治权力的变革，其外交特权的变革具有例外性，这种例外性值得我们进一步关注与研究，毕竟其涉及对整个由英国开启的西方代议制民主制的再认识。

附录 主要历史人物党派与任职简介[*]

    1. 什鲁斯伯里公爵（Duke of Shrewsbury，1660–1718），政治立场偏辉格党。什鲁斯伯里是 1688 年革命中邀请奥兰治·威廉的七大臣之一，1689 年担任南方国务大臣，1694 年出任辉格党小集团政府的国务大臣，1700 年在托利党反对下辞职，1705 年后转向托利党，1710 年在托利党政府中担任宫务大臣，1713 年任爱尔兰总督，1714 年担任财政大臣。

    2. 詹姆斯·弗农（James Vernon，1646–1727），政治立场偏辉格党。弗农最初是什鲁斯伯里的私人秘书，随后接替后者担任国务大臣，并与什鲁斯伯里保持密切通信，留有三卷本的通信集，1695—1702 年担任议员。

    3. 波特兰伯爵（Earl of Portland，1649–1709），威廉派。波特兰是威廉三世最信任的荷兰政治家，自幼陪伴威廉，1677 年安排威廉与玛丽的婚姻，1683 年、1685 年代表威廉到英国寻求反法援助，1688 年协助威廉在英国登陆，1690 年在爱尔兰指挥作战，1697 年代表威廉谈判《赖斯韦克和平条约》，1698—1700 年代表威廉谈判两次《瓜分条约》。

    4. 德文夏公爵（Duke of Devonshire，1640–1707），辉格党领袖之一。德文夏是查理二世和詹姆士二世时期领导下议院反对宫廷和天主教的领袖之一，1688 年革命中邀请威廉的七大臣之一，革命后担任宫务大臣，1694 年受封公爵。

    5. 诺丁汉姆伯爵（Earl of Nottingham，1647–1730），托利党领袖之

---

    * 附录中的人物介绍综合了牛津国家人物传记词典（Oxford Dictionary of National Biography）、大英百科全书在线（Encyclopedia Britannica Online），英国历史在线（British History Online）以及人物传记中的内容。

一。曾在 1688 年革命解决过程中支持詹姆士二世保留国王称号，提议威廉担任摄政，在 1689—1693 年担任国务大臣，1702—1704 年再次担任国务大臣，随后被迫辞职。

6. 爱德华·罗素（Edward Russell，1653－1727），辉格党小集团成员之一。罗素是 1688 年革命中邀请威廉的七大臣之一，于 1689 年担任海军司库，1690 年担任海军总指挥，1693 年底担任辉格党小集团政府的海军大臣，1697 年受封奥福德伯爵（Earl of Orford），1699 年在托利党攻击下辞职，1709 年在马尔伯勒－戈多尔芬与辉格党小集团政府中担任海军大臣，1710 年托利党上台后辞职。

7. 丹比伯爵（Earl of Danby，1632－1712），宫廷派领袖、托利党。丹比曾是查理二世的财政大臣，靠贿赂手段在议会下议院培植支持国王的宫廷派，并且一边安排威廉与玛丽的婚姻，一边帮助查理从法国国王处获取钱财。丹比在 1688 年革命解决过程中主张玛丽单独继承王位，后转向支持威廉与玛丽共同继承，于 1689 年担任枢密院院长，1690 年担任玛丽的主要顾问，1694 年受封利兹公爵，1702 年后退出政治生活，与辉格党不和。

8. 托马斯·沃顿（Thomas Wharton，1648－1715），辉格党重要领袖之一。沃顿曾反对詹姆士二世继承王位，秘密与威廉通信，是辉格党在下议院最有力的组织者、发言者及地方选举活动家，于 1689—1702 年担任王室总管，1702 年被安妮女王免去职务，后随辉格党势力再起，于 1706 年受封沃顿伯爵，1708—1710 年担任爱尔兰总督。

9. 哈利法克斯侯爵（Marques of Halifax，1633－1695），骑墙派。哈利法克斯曾在查理二世时期反对辉格党提出的《排斥法案》，后在詹姆士二世时期又反对詹姆士二世的作为，在 1688 年革命中撮合两党支持威廉和玛丽共同继承王位，于 1689 年担任掌玺大臣，但骑墙主义的做法遭到两党厌恶，被迫于 1690 年辞职，随后在上议院站在反对宫廷的一派。

10. 查尔斯·蒙塔古（Charles Montagu，1661－1715），第一代哈利法克斯伯爵，辉格党小集团成员之一。1689 年进入议会，1691 年供职财政部，1694 年担任辉格党小集团政府的财政部长，创建英格兰银行，还是辉格党在下议院的管理者，1697 年在托利党攻击下退居国库审计员，1702

年被安妮女王免职。

11. 第二代桑德兰伯爵（Earl of Sunderland，1640－1702），即罗伯特·斯宾塞，宫廷派。在查理二世时期力主英国反对法国的政策，也反对詹姆士继承王位，但又在詹姆士二世时期担任南方国务大臣且公开自己的天主教信仰，于1688年革命后逃到荷兰，1690年回到英国，并建议威廉三世组建辉格党一党内阁，在1697年与辉格党关系破裂，退出政治。

12. 第三代桑德兰伯爵（Earl of Sunderland，1675－1722），罗伯特·斯宾塞的二儿子，辉格党领袖之一。1695年进入下议院，1702年承袭爵位，与马尔伯勒是姻亲关系，1705年担任驻维也纳大使，1706年担任南方国务大臣，遭到安妮女王厌恶，1710年被免职。

13. 西德尼·戈多尔芬（Sidney Godolphin，1661－1715），托利党、外交立场与辉格党一致。戈多尔芬具有杰出的理财能力，在1688年革命中代表詹姆士与威廉谈判，1689年供职财政部，1696年辞职，1700年担任托利党政府的财政大臣，后很快辞职，1702年在马尔伯勒的举荐下担任财政大臣，并与马尔伯勒、罗伯特·哈利组建三巨头政府，1706年受封伯爵，1710年被免职。

14. 马尔伯勒公爵（Duke of Marlborough，1650－1722），托利党、外交立场与辉格党一致。1678年与安妮女王的女侍萨拉·简宁结婚，1685年镇压蒙莫斯叛乱，深得詹姆士二世器重，1688年倒戈威廉，随后被怀疑与詹姆士有联系而未得到重用，1702年在安妮继位后成为最具权势的政治家和军事家，担任英军总指挥、反法同盟军总指挥，多次在欧洲大陆取得军事胜利，1710年因拒绝接受和平而被免职。

15. 罗切斯特伯爵（Earl of Rochester，1642－1711），托利党领袖之一。曾是查理二世与詹姆士二世的财政大臣，支持詹姆士继承王位，但反对詹姆士的天主教政策，在1688年革命中主张保留詹姆士的王位及由威廉担任摄政，反对威廉与玛丽同为英国国王与女王，1700—1703年担任爱尔兰总督，因在外交政策上与三巨头政府不和而被免职，1710年出任托利党政府的枢密院院长。

16. 约翰·萨默斯（John Somers，1651－1716），辉格党重要领袖之一。在1688年革命中支持威廉继承王位，且认为革命与反法具有一致性，在 1693 年担任掌玺大臣，是辉格党小集团的核心人物，于 1697 年担任大法官，随后在托利党的反对下于 1700 年辞职，在 1701 年"瓜分条约事件"中遭到下议院弹劾，在 1702 年威廉去世后退出政治，1705 年辉格党开始执掌政府权力后重回政坛，1708 年担任枢密院院长，1710 年被免职。

17. 托马斯·克拉吉斯爵士（Sir Thomas Clarges，1618－1695）乡村派、托利党。自 1656 年开始担任议员，1659 年、1660 年、1679 年、1689—1695 年一直担任议员，1674 年成为一名乡村派，1688 年革命后成为一名托利党，他与他的儿子沃尔特·克拉吉斯爵士（1653—1705）都是托利党在下议院的积极发言人。

18. 约翰·罗瑟尔爵士（Sir John Lowther，1655－1700），偏辉格党。1677—1679 年、1681—1696 年担任议员，1690 年供职财政部，1696 年受封子爵，1699 年担任掌玺大臣。

19. 爱德华·西摩爵士（Sir Edward Seymour，1632－1708），著名托利党政治家。曾反对《排斥法案》，但也是 1688 年革命中首个支持威廉的托利党人，自 1661 年开始担任议员，1673—1678 年、1678—1679 年两次担任下议院议长，是托利党在下议院的管理人，也是辉格党最厌恶的托利党人之一，1690—1696 年供职财政部，1702—1704 年担任王室总管。

20. 多塞特伯爵（Earl of Dorset，1643－1706），宫廷派、辉格党。曾参与第二次英荷战争，1688 年革命中支持七大臣邀请威廉进入英国，1689 年担任宫务大臣，是 1695—1698 年威廉不在英国时的七人摄政委员会成员之一。

21. 彭布鲁克伯爵（Earl of Pembroke，1656－1733），托利党。1690—1692 年担任海军部第一大臣，1692—1699 年是掌玺大臣委员会成员之一，1699—1702 年担任枢密院院长，安妮女王时期继续担任枢密院院长，1708 年被辉格党小集团内阁逼迫辞职。

22. 约翰·特伦查德（John Trenchard，1649－1695），多赛特家族成员之一，辉格党。1679—1685 年担任议员，1689—1695 年继续担任议员。曾反对詹姆士继承王位，并参与 1683 年试图谋杀查理二世与詹姆士的"黑麦房阴谋"案，1693—1695 年担任南方和北方国务大臣。

23. 约翰·特兰伯尔爵士（Sir William Trumbull，1639－1716），辉格

党。1685 年开始进入议会下议院，1685—1686 年担任驻法大使，1687—1691 担任奥斯曼—土耳其大使，1694 年进入财政部，1695—1697 年担任北方国务大臣，后因厌烦党派斗争而辞职。

24. 约翰·史密斯（John Smith，1655 – 1723），辉格党。1678 年进入议会下议院，1694 年供职财政部，1699—1701 年担任财政部大臣，1705—1708 年连续担任辉格党下议院议长，1708—1710 年担任辉格党政府财政部大臣。

25. 托马斯·福莱（Thomas Forley，1641 – 1701），1670 年开始担任议员，在下议院十分活跃，在 1689—1701 年持续担任议员。起初是一名辉格党，反对詹姆士继承王位，1688 革命后随着辉格党进入宫廷执政，福莱转向反对宫廷的乡村派，并与托利党反对派联手，是新乡村派核心成员之一，该党派在 1694—1701 年在议会下议院中具有重要影响力。他的哥哥保罗·福莱（1644—1699）起初也是一名辉格党，参与谋杀查理二世与詹姆士的"黑麦房阴谋"案，革命后逐渐成为一名乡村派，1694 年转向托利党，正是保罗·福莱与罗伯特·哈利组建了新乡村派，保罗·福莱还在 1695—1698 年担任下议院议长。

26. 罗伯特·哈利（Robert Harley，1661 – 1724），他的父亲爱德华·哈利（1646—1695）是一名辉格党，罗伯特在 1688 年开始担任议员，是下议院后座议员，起初支持辉格党，但随着辉格党上台执政，开始转向乡村派，反对辉格党小集团政府政策，与保罗·福莱组建新乡村派，与福莱家也是姻亲关系。保罗去世后，罗伯特·哈利成为新乡村派领袖，于1698—1700 年在裁军等议题上击败辉格党政府，并开始转向托利党，1701—1705 年担任下议院议长，1705—1708 年担任国务大臣，1708 年被辉格党逼迫辞职，1708—1710 年暗中向安妮女王出谋献计，1710 年组建托利党政府，随后担任财政大臣，1711 年受封牛津伯爵，推动乌得勒支和平，1715 年因和平问题遭到新上台的辉格党政府弹劾。

27. 克里斯多弗·马斯格雷夫（Christopher Musgrave，1632 – 1704），顽固的托利党，1661 年开始担任议员，是议会中最活跃的议员之一，频繁发言，仅在 1689 年解决光荣革命的非常议会中就发言 83 次，时常担任下议院各类委员会成员。

28. 曼彻斯特公爵（Duke of Manchester，1662－1722），出生在尊贵的蒙塔古家族，是一名辉格党。光荣革命中支持威廉与玛丽，1697 年担任威尼斯大使，1699—1701 年担任驻法大使，1701—1702 年担任南方国务大臣，1707—1708 年再次出任威尼斯大使，1719 年受封公爵。

29. 查尔斯·亨吉斯爵士（Sir Charles Hedges，1649－1714），托利党。1689 年担任海事法庭法官，1698 年当选议员，在当时人眼中，他是罗切斯特伯爵的委托人，1700 年进入枢密院，1700—1701 年任北方国务大臣，1702—1704 年任北方国务大臣，同时兼任南方国务大臣，随后在辉格党逼迫下辞职，国务大臣一职由辉格党推荐人桑德兰伯爵接任。

30. 约翰·汤普森爵士（Sir John Thompson，1648－1710），即哈弗莎姆男爵，1679 年开始竞选议员，1685 年首次当选，起初是一名辉格党，1688 年革命后随着辉格党进入宫廷，成为一名乡村派，反对辉格党小集团政府政策，随后进入宫廷，1696 年受封子爵，又成为宫廷派辉格，在 1701 年议会中为辉格党辩护，失去职位后成为一名托利党，在下议院反对辉格党政策。

31. 圣·约翰（St. John，1678－1751），即博林布鲁克子爵，著名托利党政治家。1701 年当选议员，在议会中跟随罗伯特·哈利，是他的政治学徒，在 1701 年议会中激烈弹劾辉格党小集团成员，1704 年担任战时国务大臣，1708 年哈利被迫辞职后，圣·约翰也失去职位，1710 年罗伯特·哈利组建托利党政府，圣·约翰担任国务大臣，并承担与法国和谈的主要任务，1711 年因不满于只受封子爵，与哈利关系恶化，1712 年私自下发"禁止交战令"，并与流亡巴黎的詹姆士二世的儿子有联系，1714 年乔治一世上台后，流亡海外。

32. 托马斯·汉默爵士（Sir Thomas Hanmer，1677－1746），托利党。在议会中坚决捍卫英国国教，既反对辉格党宽容不服国教者的立场，也反对部分托利党亲近詹姆士后代的做法，是支持汉诺威继承英国王位的托利党"十月俱乐部"成员，曾在英法商约问题上反对托利党政府政策。

33. 亨利·波义尔（Henry Boyle，1669－1725），曾供职于詹姆士二世的军队，在 1688 年革命中倒戈威廉，成为一名辉格党，1689 年当选为议员，1692 年后持续当选议员，是新乡村派成员之一，反对辉格党小集团政府政策，1697 年进入宫廷后成为一名宫廷派辉格，1701—1708 年供职财政部，1708—1710 年在辉格党政府中担任北方国务大臣，1710 年托利党上台后解职。

34. 南森·怀特爵士（Sir Nathan Wright，1654－1721），托利党。曾是诺丁汉姆伯爵的书记员，后成为一名法官，1700 年接替萨默斯担任掌玺大臣，1701 年主持弹劾辉格党小集团成员一事，1705 年三巨头与辉格党合作后，被迫辞去掌玺大臣一职，由辉格党威廉·库珀接任。

35. 威廉·库珀（William Cowper，1665－1723），辉格党。1688 年革命中支持威廉三世，1695 年进入议会，具有杰出的辩才，1705 年担任掌玺大臣，1707 年升任大法官，承担英苏合并谈判事宜，1710 年托利党上台后，库珀主动辞职，乔治一世时期恢复大法官职位，被称为自萨默斯之后最懂法律的辉格党人。

36. 查尔斯·汤森德（Charles Townshend，1674－1738），辉格党。1687年继承爵位，进入上议院时具有托利党倾向，但很快转向辉格党，并活跃在辉格党的事业中，1709 年担任荷兰全权大使，负责谈判《屏障条约》，1714 年乔治继承王位后，担任国务大臣，主持弹劾签订乌得勒支和平条约的托利党大臣。

37. 约翰·特雷弗爵士（Sir John Trevor，1637－1717），托利党。于1679—1689 年、1690—1695 年连续担任议员，1685—1689 年担任下议院议长，1689—1695 年再次担任议长，1695 年因受贿被免职。

38. 彼得·科罗顿（Sir Peter Colleton，1635－1694），乡村派。1664—1684 年担任巴巴多斯贸易委员会成员，1667—1672 年担任皇家非洲冒险公司成员，1670—1694 年担任哈德逊公司成员，1681 年、1689 年、1691—1694 年担任议员。

39. 托马斯·利特尔顿爵士（Sir Thomas Littleton，1647－1709），辉格党。从 1668 年开始担任议员，一直到 1709 年。期间，1690—1696 年担任军需部书记员，1698—1700 年担任下议院议长，1699—1700 年担任海军司库。

40. 戈德温·沃顿（Mr. Goodwin Wharton，1653－1704），辉格党。他的哥哥是著名辉格党人托马斯·沃顿，1679 年戈德温首次当选议员，曾激烈反对詹姆士继承王位，1689—1704 年连续当选议员。

41. 雷纳格尔伯爵（Earl of Ranelagh，1641 - 1712），宫廷派。雷纳格尔曾得到查理二世与詹姆士二世的信赖，与丹比伯爵交好，1688 年革命发生后转向支持威廉三世，1692 年成为枢密院成员之一。

42. 弗兰西斯·威灵顿爵士（Sir Francis Winnington，1634 - 1700），乡村派、辉格党。1677—1685 年担任议员，1692—1698 年担任议员。

43. 巴本（Nicolas Barbon，1640 - 1698），党派属性不明确。巴本是经济学家、医生，是首批反对重商主义，鼓吹自由贸易的人之一，也是伦敦大火后主持重建的重要人物，1690—1698 年担任议员。

44. 威廉·布罗姆利（William Bromley，1663 - 1732），顽固的托利党。1688 革命发生时正在法国与意大利游览，1690 年当选议员，能言善辩，迅速得到托利党贵族青睐，但因拒绝承认威廉三世是英国合法的国王而不得重用，1701—1703 年再次当选议员，1710—1714 年托利党政府时期成为下议院议长。

45. 泽西伯爵（Earl of Jersey，1656 - 1711），托利党。威廉统治初期担任宫务大臣，1698—1699 年担任驻法大使，1699—1700 年担任南方国务大臣，1700—1704 年再次担任宫务大臣，1704 年被免职，随后卷入詹姆士党人活动。

参考文献

一 中文专著

程汉大：《英国政治制度史》，中国社会科学出版社 1995 年版。

程西筠、王章辉：《英国简史》，商务印书馆 1981 年版。

高岱编著：《英国通史纲要》，安徽人民出版社 2002 年版。

郭方：《英国近代国家的形成——16 世纪英国国家机构与职能的变革》，商务印书馆 2007 年版。

蒋孟引主编：《英国史》，中国社会科学出版社 1988 年版。

林举岱编著：《十七世纪英国资产阶级革命》，上海人民出版社 1954 年版。

刘新成：《英国都铎王朝议会研究》，首都师范大学出版社 1995 年版。

孟广林：《英国封建王权论稿：从诺曼征服到大宪章》，人民出版社 2002 年版。

钱乘旦、许洁明：《英国通史》，上海社会科学院出版社 2007 年版。

钱乘旦主编：《英国通史》（六卷本），江苏人民出版社 2016 年版。

王觉非主编：《近代英国史》，南京大学出版社 1997 年版。

阎照祥：《英国史》（修订本），人民出版社 2014 年版。

阎照祥：《英国政治制度史》，人民出版社 2012 年版。

二 中文译著

［苏］波将金等：《外交史》（上），史源译，生活·读书·新知三联书店 1982 年版。

［英］赫伯特·巴特菲尔德：《历史的辉格解释》，张岳明、刘北成译，商

务印书馆 2012 年版。

［英］霍布斯：《利维坦》，黎思复、黎廷弼译，商务印书馆 2017 年版。

［英］J. O. 布朗伯利编：《新编剑桥世界近代史》，中国社会科学院世界历史研究所组译，中国社会科学出版社 1988 年版。

［英］克里斯·布朗等编著：《政治思想中的国际关系学：从古希腊到一战的文本》，王文等译，上海人民出版社 2012 年版。

［法］孟德斯鸠：《论法的精神》（上卷），许明龙译，商务印书馆 2009 年版。

［法］让·博丹：《主权论》，［美］朱利安·富兰克林编，李卫海、钱俊文译，北京大学出版社 2008 年版。

［英］沃尔特·白芝浩：《英国宪法》，夏彦才译，商务印书馆 2010 年版。

三　中文论文

洪邮生：《欧洲外交和"光荣革命"》，《苏州大学学报》（哲学社会科学版）1990 年第 3 期。

刘城：《十六世纪"王权至尊"的确立与教皇权威的衰落》，《历史研究》2006 年第 2 期。

卢兆瑜：《14 世纪初期基督教世界政治的变化——以 1337 年〈和平宣言〉的解读为中心》，《世界历史》2016 年第 5 期。

钱乘旦：《英国王权的发展及文化与社会内涵》，《历史研究》1991 年第 5 期。

四　英文原始资料
（一）议会史料

Debates of the House of Commons from the year 1667 to the year 1694.

History and Proceedings of the House of Commons.

Journal of the House of Commons.

Journal of the House of Lords.

Parliamentary History of England，from the Earliest Period to the Year 1803.

The Journals of All the Parliaments During the Reign of Queen Elizabeth.

The Parliamentary Diary of Narcissus Luttrell, *1691 － 1693*.

（二）政府文献、书信及手稿

Beatrice Curtis Brown ed. , *The Letters and Diplomatic Instructions of Queen Anne*, London：Cassell, 1968.

Charles Jenkinson ed. , *Collection of All Treaties of Peace*, *Alliance*, *and Commerce*, *between Great Britain and other Powers*, London：Printed for J. Debrett, 1785.

Henry Snyder ed. , *The Marlborough-Godolphin Correspondence*, Oxford：Clarendon Press, 1975.

Historical Manuscripts Commission, *Portland MSS*; *Buccleuch MSS*; *Bath MSS*.

Historical Manuscripts Commission, *The Manuscripts of the House of Lords*, London：His Majesty's Stationery Office, 1908.

James Gairdner ed. , *Letters and Papers*, *Foreign and Domestic*, *Henry VIII*, London：His Majesty's Stationery Office, 1908.

James Vernon, *Letters Illustrative of the Reign of William III from 1696 to 1708*, London：Henry Colburn, 1841.

John Russell ed. , *Private Correspondence of Sarah*, *Duchess of Marlborough*, London：Henry Colburn, 1838.

Joseph Stevenson ed. , *Letters and Papers*：*Illustrative of the Wars of the English in France during the Reign of Henry VI*, London：Longmans, 1864.

Manners Sutton ed. , *The Lexington Papers*, London：John Murray, 1851.

Narcissus Luttrell, *A Brief Historical Relation of State Affairs from September 1678 to April 1714*, Cambridge：Cambridge University Press, 2011.

Paul Grimblot ed. , *Letters of William III and Louis XIV*, London：Longman, 1848.

Samuel Weller Singer ed. , *The Correspondence of Henry Hyde*, *Earl of Clarendon*, London：Henry Colburn, 1828.

（三）小册子

Andrew Fletcher, *A Discourse concerning militia's and standing armies*, London, 1697.

Anon, *A Letter to a Member of the Committee of Grievances, containing some seasonable Refections on the present Administration of Affairs, since managed by Dutch Councils*, London, 1689.

Anon, *A memorial from His Most Christian Majesty presented by the Count de Briord, his Ambassador Extraordinary to the States General of the United Provinces at the Hague, December 4, 1700 containing his reasons for accepting the late King of Spain's will in favour of the Duke of Anjou*, London: Printed and sold by J. Nutt, 1700.

Anon, *A new years offering to His most victorious Majesty King William III*, London: Printed for R. Baldwin, 1697.

Anon, *A True State of the Case of the Commonwealth of England*, London: Printed by Tho. Newcomb, 1654.

Anon, *His Majesties Answer to the XIX Propositions of Both Houses of Parliament*, London: Printed by Robert Baker, 1642.

Anon, *Letters to Parliament-Men, In Reference to Some Proceedings in the House of Commons*, London: Printed and sold by A. Baldwin, 1701.

Anon, *Some Short Considerations Relating to the Settling of the Government, Humbly Offered to the Lords and Commons of England Now Assembled at Westminster*, London: Printed for N. R. , 1688.

Anon, *The Argument against a standing army rectified, and the reflections and remarksupon it in several pamphlets, consider'd*, London, 1697.

Anon, *The ballance adjusted: or, the interest of church and state weighed and considered upon this revolution*, London, 1688.

Anon, *The chief articles of the peace, concluded betwixt the emperor, empire, and France*, Edinburgh: Re-printed by the heirs and successors of Andrew Anderson, London, 1697.

Anon, *The Debate at Large between the Lords and Commons at the Free Conference Held in the Painted Chamber in the Session of the Convention*, London: Printed for J. Wickins, 1710.

Anon, *The triumphs of peace*, London: Printed for E. Whitlock, 1697.

Charles Davenant, *Essays Upon I. The Balance of Power*, *II. The Right of Making War*, *Peace*, *and Alliances*, *III. Universal Monarchy*, London: Printed for James Knapton, 1701.

Charles Herle, *Fuller Answer to a Treatise Written by Dr. Ferne*, London, 1642.

Daniel Defoe, *A brief reply to the History of standing armies in England*, London, 1698.

Daniel Defoe, *An argument shewing*, *that a standing army*, *with consent of Parliament*, *is not inconsistent with a free government*, London: Printed for E. Whitlock, 1698.

Daniel Defoe, *The Two Great Questions Considered*, *I. What the French King Will Do*, *With Respect to The Spanish Monarchy*, *II. What Measures the English Ought to Take*, London: Printed by R. T. for A. Baldwin, 1700.

Henry Parker, *A Political Catechism*, *or Certain Questions Concerning the Government of this Land*, *Answered in his Majesties own words*, *taken out of His Answer of the 19 Propositions*, 1st ed., London: Printed for R. Griffiths, 1643.

John Aylmer, *An Harborowe for Faithfull and Trewe Subjectes*, *agaynst the late blowne Blaste*, *concerning the Government of Women*, Strasbourg, London, 1559.

John Somers, *A letter ballancing the necessity of keeping a land-force in times of peace*, *with the dangers that may follow on it*, London, 1697.

John Somers, *A Vindication of the Proceedings of the Late Parliament of England*, London, 1689.

John Trenchard and Walter Moyle, *An argument*, *shewing that a standing army is inconsistent with a free government and absolutely destructive to the constitution of the English monarchy*, London, 1697.

N. Johnston, *The Excellency of Monarchical Government*, London, 1686.

Philip Hunton, *A Treatise of Monarchie*, London: Printed for John Bellamy, 1643.

Ruffhead Owen, *Reasons why the approaching treaty of peace should be debated in parliament*；*as a method most expedient and constitutional*，London：Printed for R. Griffiths，1760.

Thomas Orme，*The late prints for a standing army and in vindication of the militia consider'd*，*are in some parts reconcil'd*，London：Printed for the author，1698.

William Anderton，*Remarks upon the present confederacy and late revolution in England*，London，1693.

（四）其他

Abel Boyer，*History of the Life and Reign of Queen Anne*，London：printed by J. Roberts，1722.

Andrew Browning ed.，*Thomas Osborne*，*Earl of Danby and Duke of Leeds*，Vol. 3，Glasgow：Jackson，1951.

Christian Cole ed.，*Historical and Political Memoirs*，London：Printed for J. Millan，1735.

Geoffrey Holmes and W. A. Speck，*The Divided Society*：*Party Conflict in England 1694 – 1716*，London：Edward Arnold Ltd.，1967.

Gilbert Burnet，*The History of My Own Time*，Oxford：Oxford University Press，1833.

G. R. Elton，*The Tudor Constitution*：*Documents and Commentary*，Cambridge：Cambridge University Press，1982.

Henry St. John Bolingbroke，*The Works of Lord Bolingbroke*，4 vols.，Philadelphia：Carey and Hart，1841.

John Campell ed.，*Lives of the Lord Chancellor and Remarks of the Great Seal*，Frederick D. Linn & Co.，1880.

John Locke，*Two Treaties of Government*，*Edited with an Introduction and Notes by Peter Laslett*，Cambridge：Cambridge University Press，1988.

John Philips Kenyon，*Robert Spencer*，*Earl of Sunderland 1641 – 1702*，London：Longmans，1958.

Jonathan Swift，*Journal to Stella*，London：J. M. Dent & Sons，1948.

Kenneth Harold Dobson Haley，*The First Earl of Shaftesbury*，Oxford：Clarendon Press，1968.

Leopold von Ranke，*A History of England Principally in the Seventeenth Century*，Oxford：Clarendon Press，1875.

Mary Dewar ed.，*De Republica Anglorum by Sir Thomas Smith*，Cambridge：Cambridge University Press，1982.

Steven C. A. Pincus，*England's Glorious Revolution 1688 – 1689：A Brief History with Documents*，New Haven：Yale University Press，2006.

S. R. Gardiner，*Constitutional Documents of the Puritan Revolution，1625 – 1660*，Oxford：Clarendon Press，1906.

Thomas Babington Macaulay，*The History of England from James II*，London，1876.

William Blackstone，*Commentaries on the Laws of England*，Oxford：Clarendon Press，1768.

五　英文专著

Alexander Grant，*Henry VII：the Importance of His Reign in English History*，New York：Routledge，2002.

A. D. Francis，*The Methuens and Portugal 1691 – 1708*，Cambridge：Cambridge University Press，1966.

Basil Williams，*The Whig Supremacy，1714 – 1760*，Oxford：Clarendon Press，1939.

Brian W. Hill，*The Growth of Parliamentary Parties 1689 – 1702*，Winchester：Allen & Unwin，1976.

Charles Wilson and David Proctor eds.，*1688：the Seaborne Alliance and Diplomatic Revolution*，London：Trustees of National Maritime Museum，1989.

Clayton Roberts，*Schemes & Undertaking：A Study of English Politics in the Seventeenth Century*，Columbus：Ohio University Press，1985.

Clayton Roberts，*The Growth of Responsible Government in Stuart England*，Cambridge：Cambridge University Press，1966.

Corinne Comstock Weston，*English Constitution Theory and the House of Lords*

1556 – 1832, London: Routledge, 2010.

Craig Rose, *England in the 1690s: Revolution, Religion and War*, Oxford: Blackwell, 1999.

David Bayne Horn, *Great Britain & Europe in the Eighteenth Century*, Oxford: Clarendon Press, 1967.

David Bayne Horn, *The British Diplomatic Service 1689 – 1789*, Oxford: Oxford University Press, 1961.

David Kynaston, *The Secretary of State*, Sudbury: Terence Dalton, 1978.

David Lewis Jones, *A Parliamentary History of Glorious Revolution*, London: Her Majesty's Stationery Office, 1988.

David Ogg, *England in the Reign of Charles II*, 2 vols. , Oxford: Clarendon Press, 1934.

David Ogg, *England in the Reign of James II and William III*, Oxford: Clarendon Press, 1955.

David Onnekink and Gijs Rommelse eds. , *Ideology and Foreign Policy in Early Modern Europe 1650 – 1750*, Farnham: Ashgate, 2011.

David Smith and Patrick Little, *Parliaments and Politics during the Cromwellian Protectorate*, Cambridge: Cambridge University Press, 2007.

David Smith, *The Stuart Parliament 1603 – 1689*, Arnold, 1999.

David Taras ed. *Parliament and Canadian Foreign Policy*, Toronto: Canadian Institute of International Affairs, 1985.

Dennis Rubini, *Court and Country 1688 – 1702*, London: Rupert Hart-Davis, 1967.

D. C. Douglas, *The Conquer William*, London: Longman, 1983.

Edward Gregg, *Queen Anne*, Ark Paperbacks, 1984.

Edward Raymond Turner, *The Cabinet Council of England 1622 – 1784*, Oxford: Oxford University Press, 1930.

Esther Mijers, *Redefining William III, the mpact of the King-Stadholder in International Context*, Vermont: Ashgate, 2007.

E. S. Roscoe, *Robert Harley, Earl of Oxford, Prime Minister 1710 – 1714*, A

Study of Politics and Letters in the Age of Anne, London: Muthuen & Co.,
1902.

Frank O'Gorman, *The Long Eighteenth Century: British Political and Social
History 1688 – 1832*, New York: Bloomsbury Academic, 2016.

Frederich J. Baumgartner, *Declaring War in Early Modern Europe*, London:
Palgrave Macmillan, 2011.

F. I. Carsten, *The New Cambridge Modern History*, *The Ascendancy of France
1648 – 1688*, Cambridge: Cambridge University Press, 1969.

Geoffrey Holmes, *Britain after the Glorious Revolution*, London: Palgrave Mac-
millan, 1969.

Geoffrey Holmes, *British Politics in the Age of Anne*, London: Macmillan Pub-
lishers, 1967.

Geoffrey Holmes, *The Making of a Great Britain: Late Stuart and Early Geor-
gian Britain 1660 – 1722*, London: Longman, 1993.

George Macaulay Trevelyan, *England under Queen Anne*, London: Longmans,
Green, 1930 – 1934.

Godfrey Davies, *Essays on the Later Stuarts*, San Marino: The Huntington Li-
brary, 1958.

G. M. D. Howat, *Stuart and Cromwellian Foreign Policy*, London: Adam &
Charles Black, 1974.

G. R. Elton, *England under the Tudors*, New York: Routledge, 1991.

G. R. Elton, *The Tudor Revolution in Government*, Cambridge: Cambridge Uni-
versity Press, 1979.

Henry G. Roseveare, *Treasury, 1660 – 1870: the Foundations of Control*, Barnes
and Noble, 1973.

Henry Horwitz, *Parliament, Policy and Politics in the Reign of William III*,
Manchester: Manchester University Press, 1977.

H. A. L. Fisher, *The History of England, from the Accession of Henry VII to the
Death of Henry VIII 1485 – 1547*, London: Longmans, 1910.

H. T. Dickinson, *A Companion to Eighteenth Century*, Oxford: Blackwell Publishing, 2002.

James Fosdick Baldwin, *The King's Council in England during the Middle Ages*, Gloucester: Peter Smith, 1965.

Jeffrey Goldsworthy, *The Sovereignty of Parliament, History and Philosphy*, Oxford: Clarendon Press, 1999.

Jeremy Black, *A System of Ambition? British Foreign Policy 1660 – 1793*, 2nd ed. , Stroud: Sutton Publishing, 2000.

Jeremy Black, *Parliament and Foreign Policy in the Eighteenth Century*, Cambridge: Cambridge University Press, 2004.

John Brewer, *The Sinews of Power: War, Money and the English State, 1688 – 1783*, Cambridge: Harvard University Press, 1988.

John Carswell, *The Descent on England: A Study of the English Revolution of 1688 and its European Background*, London: The Cresset Press, 1969.

John Eldred Howard, *Parliament and Foreign Policy in France*, London: The Cresset Press, 1948.

John Mackintosh, *The British Cabinet*, 3rd edition, London: Stevens & Sons Limited, 1977.

John McGurk, *The Tudor Monarchies, 1485 – 1603*, Cambridge: Cambridge University Press, 2006.

Jonathan Israel, *The Anglo-Dutch Moment*, Cambridge: Cambridge University Press, 1991.

Joseph Bergin, *The Seventeenth Century Europe 1598 – 1715*, Oxford: Oxford University Press, 2001.

J. D. Mackie, *The Earlier Tudors 1485 – 1558*, Oxford: Clarendon Press, 1962.

J. H. Plumb, *The Growth of Political Stability in England 1675 – 1725*, London: Macmillan Press Ltd. , 1967.

J. P. Kenyon, *Revolution Principles: the Politics of Party 1689 – 1720*, Cambridge: Cambridge University Press, 1977.

J. R. Jones, *The First Whigs: the Politics of the Exclusion Crisis 1678 – 1683*, Oxford: Oxford University Press, 1961.

J. R. Jones, *The Restoration Monarchy 1660 – 1688*, London: Palgrave Mac-millan, 1979.

Keith Feiling, *A History of the Tory Party*, *1640 – 1714*, Oxford: Oxford University Press, 1924.

Lois G. Schwoerer, *The Revolution of 1688 – 1689*, *Changing Perspectives*, Cambridge: Cambridge University Press, 1992.

Lucile Pinkham, *William III and the Respectable Revolution*, *The Part Played by William of Orange in the Revolution of 1688*, Cambridge: Harvard University Press, 1954.

Mark A. Thomson, *The Secretaries of State 1681 – 1782*, Oxford: Oxford University Press, 1932.

Mark Kishlansky, *A Monarchy Transformed-Britain 1603 – 1714*, London: The Penguin Press, 1996.

M. S. Anderson, *The Rise of Modern Diplomacy*, *1450 – 1919*, London: Longman, 1993.

Peter G. Richards, *Parliament and Foreign Affairs*, Toronto: University of Toronto Press, 1967.

Peter Jupp, *The Governing of Britain 1688 – 1848*, *the Executive*, *Parliament and the People*, Routledge, 2006.

P. G. M. Dickson, *The Financial Revolution in England: A Study in the Development of Public Credit*, Routledge, 1967.

P. S. Crowson, *Tudor Foreign Policy*, London: Adam & Charles Black, 1973.

Ragnhild Hatton, *Louis XIV and Europe*, Ohio State University Press, 1976.

Richard S. Kay, *The Glorious Revolution and the Continuity of Law*, Washington: Catholic University of America Press, 2014.

Roderick Geikie and Isabel A. Montgomery, *The Dutch Barrier 1705 – 1719*, Cambridge: Cambridge University Press, 1930.

R. B. Wernham, *The Making of Elizabethan Foreign Policy*, *1558 – 1603*, Oxford: University of California Press, 1980.

R. H. Gretton, *The King's Government*, *A Study of the Growth of the Central Ad-*

ministration, G. Bell & Sons Ltd. , 1913.

Sean Kelsey, *Inventing a Republic: the Political Culture of the English Commonwealth, 1649 – 1653*, Manchester: Manchester University Press, 1997.

Shrikant Paranjpe, *Parliament and the Making of Indian Foreign Policy: A Study of Nuclear Policy*, New Dehli: Radiant Publishers, 1997.

Tim Harris, *Politics Under the Later Stuarts: Party Conflict in a Divided Society 1660 – 1715*, London: Routledge, 2014.

Tim Harris, *Revolution: the Great Crisis of the British Monarchy 1685 – 1720*, London: Penguin Books, 2006.

Vernon Bogdanor, *The Monarchy and the Constitution*, Oxford: Clarendon Press, 1995.

Wallace T. MacCaffrey, *Queen Elizabeth and the Making of Policy 1572 – 1588*, Princeton: Princeton University Press, 1981.

Wout Troost, *William III, the Stadholder-King*, Aldershot: Ashgate, 2005.

W. A. Speck, *Tory and Whig: The Struggle in the Constituencies, 1701 – 1715*, London: Macmillan, 1970.

W. T. Morgan, *English Political Parties and Leaders in the Reign of Queen Anne*, New Haven: Yale University Press, 1920.

六 英文论文

(一) 博士论文

Douglas Ronald Bisson, *Public Opinion, Parliament and the Partition Treaties: England's Entry into the War of the Spanish Succession, 1698 – 1702*, Ph. D. Dissertation, Ohio State University, 1954.

D. H. Wollman, *Parliament and Foreign Affairs, 1697 – 1714*, Ph. D. Dissertation, University of Wisconsin, 1970.

John B. Hattendorf, *England in the War of the Spanish Succession: A Study in the English View and Conduct of Grand Strategy*, Ph. D. Dissertation, Oxford University, 1979.

John M. Stapleton, *Forging a Coalition Army: William III, the Grand Alliance, and the Confederate Army in the Spanish Netherlands, 1688 – 1697*, Ph. D. Dissertation, Ohio State University, 2003.

Robert Duncan McJimsey, *The Englishman's Choice: English Opinion and the War of King William III 1689 – 1697*, Ph. D. Dissertation, University of Wisconsin, 1968.

（二）期刊论文

B. W. Hill, "Oxford, Bolingbroke, and the Peace of Utrecht, 1973", *The Historical Journal*, Vol. 16, No. 2 (Jun. , 1973).

Chester Kirby, "The Four Lords and the Partition Treaty", *The American Historical Review*, Vol. 52, No. 3 (Apr. , 1947).

Clayton Roberts, "The Growth of Ministerial Responsibility to Parliament in Later Stuart England", *The Journal of Modern History*, Vol. 28, No. 3 (Sep. , 1956).

Daniel A. Baugh, "Great Britain's 'Blue-Water' Policy, 1689 – 1815", *The International History Review*, XI, February 1988.

E. Arnold Miller, "Some Arguments Used by English Pamphleteers, 1697 – 1700, Concerning a Standing Army", *The Journal of Modern History*, Vol. 18, No. 4 (Dec. , 1946).

E. R. Turner, "Committees of Council and the Cabinet 1660 – 1688", *The American Historical Review*, Vol. 19, No. 4 (Jul. , 1914).

E. R. Turner, "Parliament and Foreign affairs 1603 – 1760", *The English Historical Review*, Vol. 34, No. 134 (Apr. , 1919).

E. R. Turner, "The Development of the Cabinet, 1688 – 1760", *The American Historical Review*, Vol. 18, No. 4 (Jul. , 1913).

Godfrey Davies, "Council and Cabinet, 1679 – 88", *The English Historical Review*, Vol. 37, No. 145 (Jan. , 1922).

Henry L. Snyder, "Queen Anne versus the Junto: The Effort to Place Orford at the Head of the Admiralty in 1709", *Huntington Library Quarterly*, Vol. 35, No. 4 (Aug. , 1972).

Henry L. Snyder, "The Formulation of Foreign and Domestic Policy in the

Reign of Queen Anne: Memoranda by Lord Chancellor Cowper of Conversations with Lord Treasurer Godolphin", *The Historical Journal*, Vol. 11, No. 1 (1968).

Jennifer Carter, "Cabinet Records for the Reign of William III", *The English Historical Review*, Vol. 78, No. 306 (Jan., 1963).

Jeremy Black, "A Parliamentary Foreign Policy? the Glorious Revolution and the Conduct of British Foreign Policy", *Parliaments, Estates and Representation*, Vol. 11, No. 1, June 1991.

Jeremy Black, "Foreign Policy and the Tory World in the Eighteenth Century", *Journal for Eighteenth-Century Studies*, Vol. 37, No. 3 (2014).

J. H. Plumb, "The Organization of the Cabinet in the Reign of Queen Anne", *Transactions of the Royal Historical Society*, Fifth Series, Vol. 7 (1957).

Mark A. Thomson, "Parliament and Foreign Policy 1689 – 1714", *History*, Vol. 3, Issue 134.

M. A. Thomson, "Louis XIV and the Origins of the War of the Spanish Succession", *Transactions of the Royal Historical Society*, Fifth Series, Vol. 4 (1954).

M. Lane, "The Diplomatic Service under William III", *Transactions of the Royal Historical Society*, Fourth Series, Vol. 10 (1927).

Naamani Tarkow, "The Significance of the Act of Settlement in the Evolution of English Democracy", *Political Science Quarterly*, Vol. 58, No. 4 (Dec., 1943).

Pasi Ihalainen and Satu Matikainen, "The British Parliament and Foreign Policy in the 20th Century: Towards Increasing Parliamentarisation?", *Parliamentary History*, Vol. 35, pt. 1 (2016).

Robert Walcott, "The Idea of Party in the Writing of Stuart History", *Journal of British Studies*, Vol. 1, No. 2 (May, 1962).

致　　谢

本书是在笔者博士论文基础上修改而成，从选题、研究、成文，再到修改、出版，历时 11 年。这 11 年里，我得到了许多的关怀与帮助，才得以写完这部书稿并将它出版。

感谢恩师钱乘旦先生。从 2013 年秋至 2019 年夏，我在钱先生的指导下在北京大学历史学系攻读世界史专业博士学位，在此期间，我每个月向钱老师（钱先生最喜爱学生这样称呼他）汇报自己的选题与写作进度，在钱老师的谆谆教诲下，最终完成了这篇博士论文。毕业至今，依旧常常受教于钱老师，在遇到一些难题的时候，总是不自觉地想听听老师的意见。由于读博士的时候经常给钱老师做助教，近距离体会了先生做学问、做事、做人的态度与方式，耳濡目染，间接积攒了宝贵的经验，这使我在工作中遇到同类问题时总能很快找到应对之法。可以说，钱老师不仅指导我完成了博士论文，更塑造了我在学术领域的基本风格，在此对老师说声谢谢——事实上，很多感激难以言表。

感谢北京大学历史学系高岱教授。事实上，这部书最初的选题灵感就源于高岱教授的英国史课。高岱教授还为我提供了两次去英国交流的机会。此外还要感谢北京大学历史学系的黄春高、李维、徐健、许平、王立新、王希以及历史学系世界史领域的其他各位教授提供宝贵的意见，不仅增长了本人的知识，还拓宽了我思考问题的视域。

感谢英国埃克塞特大学提供奖学金，让我在较好的资助条件下收集到大量一手文献。也感谢埃克塞特大学的杰里米·布兰克教授，他为本人提供了大量关于本研究的史料并对其做了讲解。

感谢北京师范大学历史学院为本书提供出版经费，没有这笔资助，这部书不会在今年出版。也非常感谢中国社会科学出版社张湉编辑高质量、高效的编校与出版工作。

最后，感谢我的家人与朋友，没有你们的支持、帮助与陪伴，学术工作会变得枯燥难耐，而有了你们，学术工作之树才会常青。